Francisco Cândido Xavier

Obreiros da Vida Eterna

Ditado pelo espírito
André Luiz

feb
Federação Espírita Brasileira

ISBN 978-85-7328-315-0

B.N. 7.329

2ª edição especial – 2ª Reimpressão – *Do 14º ao 28º milheiro*

000.51-O; 10/2010

Capa: ALESSANDRO FIGUEREDO

Composição e editoração:
Departamento Editorial e Gráfico – Rua Sousa Valente, 17
20941-040 – Rio de Janeiro (RJ) – Brasil
CNPJ nº 33.644.857/0002-84 *I.E. nº 81.600.503*

Pedidos de livros à FEB – Departamento Editorial
Tel.: (21) 2187-8282, FAX: (21) 2187-8298.

CIP-BRASIL. CATALOGAÇÃO-NA-FONTE
SINDICATO NACIONAL DOS EDITORES DE LIVROS, RJ.

L979o
2.ed.

Luiz, André (Espírito)
Obreiros da vida eterna / [ditado pelo Espírito] André Luiz; [psicografado por] Francisco Cândido Xavier. – 2. ed. especial – 2ª reimpressão – Rio de Janeiro: Federação Espírita Brasileira, 2010
336p.; 21cm – (Série André Luiz; 4)
(Coleção A Vida no Mundo Espiritual)

ISBN 978-85-7328-315-0

1. Espiritismo. 2. Obras psicografadas. I. Xavier, Francisco Cândido, 1910-2002. II. Federação Espírita Brasileira. III. Título. IV. Série

03-0459. CDD 133.93
CDU 133.7

13.03.03 14.03.03 002845

Sumário

Rasgando Véus

O homem moderno, pesquisador da estratosfera e do subsolo, esbarra, ante os pórticos do sepulcro, com a mesma aflição dos egípcios, dos gregos e dos romanos de épocas recuadas. Os séculos que varreram civilizações e refundiram povos, não transformaram a misteriosa fisionomia da sepultura. Milenário ponto de interrogação, a morte continua ferindo sentimentos e torturando inteligências.

Em todas as escolas religiosas, a Teologia, representando as diretrizes de patriarcas veneráveis da fé, procura controlar o campo emotivo dos crentes, acomodando os interesses imediatistas da alma encarnada. Para isso, criou regiões definidas, tentando padronizar as determinações de Deus pelos decretos dos reis medievais, lavrados à base de audaciosa ingenuidade.

Indubitavelmente, províncias de angústia punitiva e dor reparadora existem nas mais variadas dimensões do Universo, assim como vibram consciências escuras e terríveis nos múltiplos estados sociais; no entanto, o serviço teológico, nesse sentido, não obstante respeitável, atento ao dogmatismo tradicional e aos interesses do sacerdócio, estabelece o non plus ultra, que não atende às exigências do cérebro, nem aos anseios do coração.

Como transferir imediatamente para o inferno a mísera criatura que se emaranhou no mal por simples influência da ignorância? que se dará, em nome da Sabedoria

Divina, ao homem primitivo, sedento de dominação e de caça? a maldição ou o alfabeto? por que processo conduzir ao abismo tenebroso o espírito menos feliz, que apenas obteve contacto com a verdade, no justo momento de abandonar o corpo? Dentro das mesmas razões, como promover ao céu, em caráter definitivo, o discípulo do bem, que apenas se iniciou na prática da virtude? que gênero de tarefa caracterizará o movimento das almas redimidas, na Corte Celestial? formar-se-iam apóstolos tão-só para a aposentadoria compulsória? como haver-se, no paraíso, o pai carinhoso cujos filhos fossem entregues a Satã? que alegria se reservará à esposa dedicada e fiel, que tem o esposo nas chamas consumidoras? Estaria a Autoridade Divina, perfeita e ilimitada, tão pobre de recursos, a ponto de impedir, além do plano carnal, o benefício da cooperação legítima, que as autoridades falíveis e deficientes do mundo incentivam e protegem? negar-se-iam possibilidades de evolução aos que atravessam a porta do sepulcro, em plena vida maior, quando na esfera terrestre, sob limitações de vária ordem, há caminhos evolutivos para todas as formas e todos os seres? a palavra "trabalho" seria desconhecida nos céus, quando a Natureza terrena reparte missões claras de serviço, com todas as criaturas da Crosta Planetária, desde o verme até o homem? como justificar um inferno onde as almas gemessem distantes de qualquer esperança, quando, entre os homens imperfeitos, ao influxo renovador do Evangelho de Jesus-Cristo, as penitenciárias são hoje grandes escolas de regeneração e cura psíquica? e por que meios admitir um céu, onde o egoísmo recebesse consagração absoluta, no gozo infinito dos contemplados pela graça, sem nenhuma compaixão pelos deserdados do favor, que caíram, ingênuos, nas armadilhas do sofrimento, se, entre as mais remotas coletivi-

dades de obscuras zonas carnais, se arregimentam legiões de assistência fraterna amparando ignorantes e infelizes?

São interrogações oportunas para os teólogos sinceros da atualidade. Não, contudo, para os que tentam conjugar esforços na solução do grande e indevassado problema da Humanidade.

O Espiritismo começou o inapreciável trabalho de positivar a continuação da vida além da morte, fenômeno natural do caminho de ascensão. Esferas múltiplas de atividade espiritual interpenetram-se nos diversos setores da existência. A morte não extingue a colaboração amiga, o amparo mútuo, a intercessão confortadora, o serviço evolutivo. As dimensões vibratórias do Universo são infinitas, como infinitos são os mundos que povoam a Imensidade.

Ninguém morre. O aperfeiçoamento prossegue em toda parte.

A vida renova, purifica e eleva os quadros múltiplos de seus servidores, conduzindo-os, vitoriosa e bela, à União Suprema com a Divindade.

Apresentando o novo trabalho, em que André Luiz comparece rasgando véus, lembramo-nos de que Allan Kardec, o inesquecível codificador, refere-se várias vezes, em sua obra, à erraticidade, onde estaciona considerável número de criaturas humanas desencarnadas. Acresce notar, todavia, que transferir-se alguém da esfera carnal para a erraticidade não significa ausentar-se da iniciativa ou da responsabilidade, nem vaguear em turbilhão aéreo, sem diretivas essenciais. No mesmo critério, observaríamos os que renascem no plano denso como pessoas transferidas da vida espiritual à materialidade, não simbolizando semelhante figura qualquer imersão inconsciente e estúpida nas correntes carnais. Como acontece aos que chegam à Crosta da Terra, os que saem dela encontram igualmente sociedades e instituições, templos e lares, onde o progresso continua para o Alto.

No limiar deste livro, portanto, cumpre-nos declarar que André Luiz procurou fornecer algumas notícias das zonas de erraticidade que envolvem a crosta do mundo, em todas as direções, comentando os quadros emocionais que se transportam do ambiente obscuro para as esferas imediatas às cogitações e paixões humanas; mais uma vez, esclarece que a morte é campo de seqüência, sem ser fonte milagreira, que aqui ou além o homem é fruto de si mesmo, e que as leis divinas são eternas organizações de justiça e ordem, equilíbrio e evolução.

Naturalmente, a estranheza visitará os companheiros menos avisados e o sorriso irônico surgirá, sem dúvida, na boca, quase sempre brilhante, dos impenitentes incorrigíveis. Não importa, porém. Jesus, que é o Cristo de Deus, recebeu manifestações de sarcasmo da ignorância e da leviandade... Por que motivo, nós outros, simples cooperadores de "outro mundo", teríamos de ser intangíveis?

Prossigamos, pois, no serviço da verdade e do bem, cheios de otimismo e bom ânimo, a caminho de Jesus, com Jesus.

EMMANUEL

Pedro Leopoldo, 25 de março de 1946.

1

Convite ao bem

Antes de iniciar os trabalhos de nossa expedição socorrista, o Assistente Jerônimo conduziu-nos ao Templo da Paz, na zona consagrada ao serviço de auxílio, onde esclarecido Instrutor comentaria as necessidades de cooperação junto às entidades infelizes, nos círculos mais baixos da vida espiritual que rodeiam a Crosta da Terra.

A maravilhosa noite derramava inspirações divinas.

Ao longe, constelações faiscantes semelhavam-se a pérolas caprichosamente dispostas numa colcha de veludo imensamente azul. A paisagem lunar oferecia detalhes encantadores. Picos e crateras salientavam-se à nossa vista, embora a considerável distância, num deslumbramento de filigrana preciosa. Fulgurava o Cruzeiro do Sul como símbolo sublime, desenhado ao fundo azul-escuro do firmamento. Canópus, Sírius, Antares brilhavam, infinitamente, figurando-se-nos balizas radiosas e significativas do Céu. A Via-Láctea, dando-nos a impressão de prodigioso ninho de mundos, parecia um dilúvio de moedas resplandecentes a se derramarem de cornucópia gigantesca e invisível, convidando-nos a meditar nos segredos excelsos da Natureza divina. E as suaves virações noturnas, osculando-nos a mente em êxtase, passavam apressadas, sussurrando-nos grandiosos pensamentos, antes de se dirigirem às esferas distantes...

O Templo, edificado no sopé de graciosa colina, apresentava aspecto festivo, em virtude da iluminação feérica a projetar singulares efeitos nos caminhos adjacentes. As torres, à maneira de agulhas brilhantes, alongavam-se pelo céu, contrastando com o indefinível azul da noite clara e, cá embaixo, as flores de variadas figurações eram taças luminosas, servindo luz e perfume, balouçando, de leve, na folhagem, ao sopro incessante do vento.

Não éramos os únicos interessados na palestra da noite, porque numerosos grupos de irmãos se dirigiam ao interior, acomodando-se no recinto. Eram entidades de todas as condições, fazendo-nos sentir o geral interesse pelas lições em perspectiva.

Seguíamos, o Assistente Jerônimo, o padre Hipólito, a enfermeira Luciana e eu, constituindo pequena equipe de trabalho, incumbida de operar na Crosta Planetária, durante trinta dias, aproximadamente, em caráter de auxílio e estudo, com vistas ao nosso desenvolvimento espiritual.

Jerônimo, o orientador de nossas atividades pela nobreza de sua posição, percebendo-me a curiosidade perante as movimentadas conversações em derredor, explicou, gentil:

– Muito justa a atenção, em torno do assunto. Admito que a quase totalidade dos interessados e estudiosos que afluem à Casa integram comissões e agrupamentos de socorro nas regiões menos evolvidas.

E demorando o olhar nas fileiras de jovens e velhos que demandavam o interior, acrescentou:

– A palavra do Instrutor Albano Metelo merece a consideração excepcional da noite. Trata-se dum campeão das tarefas de auxílio aos ignorantes e sofredores dos círculos imediatos à Crosta Terrestre. Somos aqui diversos grupos de aprendizes, e a experiência dele nos proporcionará infinito bem.

Breves minutos decorreram e penetramos, por nossa vez, o recinto radioso.

Vagavam no ar suaves melodias, precedendo a palavra orientadora. Flores perfumosas, ornamentando o ambiente, embalsamavam a nave ampla.

Alguns instantes agradabilíssimos de espera e o emissário apareceu na tribuna simples, magnificamente iluminada. Era um ancião de porte respeitável, cujos cabelos lhe teciam uma coroa de neve luminosa. De seus olhos calmos, esplendidamente lúcidos, irradiavam-se forças simpáticas que de súbito nos dominaram os corações. Depois de estender sobre nós a mão amiga, num gesto de quem abençoa, ouviu-se o coro do Templo entoando o hino "Glória aos Servos Fiéis":

Ó Senhor!
Abençoa os teus servos fiéis,
Mensageiros de tua paz,
Semeadores de tua esperança.

Onde haja sombras de dor,
Acende-lhes a lâmpada da alegria;
Onde domine o mal, ameaçando a obra do bem,
Abre-lhes a porta oculta de tua misericórdia;
Onde surjam acúleos do ódio,
Auxilia-nos a cultivar as flores bem-aventuradas de
[teu sacrossanto amor!

Senhor! são eles
Teus heróis anônimos,
Que removem pântanos e espinheiros,
Cooperando em tua divina semeadura...
Concede-lhes os júbilos interiores,
Da claridade sagrada em que se banham as almas
[redimidas.

Unge-lhes o coração com a harmonia celeste
Que reservas ao ouvido santificado;
Descortina-lhes as visões gloriosas
Que guardas para os olhos dos justos;
Condecora-lhes o peito com as estrelas da virtude leal...

Enche-lhes as mãos de dádivas benditas
Para que repartam em teu nome
A lei do bem,
A luz da perfeição,
O alimento do amor,
A veste da sabedoria,
A alegria da paz,
A força da fé,
O influxo da coragem,
A graça da esperança,
O remédio retificador!...

Ó Senhor,
Inspiração de nossas vidas,
Mestre de nossos corações,
Refúgio dos séculos terrestres!
Faze brilhar teus divinos lauréis
E teus eternos dons,
Na fronte lúcida dos bons –
Os teus servos fiéis!

O Instrutor ouviu, em silêncio, de olhos molhados, deixando transparecer íntimo júbilo, enquanto a maioria da assembléia disfarçava discretamente as lágrimas que os acentos harmoniosos do cântico nos arrancavam do coração. Em se perdendo no espaço as derradeiras notas da melodia sublime, Metelo, sem qualquer luxo de gesticulação, saudou-nos com expressiva simplicidade, desejando-nos a Paz do Senhor, e prosseguiu:

– Não mereço, amigos, o preito de carinho desta noite. Não tenho servido fielmente Àquele que nos ama desde o princípio e, por isso, vosso hino confunde-me. Mero soldado das lides evangélicas, trabalho ainda no campo da própria redenção.

Fez ligeira pausa, fitou-nos, paternal, e continuou:

– Mas... a minha personalidade não interessa. Venho falar-vos de nossos trabalhos singelos, nas regiões espirituais ligadas à Crosta da Terra. Ó meus irmãos! é necessário apelar para as nossas energias mais recônditas. As zonas purgatoriais multiplicam-se, assustadoramente, em derredor dos homens encarnados. A distância dos teatros de angústia, vinculados às realizações edificantes de nossa colônia espiritual, preservando valiosas reservas da vida infinita para essa mesma Humanidade que se debate no sofrimento e nas trevas, nem sempre formulamos uma idéia exata da ignorância e da dor que atormentam a mente humana, quanto aos problemas da morte. A felicidade faz que nasçam aqui as fontes inesgotáveis da esperança. Os que se preparam, ante os vôos maiores da Eternidade, trazem os olhos voltados para a Esfera Superior, na contemplação do ilimitado porvir, e os que se esforçam por merecer a bênção da reencarnação na Crosta Terrestre, fixam as suas aspirações mais fortes no soberano propósito de redenção, organizando-se perante o futuro, ousados nas solicitações de trabalho e arrojados no bom ânimo. Todos os pormenores da vida, nesta cidade, falam alto de nossos objetivos de equilíbrio e elevação. Não longe de nós, começam a brilhar os raios da alvorada radiante dos mundos melhores, convidando-nos à visão beatífica do Universo e à gloriosa união com o Divino. Mas... – o orador fez significativo intervalo, parecendo escutar vozes e chamamentos de paisagens distantes, e prosseguiu: – e os nossos irmãos que ainda ignoram a luz? subiríamos até Deus, num círculo fechado? como operar o insulamento egoístico e partir, a caminho do Pai Amoroso e Leal que acende o Sol para os santos e os criminosos, para os justos e injustos?

Metelo mostrou uma chama de zelo sagrado nos olhos percucientes e exclamou, depois de curta reflexão:

– Nós, que procuramos a santidade e a justiça, alcançaríamos, acaso, semelhante orientação, se outras fossem as circunstâncias que nos regeram até aqui? Construtores de nossos próprios destinos, por delegação natural do Criador, onde permaneceríamos, agora, sem os favores da oportunidade e o obséquio da proteção de benfeitores desvelados? Indubitavelmente, os ensejos de elevação felicitam todas as criaturas; no entanto, é imprescindível ponderar que a bênção da fonte pode converter-se em venenosa água estagnada, se a trancamos num poço incomunicável. E as dádivas recebidas por nós são inúmeras e os dons que nos foram distribuídos, imensos... Seria completo o nosso regozijo, havendo lágrimas atrás de nossos passos? como entoar hinos de hosana à felicidade sobre o coro dos soluços? Nobilíssimo, todo impulso de atingir o cume; entretanto, que veremos após a ascensão? Entre os júbilos de alguns, identificaríamos a ruína e a miséria de multidões incalculáveis!...

Nesse momento, envolvido nas vibrações de profundo interesse dos ouvintes, imprimiu novo acento ao verbo luminoso e tornou com indefinível melancolia:

– Também eu tive noutro tempo a obcecação de buscar apressado a montanha. A Luz de cima fascinava-me e rompi todos os laços que me retinham embaixo, encetando dificilmente a jornada. A princípio, feri-me nos espinhos pontiagudos da senda, experimentei atrozes desenganos... Consegui, porém, vencer os óbices imediatos e ganhei, jubiloso, pequenina eminência. Em me voltando, todavia, espantou-me a visão terrífica do vale: o sofrimento e a ignorância dominavam em plena treva. Desencarnados e encarnados lutavam uns contra os outros, em combates gigantescos, disputando gratificações dos sentidos animalizados. O ódio criava moléstias repugnantes, o egoísmo abafava impulsos nobres, a vaidade operava horrenda cegueira... Cheguei a sentir--me feliz, diante da posição que me distanciava de tamanhas angústias. Contudo, quando mais me vangloriava, dentro de mim mesmo, embalado na expectativa de atravessar mais altos cumes, eis que, certa noite, notei que o vale se represava de fulgente luz. Que sol misericordioso visitava o antro sombrio da dor? Seres angélicos desciam, céleres, de radiosos pináculos, acorrendo às zonas mais baixas, obedecendo ao poder de atração da claridade bendita. "Que acontecera?" – perguntei ousadamente, interpelando um dos áulicos celestiais. – "O Senhor Jesus visita hoje os que erram nas trevas do mundo, libertando consciências escravizadas." Nem mais uma palavra. O mensageiro do Plano Divino não podia conceder-me mais tempo. Urgia descer para colaborar com o Mestre do Amor, diminuindo os desastres das quedas morais, amenizando padecimentos, pensando feridas, secando lágrimas, atenuando o mal, e, sobretudo, abrindo horizontes novos à Ciência e à Religião, de modo a desfazer a multimilenária noite da ignorância. Novamente sozinho, na peregrinação para o Alto, reconsiderei a atitude que me fizera impaciente. Em verdade, para onde marchava meu Espírito, despreocupado da imensa família humana, junto da qual haurira minhas mais ricas aquisições para a vida imortal? por que enojar-me, ante o vale, se o próprio Jesus, que me centralizava as aspirações, trabalhava, solícito, para que a Luz de Cima penetrasse as entranhas da Terra? não praticava eu o crime execrável da usura, olvidando aqueles entre os quais adquirira o roteiro destinado à minha própria ascensão? como subir sozinho, organizando um céu exclusivo para minhalma, lastimavelmente abstraído dos valores da cooperação que o mundo me prodigalizava com generosidade e abundância?

Mostrava-se o Instrutor intensamente comovido.

– Detive-me, então – continuou – e voltei. Efetivamente, o caminho vertical e purificador da superioridade é a sublime destinação de todos. O cume, bafejado de resplendor solar, é sempre um desafio benéfico aos que vagueiam sem rumo, na planície. O alto polariza, naturalmente, as supremas esperanças dos que ainda permanecem embaixo... Todavia, à medida que penetramos o domínio da altura, imprimem-se-nos na mente e no coração as leis sublimes de fraternidade e misericórdia. Os grandes orientadores da Humanidade não mediram a própria grandeza senão pela capacidade de regressar aos círculos da ignorância para exemplificarem o amor e a sabedoria, a renúncia e o perdão aos semelhantes. É por esse motivo que necessitamos temperar todo impulso de elevação com o sal do entendimento, evitando a precipitação nos despenhadeiros do egoísmo e da vaidade fatais.

Metelo silenciou por instantes e, diante da comoção com que lhe acompanhávamos a palestra, retomou o verbo com outra inflexão de voz:

– Outrora, quando nos envolvíamos ainda nos fluidos da carne terrestre, supúnhamos com desacerto que a vaidade e o egoísmo somente poderiam vitimar os homens encarnados. A Teologia, não obstante o ministério respeitável que lhe está afeto, enclausurava-nos a mente em fantasiosas concepções do reino da verdade. Esperávamos um paraíso fácil de ser conquistado pela deficiência humana e temíamos um inferno difícil de regenerar-nos. Nossas idéias alusivas à morte confinavam-se a essas ridículas limitações. Hoje, porém, sabemos que, depois do túmulo, há simplesmente continuação da vida. Céu e inferno residem dentro de nós mesmos. A virtude e o defeito, a manifestação sublime e o impulso animal, o equilíbrio e a desarmonia, o esforço de elevação e a probabilidade da queda perseveram aqui, após o trânsito do sepulcro, compelindo-nos à serenidade e à prudência. Não nos encontramos senão em outro campo de matéria variada, noutros domínios vibratórios do próprio Planeta em cuja Crosta tivemos experiências quase inumeráveis. Como não equilibrar, portanto, o coração no exercício efetivo da solidariedade? Logicamente não exortamos ninguém a novos mergulhos no lodo antigo, não desejamos que os companheiros previdentes regressem à posição de filhos pródigos, distanciados voluntariamente do Eterno Pai, nem pretendemos interromper a marcha laboriosa dos servidores de boa vontade, a caminho dos Cimos da Vida. Apelamos tão-só no sentido de cooperardes nos trabalhos de socorro às esferas escuras. Sois livres e dispondes de tempo, no desempenho dos deveres nobilitantes a que fostes chamados em nossa colônia espiritual. Nada mais razoável que o proveito da oportunidade no planejamento da ascese. Entretanto, na qualidade de velho cooperador das tarefas de auxílio, ousamos rogar vosso interesse generalizado pelos que erram "no vale da sombra e da morte", aguardando a esmola possível de vosso tempo, em favor dos nossos semelhantes, defrontados agora por situações menos felizes, não em virtude dos desígnios divinos, mas em razão da imprevidência deles mesmos. Contudo, qual de nós não foi invigilante algum dia?

Fez o orador uma pausa mais longa e continuou:

– De nossos amigos encarnados não podemos esperar, por enquanto, concurso maior e mais eficiente nesse sentido. Presos nas grades sensoriais, progridem lentamente na aprendizagem das leis que regem a matéria e a energia. Quando convidados a visitar nossos círculos de edificação, fora da instrumentalidade fisiológica, regressam ao corpo assombrados pelas visões rápidas que lhes foi possível arquivar e, em transmitindo suas lembranças aos contemporâneos, operam a coloração da água simples e pura da verdade com os seus "pontos de vista" e predileções pessoais no terreno da Ciência, da Filosofia e da Religião. Bernardin de Saint-Pierre, o romancista trazido por amigos a regiões vizinhas da Crosta Planetária, volta ao seu meio de ação e traça aspectos que asseverou pertencerem ao Planeta Vênus. Huyghens, o astrônomo, recebe mentalmente algum noticiário de nossas esferas de luta e ensaia teorias referentes à vida em outros mundos, afirmando que os processos biológicos nos orbes distantes são absolutamente análogos aos da Crosta da Terra. Teresa d'Ávila, a religiosa santificada, transporta-se à paisagem de nosso plano onde se lamentam almas sofredoras, e torna ao corpo carnal, descrevendo o inferno para os seus ouvintes e leitores. Swedenborg, o grande médium, percorre alguns trechos de nossas zonas de ação e pinta os costumes das "habitações astrais" como melhor lhe parece, imprimindo às narrações os fortes característicos de suas concepções individuais. Quase todos os que vieram momentaneamente ao nosso campo de trabalho voltam ao esforço humano, exibindo a experiência de que foram objeto, pincelando-a com a tinta de suas inclinações e estados psíquicos. Porque se encontram fundamente arraigados ao "chão inferior" do próprio "eu", acreditam enxergar outros mundos em situações iguais à da Terra, nosso maravilhoso templo, cujas dependências não se restringem à Esfera da Crosta sobre a qual os homens de carne pousam os pés. A Terra é também nossa grande mãe, cujos braços acolhedores se estendem pelo espaço além, ofertando-nos outros campos de aprimoramento e redenção.

Modificando a inflexão de voz, prosseguiu:

– As criaturas, porém, atravessam breve período de existência no mundo carnal. A maioria demora-se nas estações expiatórias do resgate difícil e confunde-se nas vibrações perturbadoras do sofrimento e do medo. Fazem da morte uma deusa sinistra. Apresentam o fenômeno natural da renovação com as mais negras cores. Agarradas às sensações do dia que passa, ignoram como dilatar a esperança e transformam a separação provisória numa terrível noite de amarguroso adeus. Vítimas da ignorância em que se comprazem, internam-se em florestas de sombras, onde perdem toda a paz, convertendo-se em presas delirantes dos infernos de horror, criados por elas mesmas nos desvairamentos passionais. Como esperar delas a colaboração precisa, com a extensão desejável, se, pela indiferença para com os próprios destinos, mergulham-se diariamente nos rios de treva, desencanto e pavor? Unamo-nos portanto, auxiliando-as, segundo os preceitos evangélicos, descortinando-lhes novos horizontes e aclarando-lhes os caminhos evolutivos.

De olhos fulgurantes e neblinados de lágrimas, pela evocação talvez de quadros das esferas sombrias, que não nos eram dado conhecer, Metelo manteve-se longos instantes em silêncio, voltando a dizer em tom de súplica:

– Recordemos o Divino Mestre e não desdenhemos a honra de servir, não de acordo com os nossos caprichos pessoais, porém de conformidade com os seus desígnios e suas leis. Campos imensuráveis de trabalho aguardam-nos a cooperação fraterna e a semeadura do bem produzirá nossa felicidade sem-fim!...

Falou, comovedoramente, por mais alguns minutos, e, em seguida, invocou as Forças Divinas, arrancando-nos lágrimas de intraduzível alegria.

Raios de claridade azul-brilhante choveram no recinto, proporcionando-nos a resposta do Plano Superior.

Transcorridos alguns momentos de meditação, Metelo fez exibir num grande globo de substância leitosa, situado na parte central do Templo, vários quadros vivos do seu campo de ação nas zonas inferiores. Tratava-se da fotografia animada, com apresentação de todos os sons e minúcias anatômicas inerentes às cenas observadas por ele, em seu ministério de bondade cristã.

Infelizes desencarnados, em despenhadeiros de dor, imploravam piedade. Monstros de variadas espécies, desafiando as antigas descrições mitológicas, compareciam horripilantes, ao pé de vítimas desventuradas.

As paisagens, analisadas de tão perto, através do avançado processo de fixação das imagens, não somente emocionavam: infundiam terror. Na intimidade da massa leitosa, em que eram lançadas, adquiriam expressões de vivacidade indescritível. Apareciam soturnas procissões de seres humanos despojados do corpo, sob céus nevoentos e ameaçadores, cortados de cataclismos de natureza magnética.

Pela primeira vez, contemplava eu semelhante demonstração, sem disfarçar a emoção. Para onde se dirigiam aquelas fileiras imensas de Espíritos sofredores?

como se sustentariam os ajuntamentos de almas desalentadas e semi-inconscientes, que me era dado divisar ali, ante os meus olhos tomados de assombro, atoladas em poços escuros de lama e padecimento?.

Em dado instante, a voz do Instrutor quebrou o silêncio.

Diante dum quadro extremamente doloroso, exclamou em voz firme:

– Muitos de vós sabeis que tenho nesses centros expiatórios os que me foram pais bem-amados na derradeira experiência vivida na carne, prisioneiros ainda de torturantes recordações; no entanto, crede, não nos move qualquer propósito egoístico nas tarefas de auxílio, porque temos aprendido com o Senhor que a nossa família se encontra em toda parte.

Observei que ninguém ousou voltar-se para Metelo em seu testemunho de humildade. Comovidíssimo, por minha vez, ante a demonstração de entendimento evangélico a que assistia, notei o olhar expressivo que o Assistente Jerônimo me endereçou, ao término do noticiário animado e sonoro e procurei alijar de mim mesmo a preocupação de algo saber, acerca do drama particular do orientador, anulando meus inferiores impulsos de mera curiosidade.

Findos os trabalhos, que ocuparam pouco mais de duas horas, inclusive a palestra instrutiva, vários grupos eram apresentados ao Instrutor, por um dos dirigentes do Templo.

Tive a impressão de que a assembléia em sua feição quase integral era constituída de legítimos interessados nos trabalhos espontâneos de ajuda ao próximo. Pelas saudações e pelas frases de que se faziam acompanhar, percebi que se aglomeravam, no recinto, grandes e pequenos conjuntos de servidores, em diversas missões, com objetivos múltiplos. Consagravam-se alguns ao amparo de criminosos desencarnados, outros ao socorro de mães aflitas, colhidas inesperadamente pelas renovações da morte, outros, ainda, interessavam-se pelos ateus, pelas consciências encarceradas no remorso, pelos enfermos na carne, pelos agonizantes na Crosta, pelos dementes sem corpo físico, pelas crianças em dificuldade no plano invisível aos homens, pelas almas desanimadas e tristes, pelos desequilibrados de todos os matizes, pelos missionários perdidos ou desviados, pelas entidades jungidas às vísceras cadavéricas, pelos trabalhadores da Natureza, necessitados de inspiração e carinho.

Para todos, possuía o mentor uma sentença generosa de estímulo e admiração.

Chegada a nossa vez, Jerônimo nos apresentou gentilmente:

– Metelo, temos aqui três companheiros que me seguirão agora, em missão de socorro.

– Muito bem! muito bem! – exclamou o interpelado – que o Divino Servidor os inspire.

Abraçou-nos, com simplicidade, e perguntou:

– Partem com obrigação especializada?

– Sim – esclareceu nosso orientador –, devemos atender, nos próximos trinta dias, a cinco dedicados colaboradores nossos, prestes a desencarnarem na Crosta. Trabalharam, fiéis à causa do bem, e as nossas autoridades encarregaram-nos de atender-lhes aos casos pessoais.

– Prevejo muito êxito – comentou Albano Metelo, fixando em nós o olhar sereno.

Revelando espontânea alegria pelas palavras ouvidas, Jerônimo acrescentou, delicado:

– Confio na dedicação dos meus companheiros. Seguem comigo um ex-padre católico, uma enfermeira e um médico. Seremos quatro servos em ação ativa.

– Compreendo – aduziu o Instrutor.

– Vamos com autorização para efetuar experiências, estudos e auxílios eventuais, de conformidade com as circunstâncias, em vista do caráter de nosso trabalho, que nos prodigalizará ensejo a diferentes observações.

Enviou-nos Metelo reconfortante sorriso de otimismo e confiança, cumprimentou-nos, individualmente, e, depois de abraçar o nosso diretor, com intimidade, exclamou:

– Que o Mestre os ilumine e conduza.

Eram as palavras de despedida. Outro grupo socorrista aproximou-se dele e retiramo-nos do Templo da Paz, repletos do pensamento salutar de servir aos semelhantes em nome de Deus.

Lá fora, a noite de maravilhas era bem uma festa silenciosa, em que o aroma das flores convidava para o banquete celeste da luz.

2

NO SANTUÁRIO DA BÊNÇÃO

Na véspera da partida, o Assistente Jerônimo conduziu-nos ao Santuário da Bênção, situado na zona dedicada aos serviços de auxílio, onde, segundo nos esclareceu, receberíamos a palavra de mentores iluminados, habitantes de regiões mais puras e mais felizes que a nossa.

O orientador não desejava partir sem uma oração no Santuário, o que fazia habitualmente, antes de entregar-se aos trabalhos de assistência, sob sua direta responsabilidade.

À tardinha, pois, em virtude do programa delineado, encontrávamo-nos todos em vastíssimo salão, singularmente disposto, onde grandes aparelhos elétricos se destacavam, ao fundo, atraindo-nos a atenção.

A reduzida assembléia era seleta e distinta.

A administração da Casa não recebia mais de vinte expedicionários de cada vez. Em razão do preceito, apenas três grupos de socorro, prestes a partirem a caminho das regiões inferiores, aproveitavam a oportunidade.

O conjunto de doze, presidido por uma irmã de porte venerável, de nome Semprônia, que se consagraria ao amparo dos asilos de crianças desprotegidas; o grupo chefiado por Nicanor, um assistente muito culto e digno, que se dedicaria, por algum tempo, à colaboração nas tarefas de assistência aos loucos de antigo hospício, e nós outros, os companheiros encarregados de auxiliar alguns amigos em processo de desencarnação, perfazíamos o total de vinte entidades.

O Instrutor Cornélio, diretor da instituição, atendido por um assessor, palestrava conosco, demonstrando simplicidade e fidalguia, magnanimidade e entendimento.

– Logo de início, em nossa administração – explicava-nos – procuramos estabelecer o aproveitamento máximo do tempo com o mínimo de oportunidade. Para concretizar a providência, desde muito não recebemos indiscriminadamente os grupos socorristas. Reunimos os conjuntos de serviço, de acordo com as situações a que se destinam. Em dia de recepção aos que vão prestar serviços na Crosta, não atendemos a colaboradores incumbidos de operar exclusivamente nas zonas de desencarnados, como sejam as estações purgatoriais e as que se classificam como francamente tenebrosas. Há que ordenar as palavras e selecioná-las, criando-se campo favorável aos nossos propósitos de serviço. A conversação cria o ambiente e coopera em definitivo para o êxito ou para a negação. Além disso, como esta Casa é consagrada ao auxílio sublime dos nossos governantes que habitam planos mais altos, não seria justo distrair a atenção e, sim, consolidar bases espirituais, com todas as energias ao nosso alcance, em que possam aqueles governantes lançar os recursos que buscamos. Compreendendo a extensão das tarefas por fazer e o respeito que devemos àqueles que nos ajudam, somos de parecer que precisamos sanar os velhos desequilíbrios das intromissões verbais desnecessárias e, muitas vezes, perturbadoras e dissolventes.

Enquanto lhe ouvíamos as ponderações, encantados, imprimiu ligeiro intervalo às sentenças esclarecedoras e continuou:

– Aliás, o profeta enunciou, há muitos séculos, que "a palavra dita a seu tempo é maçã de ouro em cesto de prata". Se estamos, portanto, verdadeiramente interessados na elevação, constitui-nos inalienável dever o conhecimento exato do valor "tempo", estimando-lhe a preciosidade e definindo cada coisa e situação em lugar próprio, para que o verbo, potência divina, seja em nossas ações o colaborador do Pai.

Sorrimos, satisfeitos.

– Nada mais razoável e construtivo – opinou Semprônia, a destacada orientadora que dirigiria pela primeira vez a expedição de socorro aos orfãozinhos encarnados.

O dirigente do Santuário, reconhecendo, talvez, como nos sentíamos necessitados de esclarecimento quanto ao uso da palavra, prosseguiu:

– É lamentável se dê tão escassa atenção, na Crosta da Terra, ao poder do verbo, atualmente tão desmoralizado entre os homens. Nas mais respeitáveis instituições do mundo carnal, segundo informes fidedignos das autoridades que nos regem, a metade do tempo é despendida inutilmente, através de conversações ociosas e inoportunas. Isso, referindo-nos somente às "mais respeitáveis". Não se precatam nossos irmãos em Humanidade de que o verbo está criando imagens vivas, que se desenvolvem no terreno mental a que são projetadas, produzindo conseqüências boas ou más, segundo a sua origem. Essas formas naturalmente vivem e proliferam e, considerando-se a inferioridade dos desejos e aspirações das criaturas humanas, semelhantes criações temporárias não se destinam senão a serviços destruidores, através de atritos formidáveis, se bem que invisíveis.

Notava-se, claramente, o interesse que suas definições despertavam nos ouvintes. Em seguida a uma pausa mais longa, tornou, cuidadoso:

– Toda conversação prepara acontecimentos de conformidade com a sua natureza. Dentro das leis vibratórias que nos circundam por todos os lados, é uma força indireta de estranho e vigoroso poder, induzindo sempre aos objetivos velados de quem lhe assume a direção intencional. Encarregados de assumir a chefia desta Casa, trouxemos instruções de nossos Maiores para suprimir todos os comentários tendentes à criação de elementos adversos aos júbilos da Bênção Divina. É por isso que, graças ao amor providencial de Jesus, temos conseguido a manutenção de um instituto em que os nossos mentores de Mais Alto se fazem sentir. A ausência de qualquer palavra menos digna e a presença contínua de fatores verbais edificantes facilitam a elaboração de forças sutis, nas quais os orientadores divinos encontram acessórios para se adaptarem, de algum modo, às nossas necessidades na edificação comum.

Fez um gesto do narrador que se recorda de minudência importante e informou:

– Encetando nosso trabalho modesto, experimentamos reações apreciáveis. Procurava-se, então, o Santuário, sem qualquer preparação íntima. Nossos amigos prosseguiam repetindo o cenário da Crosta, em que os devotos procuram os templos, como os negociantes buscam mercados. Devíamos administrar dons espirituais, como quem dirige um armazém de vantagens fáceis ao personalismo inferior. Desde o primeiro dia, porém, amparados na delegação de competência que nos foi concedida, golpeamos, fundo, o velho hábito. Durante alguns dias, gastamos tempo, ensinando a reverência devida ao Senhor, a necessidade da limpeza interna do pensamento e a abolição do feio costume de tentar o suborno da Divindade com falaciosas promessas. E quando sentimos conscienciosamente que as lições estavam findas, iniciamos a aplicação de medidas retificadoras. Registros vibratórios foram instalados, assinalando a natureza das palavras em movimento. Desde aí foi muito fácil identificar os infratores e barrar-lhes a entrada na Câmara de Iluminação, onde realizamos nossas preces...

Observando, talvez, que alguns de nós faziam certas considerações mentais, observou, sorridente:

– Cremos desnecessária qualquer alusão ao imperativo dos pensamentos limpos. Quem busca uma casa especializada em abençoar, não pode hospedar idéias de ódio ou maldição.

Compreendemos prontamente a finalidade do ensino indireto e delicado e calamo-nos, prevenidos quanto à necessidade de resguardar a mente contra as velhas sugestões do mal.

Desejando facilitar-nos as expansões de alegria e cordialidade, Cornélio olhou fixamente um grande relógio que apresentava simbolicamente, no mostrador, a caprichosa forma dum olho humano de grandes proporções, em que dois raios luminosos indicavam as horas e os minutos, e falou, em tom fraternal:

– Teremos hoje, conforme notificação recebida há vários dias, a visita dum mensageiro de alta expressão hierárquica. Contudo, antes desse acontecimento excepcional, dispomos ainda de algum tempo. Considerando o preito de amor que devemos aos que nos orientam do Plano Superior, não convém emitir a nossa invocação de bênçãos, nem antes, nem depois do horário estabelecido. Estejam, pois, à vontade, os cooperadores...

E, fixando o olhar nos três encarregados de serviço, acrescentou, após as reticências:

– Enquanto me entendo particularmente com os chefes das missões, temos quase uma hora para a troca de idéias construtivas.

Cornélio passou a dirigir-se, de modo confidencial, aos nossos orientadores e, fracionados em grupinhos diversos, entabulamos conversações amigas.

Atendendo-me os desejos, padre Hipólito, qual o chamávamos na intimidade, apresentou-me o Assistente Barcelos, da turma de servidores que se destinava à assistência aos loucos. Fora ele dedicado professor no círculo carnal e interessava-se carinhosamente pela Psiquiatria sob novo prisma.

Acolheu-me com fidalgo tratamento e, após as primeiras saudações, perguntou, bondoso:

– É a primeira vez que integra uma expedição socorrista?

– De fato – esclareci –, é a primeira. Tenho acompanhado diversas missões de auxílio na Crosta, mas na condição do estudante, com reduzidas possibilidades de cooperação. Agora, porém, o Assistente Jerônimo aceitou-me o concurso e sigo alegremente.

Endereçou-me cativante olhar, no qual transpareciam satisfação e surpresa, e observou:

– O trabalho beneficia sempre.

Interessado em seus informes e esclarecimentos, tornei, humilde:

– Seguindo expedições de socorro, como aprendiz, tive ensejo de visitar, por mais de uma vez, dois antigos e grandes sanatórios de alienados do nosso País e vi, de perto, a extensão dos serviços reservados aos servos de boa vontade, nessas casas de purificação e dor. As atividades de enfermagem, aí, são, a meu ver, das mais meritórias.

– Inegavelmente – concordou ele, prezando-me a atenção – a loucura é um campo doloroso de redenção humana. Tenho motivos particulares para consagrar-me a esse setor da medicina espiritual e asseguro-lhe que dificilmente encontraríamos noutra parte tantos dramas angustiosos e problemas tão complexos.

– E tem colhido muitos frutos novos decorrentes do seu esforço? – perguntei, curioso.

– Sim, venho arquivando confortadoras ilações nesse sentido, concluindo que, com exceção de raríssimos casos, todas as anomalias de ordem mental se derivam dos desequilíbrios da alma. Estamos longe de contar com o número suficiente de servidores treinados para socorrer eficazmente os encarcerados na cadeia das obsessões terríveis e amargurosas. É tão grande a quantidade de doentes, nesse particular, que não sobra outro recurso além da resignação. Continuamos, desse modo, a atender superficialmente, esperando, acima de tudo, da Providência Divina. Nos casos de perseguição sistemática das entidades vingativas e cruéis do plano inacessível às percepções do homem vulgar, temos, invariavelmente, uma tragédia iniciada no presente com a imprevidência dos interessados ou que vem do pretérito próximo ou remoto, através de pesados compromissos. Se os psiquiatras modernos penetrassem o segredo de semelhantes fatos, iniciariam a aplicação de nova terapêutica à base dos sentimentos cristãos, antes de qualquer recurso à hormonioterapia e à eletricidade.

Recordei os serviços de assistência a obsidiados, que acompanhara atentamente, e aduzi:

– Examinei alguns casos torturantes de obsessão e possessão que me impressionaram, sobremaneira, pela quase completa ligação mental, entre os verdugos e as vítimas.

Barcelos esboçou significativo gesto e acentuou:

– É a terrível história viva dos crimes cometidos, em movimentação permanente. Os cúmplices e personagens desses dramas silenciosos e muita vez ignorados por outros homens, antecedendo os comparsas no caminho da morte, tornam, amedrontados, ao convívio dos seus, em face das sinistras conseqüências com que se defrontam além do túmulo... Agarram-se instintivamente à organização magnética dos companheiros encarnados ainda na Crosta, viciando-lhes os centros de força, relaxando-lhes os nervos e abreviando o processo de extinção do tônus vital, porque têm sede das mesmas companhias junto às quais se lançaram em pleno abismo. Exibem sempre quadros tristes e escuros, onde se destaca a piedade de muitas almas redimidas que tornam do Alto em compassivos gestos de intercessão e socorro urgente.

Imprimiu às considerações ligeira pausa e prosseguiu:

– Entretanto, observo, na atualidade, especialmente outro campo alusivo ao assunto. Antes de minha volta ao plano espiritual, faminto de novas informações referentes ao psiquismo da personalidade humana, examinei, atento, a doutrina de Freud. Impressionado com as variações psicológicas dos caracteres juvenis, sob minha observação direta, e apaixonado pela solução dos profundos enigmas que envolvem a criatura terrestre, encontrei na psicoanálise um mundo novo. Todavia, por mais que eu estudasse a prodigiosa coleção dos efeitos, jamais alcancei a tranqüilidade completa na investigação das causas, no círculo dos fenômenos em exame. Discípulo espontâneo e distante do eminente professor de Freiberg, somente aqui pude reconhecer os elos que lhe faltam ao sistema de positivação das origens de psicoses e desequilíbrios diversos. Os "complexos de inferioridade", o "recalque", a "libido", as "emersões do subconsciente" não constituem fatores adquiridos no curto espaço de uma existência terrestre e, sim, característicos da personalidade egressa das experiências passadas. A subconsciência é, de fato, o porão dilatado de nossas lembranças, o repositório das emoções e desejos, impulsos e tendências que não se projetaram na tela das realizações imediatas; no entanto, estende-se muito além da zona limitada de tempo em que se move um aparelho físico. Representa a estratificação de todas as lutas com as aquisições mentais e emotivas que lhes foram conseqüentes, depois da utilização de vários corpos. Faltam, pois, às teorias de Segismundo Freud e seus continuadores a noção dos princípios reencarnacionistas e o conhecimento da verdadeira localização dos distúrbios nervosos, cujo início muito raramente se verifica no campo biológico vulgar, mas quase que invariavelmente no corpo perispiritual preexistente, portador de sérias perturbações congênitas, em virtude das deficiências de natureza moral, cultivadas com desvairado apego, pelo reencarnante, nas existências transcorridas. As psicoses do sexo, as tendências inatas à delinqüência, tão bem estudadas por Lombroso, os desejos extravagantes, a excentricidade, muita vez lamentável e perigosa, representam modalidades do patrimônio espiritual dos enfermos, patrimônio que ressurge, de muito longe, em virtude da ignorância ou do relaxamento voluntário da personalidade em círculos desarmônicos.

Estabelecera-se, entre nós, uma pausa feliz, que aproveitei, atentamente, arregimentando raciocínios quanto ao assunto, considerando os argumentos construtivos que o Assistente enunciara, em benefício de minha própria iluminação.

Recordei meus escassos conhecimentos da doutrina freudiana e voltei mentalmente ao consultório, onde, muitas vezes, fora procurado por amigos atacados de estranhas e desconhecidas enfermidades mentais, a se socorrerem de minhas pobres noções de Medicina, não obstante minha carência de especialização em tal sentido. Eram maníacos, histéricos e esquizofrênicos de variados matizes, em cujos cérebros ainda existia luz bastante para a peregrinação através dos livros científicos. Haviam devorado ensinamentos de Freud; entretanto, se as teorias eram valiosas pelos elementos de análise, não ofereciam socorro algum substancial e efetivo ao doente. Descobriam a ferida sem trazer um bálsamo curativo. Indicavam o quisto doloroso, mas subtraíam o bisturi da intervenção benéfica. As explicações de Barcelos, por isso mesmo, se aproveitadas por médicos cristãos na Crosta Planetária, poderiam completar o trabalho de benemerência que a tese freudiana trouxera aos círculos acadêmicos. Antes, porém, que formulasse novas considerações íntimas, tornou ele:

– Tenho minhas atribuições junto aos desequilibrados mentais; todavia, meu esforço maior, ultimamente, desdobra-se na região inspiracional dos médicos humanitários, para que os candidatos involuntários à perturbação sejam auxiliados a tempo. Depois de verificada a loucura propriamente dita, na maioria dos casos terminou o processo da desarmonia psíquica. Muito difícil conduzir a restauração perfeita aos alienados com ficha reconhecida, embora seja incessante a nossa batalha pelo restabelecimento integral da percentagem possível de enfermos. Antes do desequilíbrio completo, houve enorme período em que o socorro do psiquiatra poderia ter sido providencial e eficiente. Não será, portanto, um grande trabalho orientarmos indiretamente o médico bem-intencionado, para que ele auxilie o provável alienado, a tempo, empregando a palavra confortadora e o carinho restaurador? Incalculável número de pessoas permanece no plano carnal, tentando a solução dos profundos problemas relativos ao próprio ser. Relacionando as conclusões dos tratadistas humanos, cujos pontos de vista divergem nos pormenores, temos, na esfera de aperfeiçoamento terrestre, cinco classes de psicoses: as de natureza paranóica, perversa, mitomaníaca, ciclotímica e hiperemotiva, englobando, respectivamente, a mania das perseguições e o delírio de grandezas, os desequilíbrios e fraquezas de ordem moral, a histeria e a mitomania, os ataques melancólicos e as fobias e crises de angústia.

O interlocutor sorriu, fez uma pausa e continuou:

– Esta, a definição científica dos nossos amigos que, como nós outros antigamente, só possuem o recurso de diagnosticar e analisar nas minudências anatômicas. Arabescos de ouro sobre a areia do Saara não tornariam o deserto menos árido. Assim, a terminologia brilhante sobre o quadro escuro do sofrimento. Precisamos divulgar no mundo o conceito moralizador da personalidade congênita, em processo de melhoria gradativa, espalhando enunciados novos que atravessem a zona de raciocínios falíveis do homem e lhe penetrem o coração, restaurando-lhe a esperança no eterno futuro e revigorando-lhe o ser em suas bases essenciais. As noções reencarnacionistas renovarão a paisagem da vida na Crosta da Terra, conferindo à criatura não somente as armas com que deve guerrear os estados inferiores de si própria, mas também lhe fornecendo o remédio eficiente e salutar. Faz muitos séculos, afirmou Plotino que toda a antiguidade aceitava como certa a doutrina de que, se a alma comete faltas, é compelida a expiá-las, padecendo em regiões tenebrosas, regressando, em seguida, a outros corpos, a fim de reiniciar suas provas. Falta, desse modo, lamentavelmente, aos nossos companheiros de Humanidade o conhecimento da transitoriedade do corpo físico e o da eternidade da vida, do débito contraído e do resgate necessário, em experiências e recapitulações diversas.

Barcelos calara-se, por instantes, enquanto eu lhe ponderava a extensão da competência. Com justificada razão possuía ele o título de Assistente, porque não era um simples irmão auxiliador, mas profundo especialista no assunto a que se dedicara, fervoroso. A conversação dele valia por um curso rápido de Psiquiatria sob novo aspecto, que me cabia aproveitar, em benefício próprio, para as tarefas marginais do serviço comum.

Desejando traduzir minha admiração e contentamento, observei, reconhecido:

– Ouvindo-lhe as considerações, reconheço que o missionário do bem, onde se encontre, é sempre um semeador de luz.

Ele, porém, pareceu não ouvir minha referência elogiosa e prosseguiu noutro tom, após longa pausa:

– O meu amigo examinou alguns casos de obsessão entre agentes invisíveis e pacientes encarnados, impressionando-se com a imantação mental entre eles. Pisamos no momento outro solo. Referimo-nos às necessidades de esclarecimento dos homens, perante os seus próprios companheiros de plano evolutivo. No círculo das recordações imprecisas, a se traduzirem por simpatia e antipatia, vemos a paisagem das obsessões transferida ao campo carnal, onde, em obediência às lembranças vagas e inatas, os homens e as mulheres, jungidos uns aos outros pelos laços de consangüinidade ou dos compromissos morais, se transformam em perseguidores e verdugos inconscientes entre si. Os antagonismos domésticos, os temperamentos aparentemente irreconciliáveis entre pais e filhos, esposos e esposas, parentes e irmãos, resultam dos choques sucessivos da subconsciência, conduzida a recapitulações retificadoras do pretérito distante. Congregados, de novo, na luta expiatória ou reparadora, as personagens dos dramas, que se foram, passam a sentir e ver, na tela mental, dentro de si mesmas, situações complicadas e escabrosas de outra época, malgrado os contornos obscuros da reminiscência, carregando consigo fardos pesados de incompreensão, atualmente definidos por "complexos de inferioridade". Identificando em si questões e situações íntimas, inapreensíveis aos demais, o Espírito reencarnado que adquire recordações, não obstante menos precisas, do próprio passado, candidata-se, inelutavelmente, à loucura. E nessa categoria, meu amigo, temos na Crosta Planetária uma percentagem cada vez maior de possíveis alienados, requerendo o concurso de psiquiatras e neurologistas, que, a seu turno, se conservam em posição oposta à verdade, presos à conceituação acadêmica e às rígidas convenções dos preceitos oficiais. Esses, em particular, são os pacientes que interessam, de mais perto, meus estudos pessoais. São as vítimas anônimas da ignorância do mundo, os infortunados absolutamente desentendidos que, de loucos incipientes, prosseguem, pouco a pouco, a caminho do hospício ou do leito de enfermidades ignoradas, tão-só porque lhes faltam a água viva da compreensão e a luz mental que lhes revelem a estrada da paciência e da tolerância, em favor da redenção própria.

– E são muitos, semelhantes casos angustiosos? – indaguei, por falta de argumentação à altura das considerações ouvidas.

O Assistente sorriu e esclareceu:

– Oh! meu caro, a extensão do sofrimento humano, nesse sentido, confunde-se também com o infinito.

Barcelos ia prosseguir, mas retiniu, sonora, uma campainha singular, convocando-nos aos preparativos da oração.

Era preciso atender.

3

O SUBLIME VISITANTE

Reunidos em pequeno salão iluminado, observei que a atmosfera permanecia embalsamada de suave perfume.

Recomendou-nos Cornélio a oração fervorosa e o pensamento puro. Tomando-nos a dianteira, o Instrutor estacou à frente de reduzida câmara estruturada em substância análoga ao vidro puro e transparente.

Olhei-a, com atenção. Tratava-se dum gabinete cristalino, em cujo interior poderiam abrigar-se, à vontade, duas a três pessoas.

Destacando-se pela túnica muito alva, o diretor da Casa estendeu a destra em nossa direção e exclamou com grave entono:

– Os emissários da Providência não devem semear a luz sem proveito; constituir-nos-ia falta grave receber, em vão, a Graça Divina. Colocando-se ao nosso encontro, os Mensageiros do Pai exercitam o sacrifício e a abnegação, sofrem os choques vibratórios de nossos planos mais baixos, retomam a forma que abandonaram, desde muito, fazem-se humildes como nós, e, para que nos façamos tão elevados quanto eles, dignam-se ignorar-nos as fraquezas, a fim de que nos tornemos partícipes de suas gloriosas experiências...

Interrompeu o curso das palavras, fitou-nos em silêncio e prosseguiu noutro tom:

– Compreendemos que, lá fora, ante os laços morais que ainda nos prendem às esferas da carne, é quase inevitável a recepção das reminiscências do pretérito, a distância. A lembrança tange as cordas da sensibilidade e sintonizamos com o passado inferior. Aqui, porém, no Santuário da Bênção, é imprescindível observar uma atitude firme de serenidade e respeito. O ambiente oferece bases à emissão de energias puras e, em razão disso, responsabilizaremos os companheiros presentes por qualquer minúcia desarmônica no trabalho a realizar. Formulemos, pois, os mais altos pensamentos ao nosso alcance, relativamente à veneração que devemos ao Pai Altíssimo!...

Para outra classe de observadores, o Instrutor Cornélio poderia parecer excessivamente metódico e rigorista; entretanto, não para nós, que lhe sentíamos a sinceridade profunda e o entranhado amor às coisas santas.

Após longo intervalo, destinado à nossa preparação mental, tornou ele, sem afetação:

– Projetemos nossas forças mentais sobre a tela cristalina. O quadro a formar-se constará de paisagem simbólica, em que águas mansas, personificando a paz, alimentem vigorosa árvore, a representar a vida. Assumirei a responsabilidade da criação do tronco, enquanto os chefes das missões entrelaçarão energias criadoras fixando o lago tranqüilo.

E dirigindo-se especialmente a nós outros, os colaboradores mais humildes, acrescentou:

– Formarão vocês a veste da árvore e a vegetação que contornará as águas serenas, bem como as características do trecho de firmamento que deverá cobrir a pintura mental.

Após ligeira pausa, concluía:

– Este, o quadro que ofereceremos ao visitante excepcional que nos falará em breves minutos. Atendamos aos sinais.

Dois auxiliares postaram-se ao lado da pequena câmara, em posição de serviço, e, ao soar de harmonioso aviso, pusemo-nos todos em concentração profunda, emitindo o potencial de nossas forças mais íntimas.

Senti, à pressão do próprio esforço, que minha mente se deslocava na direção do gabinete de cristal, onde acreditei penetrar, colocando tufos de grama junto ao desenho do lago que deveria surgir... Utilizando as vigorosas energias da imaginação, recordei a espécie de planta que desejava naquela criação temporária, trazendo-a do passado terrestre para aquela hora sublime. Estruturei todas as minúcias das raízes, folhas e flores, e trabalhei, intensamente, na intimidade de mim mesmo, revivendo a lembrança e fixando-a no quadro, com a fidelidade possível...

Fornecido o sinal de interrupção, retomei a postura natural de quem observa, a fim de examinar os resultados da experiência, e contemplei, oh! maravilha!... Jazia o gabinete fundamente transformado. Águas de indefinível beleza e admirável azul-celeste refletiam uma nesga de firmamento, banhando as raízes de venerável árvore, cujo tronco dizia, em silêncio, da própria grandiosidade. Miniaturas prodigiosas de cúmulos e nimbos estacionavam no céu, parecendo pairar muito longe de nós... As bordas do lago, contudo, figuravam-se quase nuas e os galhos do tronco apresentavam-se vestidos escassamente.

O Instrutor, célere, retomou a palavra e dirigiu-se a nós com firmeza:

– Meus amigos, a vossa obrigação não foi integralmente cumprida. Atentai para os detalhes incompletos e exteriorizai vosso poder dentro da eficiência necessária! Tendes, ainda, quinze minutos para terminar a obra.

Entendemos, sem maiores explicações, o que desejava ele dizer e concentramo-nos, de novo, para consolidar as minudências de que deveria revestir-se a paisagem.

Procurei imprimir mais energia à minha criação mental e, com mais presteza, busquei colocar as flores pequeninas nas ramagens humildes, recordando minhas funções de jardineiro, no amado lar que havia deixado na Terra. Orei, pedi a Jesus me ensinasse a cumprir o dever dos que desejavam a bênção do seu divino amor naquele Santuário e, quando a notificação soou novamente, confesso que chorei.

O desenho vivo da gramínea que minha esposa e os filhinhos tanto haviam estimado, em minha companhia no mundo, adornava as margens, com um verde maravilhoso, e as mimosas flores azuis, semelhando-se a miosótis silvestres, surgiam abundantes...

A árvore cobrira-se de folhagem farta e vegetação de singular formosura completava o quadro, que me pareceu digno de primoroso artista da Terra.

Cornélio sorriu, evidenciando grande satisfação, e determinou que os dois auxiliares conservassem a destra unida ao gabinete. Desde esse momento, como se uma operação magnética desconhecida fosse posta em ação, nossa pintura coletiva começou a dar sinais de vitalidade temporária. Algo de leve e imponderável, semelhante a caricioso sopro da Natureza, agitou brandamente a árvore respeitável, balouçando-se os arbustos e a minúscula erva, a se refletirem nas águas muito azuis, docemente encrespadas de instante a instante...

Minha gramínea estava, agora, tão viva e tão bela que o pensamento de angustiosa saudade do meu antigo lar ameaçou, de súbito, meu coração ainda frágil. Não eram aquelas as flores miúdas que a esposa colocava, diariamente, no quarto isolado, de estudo? não eram as mesmas que integravam os delicados ramos que os filhos me ofereciam aos domingos pela manhã? Vigorosas reminiscências absorveram-me o ser, oprimindo-me inesperadamente a alma, e eu perguntava a mim mesmo por que mistério o Espírito enriquecido de observações e valores novos, respirando em campos mais altos da inteligência, tem necessidade de voltar ao pequenino círculo do coração, como a floresta luxuriante e imponente que não prescinde da singela e reduzida gota dágua para dessedentar-lhe as raízes... Senti o anseio mal disfarçado de arrebatá-los compulsoriamente da Crosta, transportando-os para junto de mim, desejoso de reuni-los, ao meu lado, em novo ninho, sem separação e sem morte, a fazer-lhes experimentar os júbilos da vida eterna... Minhas lágrimas estavam prestes a cair. Bastou, no entanto, um olhar de Jerônimo para que eu me reajustasse.

Arremessei para muito longe de mim toda a idéia angustiosa e consegui reaver a posição do cooperador decidido nas edificações do momento.

Cornélio, de pé, ante a paisagem viva, enquanto nos mantínhamos sentados, estendeu os braços na direção do Alto e suplicou:

– Pai da Criação Infinita, permite, ainda uma vez, por misericórdia, que os teus mensageiros excelsos sejam portadores de tua inspiração celeste para esta casa consagrada aos júbilos de tua bênção!... Senhor, fonte de toda a Sabedoria, dissipa as sombras que ainda persistem em nossos corações, impedindo-nos a gloriosa visão do porvir que nos reservaste; faze vibrar, entre nós, o pensamento augusto e soberano da confiança sem mescla e deixa-nos perceber a corrente benéfica de tua bondade infinita, que nos lava a mente mal desperta e ainda eivada de escuras recordações do mundo carnal!... Auxilia-nos a receber dignamente teus devotados emissários!...

Focalizando a mente em nossos trabalhos, o Instrutor prosseguiu, noutra inflexão de voz:

– Sobretudo, ó Pai, abençoa os teus filhos que partem, a caminho dos círculos inferiores, semeando o bem. Reparte com eles, humildes representantes de tua grandeza, os teus dons de infinito amor e de inesgotável sabedoria, a fim de que se cumpram teus sagrados desígnios... Acima, porém, de todas as concessões, proporciona-lhes algo de tua divina tolerância, de tua complacência sublime, de tua ilimitada compreensão, para que satisfaçam, sem desesperação e sem desânimo, os deveres fraternais que lhes cabem, ante os que ignoram ainda as tuas leis e sofrem as conseqüências dos desvios cruéis!...

Calou-se o orientador do Santuário e, dentro da imponente quietude da câmara, vimos que a paisagem, formada de substância mental, começou a iluminar-se, inexplicavelmente, em seus mínimos contornos.

Guardava a idéia de que reduzido sol surgiria à nossa vista sob a nesga de céu, no quadro singular. Raios fulgurantes penetravam o fundo esmeraldino e vinham refletir-se nas águas.

Cornélio, de mãos erguidas para o alto, mas sem qualquer expressão ritualística, em vista da simplicidade espontânea de seus gestos, exclamou:

– Bem-vindo seja o portador de Nosso Pai Amantíssimo!

Nesse instante, sob nossos olhos atônitos, alguém apareceu no gabinete, entre a vegetação e o céu. Semelhava-se a um sacerdote de culto desconhecido, trajando túnica lirial. Fisionomia simpática de ancião, apresentava-se nimbado de luz indescritível e seu olhar nos mantinha extasiados e presos, num misto de veneração e encantamento, sem que nos fosse possível qualquer fuga mental de sua presença sublime.

Via-se-lhe apenas o busto cheio, parecendo-me que os seus membros inferiores se ocultavam naturalmente na folhagem abundante. Seus braços e mãos, todavia, revelavam-se com todas as minudências anatômicas, porque com a destra nos abençoava num gesto amplo, mantendo na outra mão pequeno rolo de pergaminhos brilhantes, deixando-nos perceber dourado cordão atado à cinta.

Visivelmente sensibilizado, o diretor da Casa saudou, nominalmente:

– Venerável Asclépios, sê conosco!

O emissário, em voz clara e sedutora, desejou-nos a Paz do Cristo e, em seguida, dirigiu-nos a palavra em tom inexprimível na linguagem humana (abstenho-me aqui de qualquer tradução incompleta e imperfeita, atendendo a imperativos de consciência).

Ouvimo-lo sob infinita emoção, sem que qualquer de nós contivesse as lágrimas. O verbo do admirável mensageiro que chegava de Esferas Superiores, trazendo-nos a bênção divina, caía-nos nalma de modo intraduzível e acordava-nos o espírito eterno para a infinita glória de Deus e da Vida Imortal.

Não conseguiria descrever o que se passava em mim próprio. Jamais escutara alguém com aquele misterioso e fascinante poder magnético de fixação dos ensinamentos de que se fizera emissário.

Ao abençoar-nos, ao término da maravilhosa alocução, irradiavam-se de sua destra muito alva pequeninos focos de luz, em forma de minúsculas estrelas que se projetavam sobre nós, invadindo-nos o tórax e a fronte e fazendo-nos experimentar o júbilo inenarrável de quem sorve, feliz, vigorosos e renovadores alentos da vida.

Quiséramos prolongar, indefinidamente, aqueles minutos divinos, mas tudo fazia acreditar que o mensageiro estava prestes a despedir-se.

Interpretando, contudo, o pensamento da maioria, Cornélio dirigiu-lhe a palavra e indagou, humilde, se os irmãos presentes poderiam endereçar-lhe algumas solicitações.

O arauto celeste aquiesceu, sorrindo, num gesto silencioso, colocando-nos à vontade, dando-me a impressão de que aguardava semelhante pedido.

A Irmã Semprônia, que chefiava pela primeira vez a turma de socorro ao serviço de amparo aos órfãos, foi a primeira a consultá-lo:

– Venerável amigo – disse com transparente sinceridade –, temos algumas cooperadoras na Crosta que esperam de nós uma palavra de ordem e reconforto para prosseguirem nos serviços a que se devotaram de coração fiel. Desde muito tempo, experimentam perseguições declaradas e toleram o sarcasmo contínuo de adversários gratuitos que lhes ferem o espírito sensível, atacando-lhes os melhores esforços, através de maldades sem conto. Inegavelmente, não cedem ante os fantasmas da sombra e mobilizam as energias no trabalho de resistência cristã... Exercendo funções de colaboradora, nesta expedição de socorro que agora chefio pela primeira vez, conheço, de perto, a dedicação que nossas amigas testemunham na obra sublime do bem, mas não ignoro que padecem, heróicas e leais, há quase trinta anos sucessivos, ante o assédio de inimigos implacáveis e cruéis.

Após curto silêncio, que ninguém se atreveu a interromper, a consulente concluiu, perguntando:

– Que devemos dizer a elas, respeitável amigo? por que palavras esclarecedoras e reconfortantes sustentar-lhes o ânimo em tão longa batalha? De alma voltada para o nosso dever, aguardamos de vossa generosidade o alvitre oportuno.

Vimos, então, o inesperado. O mensageiro ouviu, paciente e bondoso, revelando grande interesse e carinho na expressão fisionômica e, depois que Semprônia deu por terminada a consulta, retirou uma folha dentre os pergaminhos alvinitentes que trazia, de modo intencional, e abriu-a à nossa vista, lendo todos nós o versículo quarenta e quatro do capítulo cinco do Evangelho do Apóstolo Mateus:

– “Eu, porém, vos digo – amai a vossos inimigos, bendizei os que vos maldizem, fazei bem aos que vos odeiam, e orai pelos que vos perseguem e caluniam.”

O processo de esclarecimento e informação não podia ser mais direto, nem mais educativo.

Decorridos alguns instantes, Semprônia exclamou humildemente:

– Compreendo, venerável amigo!

O emissário, sem qualquer afetação dos que ensinam por amor-próprio, comentou:

– Os adversários, quando bem compreendidos e recebidos cristãmente, constituem precioso auxílio em nossa jornada para a União Divina.

A síntese verbal condensava explicações, que somente seriam razoáveis em compactos discursos.

A meu ver, não obstante a beleza e edificação do ensino recolhido, o método não recomendava extensão de perguntas de nosso lado, mas o Irmão Raimundo, do grupo socorrista dedicado à assistência aos loucos, tomou a iniciativa e interrogou:

– Tolerante amigo, que fazer ante as dificuldades que me defrontam nos serviços marginais da tarefa? Interessando a órbita de nossos deveres, junto dos desequilibrados mentais da Crosta Terrestre, venho assistindo certo agrupamento de irmãos encarnados que não estão interpretando as obrigações evangélicas como deviam. Em verdade, convocam-nos à colaboração espiritual, pronunciando belas palavras, mas no terreno prático se distanciam de todas as atitudes verbais da crença consoladora. Estimam as discussões injuriosas, fomentam o sectarismo, dão grande apreço ao individualismo inferior que desconsidera o esforço alheio, por mais nobilitante que seja esse. Quase sempre, entregam-se a rixas infindáveis e gastam o tempo estudando meios de fazerem valer as limitações que lhes são próprias. Por mais que lhes ensinemos a humildade, recorrendo, não a nós, mas ao exemplo eterno do Cristo, mais se arvoram em críticos impiedosos, não apenas uns dos outros, e, sim, de setores e situações, pessoas e coisas que lhes não dizem respeito, incentivando a malícia e a discórdia, o ciúme e o desleixo espiritual. No entanto, reúnem-se metodicamente e nos chamam à cooperação em seus trabalhos. Que fazer, todavia, respeitável orientador, para que maiores perturbações não se estabeleçam?

O mensageiro esperou que o consulente se desse por satisfeito em suas indagações e, em seguida, muito calmo, repetiu a operação anterior, e tivemos, ante os olhos, outro pergaminho, com a inscrição do versículo onze, do capítulo seis, da primeira epístola do Apóstolo Paulo a Timóteo:

– "Mas tu, ó homem de Deus, foge destas coisas e segue a justiça, a piedade, a fé, a caridade, a paciência, a mansidão."

Permaneceu Raimundo na expectativa, figurando-se-nos não haver interpretado a advertência, quanto devia, mas a explicação sintética do visitante não se fez esperar:

– O discípulo que segue as virtudes do Mestre, aplicando-as a si próprio, foge às inutilidades do plano exterior, acolhendo-se ao santuário de si mesmo, e auxilia os nossos irmãos imprevidentes e perturbados, rixosos e ingratos, sem contaminar-se.

Registrando as palavras sábias de Asclépios, Raimundo pareceu acordar para a verdade e murmurou, com algum desapontamento:

– Aproveitarei a lição.

Novo silêncio verificou-se entre nós.

A Irmã Luciana, porém, que nos integrava o pequeno grupo, tomou a palavra e perguntou:

– Esclarecido mentor, esta é a primeira vez que vou à Crosta em tarefa definida de socorro. Podereis fornecer-me, porventura, a orientação de que necessito?

O emissário, que parecia trazer respostas bíblicas preparadas de antemão, desdobrou nova folha e lemos, admirados, o versículo nove do capítulo quatro da primeira epístola do Apóstolo da Gentilidade aos tessalonicenses:

– "Quanto, porém, à caridade fraternal, não necessitais de que vos escreva, visto que vós mesmos estais instruídos por Deus que vos ameis uns aos outros."

Algo confundida, Luciana observou, reverente:

– Compreendo, compreendo...

– O Evangelho aplicado – comentou o mensageiro, delicadamente – ensina-nos a improvisar os recursos do bem, nas situações mais difíceis.

Fez-se, de novo, extrema quietude na câmara. Talvez pelo nosso péssimo hábito de longas conversações sem proveito, adquirido na Crosta Planetária, não encontrávamos grande encanto naquelas respostas francas e diretas, sem qualquer lisonja ao nosso personalismo dominante.

Rolavam instantes pesados, quando observamos a gentileza e a sensibilidade do diretor do Santuário da Bênção. Notando que Semprônia, Raimundo e Luciana eram alvos de nossa indiscreta curiosidade, Cornélio inquiriu de Asclépios, como se fora mero aprendiz:

– Que fazer para conservar alegria no trabalho, perseverança no bem, devotamento à verdade?

O mensageiro contemplou-o, num sorriso de aprovação e simpatia, identificando-lhe o ato de amor fraternal, e descerrou novo pergaminho, em que se lia o versículo dezesseis do capítulo cinco da primeira carta de Paulo aos tessalonicenses:

– "Regozijai-vos sempre."

Em seguida, falou, jovial:

– A confiança no Poder Divino é a base do júbilo cristão, que jamais deveremos perder.

O Instrutor Cornélio meditou alguns momentos e rogou, humilde:

– Ensina-nos sempre, venerável irmão!...

Decorreram minutos sem que os demais utilizassem a palavra. Fazendo menção de despedir-se, o sublime visitante comentou, afável:

– À medida que nos integramos nas próprias responsabilidades, compreendemos que a sugestão direta nas dificuldades e realizações do caminho deve ser procurada com o Supremo Orientador da Terra. Cada Espírito, herdeiro e filho do Pai Altíssimo, é um mundo por si, com as suas leis e características próprias. Apenas o Mestre tem bastante poder para traçar diretrizes individuais aos discípulos.

Logo após, abençoou-nos, carinhoso, desejando-nos bom ânimo.

Reconfortados e felizes, vimos o mensageiro afastar-se, deixando-nos envoltos numa onda de olente e inexplicável perfume.

Ambos os auxiliares, que se mantinham a postos, retiraram as mãos do gabinete e, depois de várias operações magnéticas efetuadas por eles, desapareceu a pintura mental, voltando a peça de cristal ao aspecto primitivo.

Tornando à conversação livre, indagações enormes oprimiam-me o cérebro. Não me contive. Com a permissão de Jerônimo e liderando companheiros tão curiosos e pesquisadores quanto eu mesmo, acerquei-me de Cornélio e despejei-lhe aos ouvidos grande cópia de interrogações. Acolheu-me, benévolo, e informou:

– Pertence Asclépios a comunidades redimidas do Plano dos Imortais, nas regiões mais elevadas da zona espiritual da Terra. Vive muito acima de nossas noções de forma, em condições inapreciáveis à nossa atual conceituação da vida. Já perdeu todo contacto direto com a Crosta Terrestre e só poderia fazer-se sentir, por lá, através de enviados e missionários de grande poder. Apreciável é o sacrifício dele, vindo até nós, embora a melhoria de nossa posição, em relação aos homens encarnados. Vem aqui raramente. Não obstante, algumas vezes, outros mentores da mesma categoria visitam-nos por piedade fraternal.

– Não poderíamos, por nossa vez, demandar o plano de Asclépios, a fim de conhecer-lhe a grandeza e sublimidade? – perguntei.

– Muitos companheiros nossos – assegurou-nos o Instrutor –, por merecimentos naturais no trabalho, alcançam admiráveis prêmios de viagens, não só às esferas superiores do Planeta que nos serve de moradia, mas também aos círculos de outros mundos...

Sorriu e acrescentou:

– Não devemos esquecer, porém, que a maioria efetua semelhantes excursões somente na qualidade de viajores, em processo estimulante do esforço pessoal, à maneira de jovens estudantes de passagem rápida pelos institutos técnicos e administrativos das grandes nações. Raros são ainda os filhos do Planeta em condições de representá-lo dignamente noutros orbes e círculos de vida do nosso sistema.

Não me deixei impressionar e prossegui perguntando:

– Asclépios, todavia, não mais reencarnará na Crosta?

O Instrutor gesticulou, significativamente, e esclareceu:

– Poderá reencarnar em missão de grande benemerência, se quiser, mas a intervalos de cinco a oito séculos entre as reencarnações.

– Oh! Deus – exclamei – como é grandioso semelhante estado de elevação!

– Constitui sagrado estímulo para todos nós – ajuntou o mentor atenciosamente.

– Devemos acreditar – interroguei, admirado – seja esse o mais alto grau de desenvolvimento espiritual no Universo?

O diretor da Casa sorriu, compassivo, em face de minha ingenuidade e considerou:

– De modo algum. Asclépios relaciona-se entre abnegados mentores da Humanidade Terrestre, partilha da soberana elevação da coletividade a que pertence, mas, efetivamente, é ainda entidade do nosso Planeta, funcionando, embora, em círculos mais altos de vida. Compete-nos peregrinar muito tempo, no campo evolutivo, para lhe atingirmos as pegadas; no entanto, acreditamos que o nosso visitante sublime suspira por integrar-se no quadro de representantes do nosso orbe, junto às gloriosas comunidades que habitam, por exemplo, Júpiter e Saturno. Os componentes dessas, por sua vez, esperam, ansiosos, o instante de serem convocados às divinas assembléias que regem o nosso sistema solar. Entre essas últimas, estão os que aguardam, cuidadosos e vigilantes, o minuto em que serão chamados a colaborar com os que sustentam a constelação de Hércules, a cuja família pertencemos. Os que orientam nosso grupo de estrelas aspiram, naturalmente, a formar, um dia, na coroa de gênios celestiais que amparam a vida e dirigem-na, no sistema galáxico em que nos movimentamos. E sabe meu amigo que a nossa Via-Láctea, viveiro e fonte de milhões de mundos, é somente um detalhe da Criação Divina, uma nesga do Universo?!...

As noções de infinito encerraram a reunião encantadora no Santuário da Bênção. Cornélio estendeu-nos a mão, almejando-nos felicidade e paz, e despedimo-nos, sob enorme impressão, entre a saudade e o reconhecimento.

4

A Casa Transitória

Depois de viagem normal, através dos caminhos comuns, alcançamos nevoenta região, onde asfixiante tristeza parecia imperar incessantemente. De outras vezes, eu já atravessara sítios semelhantes, gastando apenas alguns minutos. Agora, porém, era compelido a longa marcha em sentido horizontal. Atendendo a imperativos da missão, o Assistente Jerônimo procurava certa localidade, sob a denominação expressiva de "Casa Transitória de Fabiano".

Tratava-se de grande instituição piedosa, no campo de sofrimentos mais duros em que se reúnem almas recém-desencarnadas, nas cercanias da Crosta Terrestre, a qual, segundo nos informou o chefe da expedição, fora fundada por Fabiano de Cristo, devotado servo da caridade entre antigos religiosos do Rio de Janeiro, desencarnado há muitos anos. Organizada por ele, era confiada, periodicamente, a outros benfeitores de elevada condição, em tarefa de assistência evangélica, junto aos Espíritos recém-desligados do plano carnal.

– Na Casa Transitória – prosseguia Jerônimo, explicando-nos – prestaremos o auxílio que nos seja possível à organização e asilaremos, em seguida, os irmãos que nos cabe socorrer. Não fossem esses pousos de amor, tornar-se-ia muito difícil nosso trabalho. Raramente encontramos companheiros carnais em condições de atravessarem semelhante zona, imediatamente após a morte física. Quase todos permanecem estonteados, nos primeiros dias. Se entregues à própria sorte, seriam fatalmente agredidos pelas entidades perversas, ou habilmente desviados por elas do bom caminho de restauração gradual das energias interiores. Daí a necessidade desses abrigos fraternais, em que almas heróicas e dedicadas ao sumo bem se consagram a santificadas tarefas de amparo e vigilância.

Após breve pausa, concluiu:

– Além disso, teremos aí todo o equipamento necessário aos trabalhos que nos cumpre realizar.

Curioso, guardei silêncio e esperei.

Não se passou muito tempo, defrontava-nos casarão enorme em plena sombra. Nada que evidenciasse preocupação artística e bom gosto na construção. Nem árvores, nem jardins em torno. A edificação baixa e simples mal se destacava no nevoeiro denso.

Certo, percebendo-me a estranheza, Jerônimo esclareceu:

– O nome do instituto, André, fala por si mesmo. Temos, à frente, acolhedora casa de transição, destinada a socorros urgentes. Embora seu assombro natural, é asilo móvel, que atende segundo as circunstâncias do ambiente. Sofre permanente cerco de Espíritos desesperados e sofredores, condenados pela própria consciência à revolta e à dor. Suas defesas magnéticas exigem considerável número de servidores e os amigos da piedade e da renunciação, que aí atendem, passam dia e noite ao lado do sofrimento. Todavia, o trabalho desta Casa é dos mais dignos e edificantes. Neste edifício de benemerência cristã, centralizam-se numerosas expedições de irmãos leais ao bem, que se dirigem à Crosta Planetária ou às esferas escuras, onde se debatem na dor seres angustiados e ignorantes, em trânsito prolongado nos abismos tenebrosos. Além disso, a Casa Transitória de Fabiano, à maneira de outras instituições salvadoras que representam verdadeiros templos de socorro nestas regiões, é também precioso ponto de ligação com as nossas cidades espirituais em zonas superiores.

Nesse instante, antes que Jerônimo pudesse prosseguir nos esclarecimentos, atingimos as barreiras magnéticas, à distância de alguns metros do portão de acesso ao interior.

Atendidos por trabalhadores vigilantes, que sem hesitação nos ofereceram passagem, acionamos pequeno aparelho que nos ligou, de pronto, ao porteiro prestativo.

Não decorreram muitos minutos e achamo-nos diante de figura respeitável. Não supunha que a instituição estivesse administrada por mãos sensíveis de mulher. A Irmã Zenóbia, aparentando idade madura e aureolada de cabelos negros, proporcionava-nos informações vivas de sua energia e admirável capacidade de trabalho, através dos olhos transbordantes de luz.

Saudou-nos, cortês, sem despender muitas palavras, passando imediatamente ao assunto que a nossa presença sugeria:

– Fui avisada ontem – disse, bondosa – de que a missão chegaria hoje e rejubilamos com isso.

– Ao seu dispor – explicou-se Jerônimo, com gentileza. – Este abrigo de amor e paz cooperará conosco, asilando-nos alguns tutelados convalescentes, e, por nossa vez, desejamos ser úteis à Casa, de algum modo.

Zenóbia envolveu-nos num sorriso de simpatia acolhedora e, após rápidos minutos de silêncio, considerou:

– Aceitamos o concurso. Reconheço a presença dum grupo harmonioso e, desde a semana finda, aguardava ensejo, não só para beneficiar a coletividade sofredora de abismo próximo, senão também a fim de socorrer certo irmão nosso, muito infeliz. Trata-se de pessoa que me foi particularmente querida e que apenas agora foi encontrada em remota região de seres decaídos. Vencendo obstáculos, trouxemo-la para a vizinhança da Casa; porém, o perigoso estado em que se encontra não nos autoriza a fornecer-lhe abrigo e, sim, proteção indireta. Já estabelecemos medidas em favor da remoção desse infortunado amigo para a zona da Crosta, onde será brevemente internado em reencarnação expiatória, com auxílio divino. Entretanto, precisarei pessoalmente da colaboração fraternal dos companheiros, em benefício do transviado...

– Sem dúvida – atalhou Jerônimo, desvanecido –, teremos prazer.

Designando a devotada enfermeira que nos acompanhava, acrescentou:

– Em nossa companhia, permanece a Irmã Luciana, que nos pode ser extremamente útil nesse caso particular, em virtude das suas adiantadas faculdades de clarividência.

A diretora da Casa Transitória fixou o olhar sereno em nossa colaboradora, sorriu, amável, e prosseguiu:

– Bem lembrado. Alguns irmãos, qual ocorre a esse a que me refiro, descem a tamanho embrutecimento moral que somente conseguem ouvir-nos a voz, de modo imperfeito, e, não lhes sendo possível identificar-nos pela visão, em face dos impedimentos vibratórios criados por eles mesmos, duvidam de nossa amizade e de nossos propósitos elevados de cooperação. No fato presente, o concurso de Luciana ser-me-á precioso.

Não podia disfarçar o meu constrangimento ante aquele pormenor da conversação. Por que motivo a Irmã Zenóbia, orientando instituição como aquela, necessitaria de nossa colaboração, mormente no capítulo da clarividência mencionada? Porventura, não poderia também esquadrinhar os problemas de almas sofredoras e decaídas?

Incapaz de sopitar a interrogação, observei, admirado:

– Oh! quer dizer que os benfeitores daqui não podem ver quanto desejam?

Foi o Assistente Jerônimo quem veio ao meu encontro.

– Antes de tudo, André – falou, compassivo –, faz-se necessário considerar que a Irmã Zenóbia, não obstante a sua extensa visão espiritual, terá razões íntimas para invocar a providência. Quanto ao mais, não devemos esquecer os imperativos da especialização.

A resposta tivera efeito de ducha gelada. Arrependera-me de haver formulado a interrogação indiscreta. Completando, porém, o ensinamento, Jerônimo continuou:

– Senão, vejamos: o padre Hipólito consagra-se, atualmente, à interpretação das leis divinas, no serviço educativo àqueles que as desconhecem, enquanto a Irmã Zenóbia atende a sofredores, em massa, nesta Casa de amor cristão. Claro que poderiam exercitar a clarividência, com benefícios generalizados para o próximo, mas com prejuízo manifesto dos deveres imediatos. Isso não ocorre com Luciana que, pelo contacto individual e intenso com os enfermos, durante muitos anos consecutivos, especializou-se em penetrar-lhes o mundo mental, trazendo à tona suas idéias, ações passadas e projetos íntimos, em atividade beneficente. Se entrássemos nós outros, de improviso, em relação com a sua clientela, veríamos "alguma coisa", embora, não tanto e tão bem quanto pode ser observado por ela, em vista de suas dilatadas experiências. A seu turno, Luciana poderia, de imediato, interpretar os ensinamentos divinos e orientar esta Casa, "de algum modo", mas não tanto e tão bem quanto o padre Hipólito e a Irmã Zenóbia, considerando--lhes os vastos conhecimentos nesse sentido. Todas as aquisições espirituais exigem perseverança no estudo, na observação e no serviço aplicado. E devemos considerar que isso não infirma a necessidade de aprender sempre. O músico exímio poderá ser aprendiz incipiente da Química, destacando-se, mais tarde, nesse campo científico, como se verifica na arte dos sons. Não alcançará, todavia, a realização, sem gastar tempo, esforço e boa vontade. Aliás, o próprio Mestre assegurou que o homem encontrará aquilo que procurar.

Sorrindo de minha interrogação, que provocara ensinamentos tão rudimentares, concluiu:

– A busca de dons espirituais para a vida eterna não representa serviço igual à cata de objetos perdidos na Crosta.

Interveio a Irmã Zenóbia, acrescentando fraternalmente:

– Sim, não podemos edificar todas as qualidades nobres de uma só vez. Cada trabalhador fiel ao seu dever possui valor específico, incontestável. A Obra Divina é infinita.

Tornando ao primitivo rumo da conversação, prosseguiu:

– Quando dispomos de clarividentes nos serviços de socorro ao abismo, em circunstâncias favoráveis, conseguimos resultados de preciosa eficiência. Os servidores dessa natureza, porém, são poucos, em vista da multiplicidade das tarefas e raros se dispõem a servir nas paisagens escuras da angústia infernal.

Luciana, chamada nominalmente à palestra, esclareceu que teria satisfação em cooperar e contou-nos que buscara desenvolver as faculdades de que era portadora, a fim de socorrer, noutro tempo, o Espírito de seu pai, desencarnado numa guerra civil. Tivera ele preponderância no movimento de insurreição pública e permanecia nas esferas inferiores, alucinado pelas paixões políticas. Depois de paciente auxílio, reajustara emoções, obtendo possibilidades de reencarnar em grande cidade brasileira, para onde ela mesma, Luciana, seguiria também logo pudesse o genitor do pretérito organizar novo lar, restabelecendo-se a aliança de carinho e de amor, segundo o projeto por ambos estabelecido.

Zenóbia ouvia com atenção.

Percebendo talvez que a palestra tendia para o campo do personalismo direto, em minutos para os quais provavelmente a diretora da Casa teria outros compromissos, Jerônimo interferiu na conversação e dirigiu-se a ela, atencioso:

– Estamos satisfeitos, Irmã, pela perspectiva de algum concurso amigo, ao seu lado. Compreendemos a grandeza de sua missão nobilitante e, se vamos depender tanto de seu generoso amparo, nesta Casa, constitui-nos obrigação cooperar com a Irmã nos trabalhos em que nossa humilde colaboração possa ser útil. Seguiremos, amanhã, para a zona carnal. Entretanto, logo que nos seja possível trazer para sua companhia o primeiro irmão libertado, André e eu permaneceremos em trânsito, entre a Crosta e este abençoado asilo, enquanto Hipólito e Luciana se demorarão aqui, velando pelos convalescentes e colaborando, junto da Irmã, nas tarefas imediatas.

– Alegra-me sobremaneira a expectativa! – falou a diretora, evidentemente satisfeita.

Nesse instante, invisível campainha ressoou, estridente, com estranha entonação.

Não decorreram cinco segundos e alguém penetrou a sala, rumorosamente. Era determinado servo da vigilância, que anunciou, precípite:

– Irmã Zenóbia, aproximam-se entidades cruéis. A agulha de aviso indicou a direção norte. Devem estar a três quilômetros, aproximadamente.

A orientadora empalideceu ligeiramente, mas não traiu a emoção com qualquer gesto que denunciasse fraqueza.

– Acendam as luzes exteriores! – ordenou – todas as luzes! E liguem as forças da defesa elétrica, reforçando a zona de repulsão para o norte. Os invasores desviar-se-ão.

Retirou-se apressadamente o emissário, enquanto pesado silêncio abatia-se sobre nós. Luciana fizera-se lívida. Jerônimo e Zenóbia demonstravam, através do olhar, asfixiante preocupação. Registrar-se-iam fatos que eu ignorava? Será que Espíritos reconhecidamente maus também organizavam expedições semelhantes às que realizávamos para o bem? Que espécie de entidades seriam aquelas, para infundirem tamanha preocupação nos dirigentes esclarecidos e virtuosos de nossos trabalhos e tão grande terror nos subordinados daquela Casa de amor cristão? Impressionara-me a expressão facial de dor e incerteza do servidor que trouxera a notícia. Seriam tantos os malfeitores das sombras para justificar semelhante pavor? Sentia o raciocínio extremamente reduzido para comportar a imensidade das interrogações que me afloravam à mente.

Através de minúscula abertura, notei que enormes holofotes se acendiam de súbito, no exterior, como as luzes de grande navio assaltado por nevoeiro denso em zona perigosa.

Ruídos característicos faziam-se sentir à nossa audição, informando-nos que aparelhos elétricos haviam sido postos em funcionamento.

– É lamentável – exclamou Zenóbia, com a manifesta intenção de restaurar-nos a tranqüilidade – que tantas inteligências humanas, desviadas do bem e votadas ao crime, se consagrem aqui ao prosseguimento de atividades ruinosas e destruidoras.

Nenhum de nós ousou dizer qualquer palavra.

A diretora, porém, esforçando-se por sorrir, continuou:

– A tragédia bíblica da queda dos anjos luminosos, em abismos de trevas, repete-se todos os dias, sem que o percebamos em sentido direto. Quantos gênios da Filosofia e da Ciência dedicados à opressão e à tirania! quantas almas de profundo valor intelectual se precipitam no despenhadeiro de forças cegas e fatais! Lançados ao precipício pelo desvio voluntário, esses infelizes raramente se penitenciam e tentam recuo benéfico... Na maioria das vezes, dentro da terrível insatisfação do egoísmo e da vaidade, insurgem-se contra o próprio Criador, aviltando-se na guerra prolongada às suas divinas obras. Agrupam-se em sombrias e devastadoras legiões, operando movimentos perturbadores que desafiam a mais astuta imaginação humana e confirmam as velhas descrições mitológicas do inferno.

Observando-me, possivelmente, a angústia íntima, em face de suas considerações, Irmã Zenóbia acrescentou:

– Chegará, porém, o dia da transformação dos gênios perversos, desencarnados, em Espíritos lucificados pelo bem divino. Todo mal, ainda que perdure milênios, é transitório. Achamo-nos apenas em luta pela vitória imortal de Deus, contra a inferioridade do "eu" em nossas vidas. Toda expressão de ignorância é fictícia. Somente a sabedoria é eterna.

Por minha vez, gostaria de formular várias indagações, porém a expectativa fizera-se mais pesada.

– Alguns séculos – prosseguiu a diretora – de reencarnações terrestres constituem tempo escasso para reeducar inteligências pervertidas no crime. É por isso que os trabalhos retificadores continuam vivos, além da morte do corpo físico, obrigando os servos da verdade e do bem a suportar os irmãos menos felizes, até que se arrependam e se convertam...

Indefiníveis ruídos alcançaram-nos o ouvido, e Zenóbia, pálida, calou-se igualmente. Em poucos segundos, tornaram-se mais nítidos. Eram gritos aterradores, como se a curta distância devêssemos afrontar hordas de enraivecidos animais ferozes.

Entre nós, Luciana parecia a mais atemorizada.

Torcia nervosamente as mãos, até que, não lhe sendo possível suportar por mais tempo a inquietação, dirigiu-se à diretora da Casa, suplicando:

– Irmã, não será conveniente endereçarmos fervorosa rogativa a Deus? conheço os monstros. Tentaram, muita vez, arrebatar meu pai do sítio a que se recolhera!...

Zenóbia sorriu com benevolência e respondeu:

– Já fiz meus atos devocionais de hoje, preparando-me para as ações eventuais do trabalho no decurso do dia. Aliás, minha amiga, nossa ansiosa expectativa, em si mesma, vale por súplica ardente. Decidamos, pois, qualquer problema a sobrevir, com resolução e confiança em Nosso Pai e em nós próprios.

A esse tempo, tornara-se enorme o vozerio. Pus-me, assombrado, a identificar rugidos estridentes de leões e panteras, casados a uivos de cães, silvos de serpentes e guinchos de macacos.

Em dado momento, ouvimos explosões ensurdecedoras. Quase no mesmo instante, certo auxiliar penetrou o recinto e comunicou:

– Atacam-nos com petardos magnéticos.

A diretora resoluta ouviu, serena, e determinou:

– Emitam raios de choque fulminante, assestando baterias.

As farpas elétricas deviam ser atiradas em silêncio, porque as explosões diminuíram até à extinção total, percebendo-se que a horda invasora se desviara noutro rumo, pelo ruído a perder-se distante.

Respiramos aliviados.

Estampou-se confortadora expressão na fisionomia de Zenóbia, que falou, satisfeita:

– Agora, peçamos ao Mestre conceda aos infelizes o caminho adequado às suas necessidades.

Escoaram alguns minutos, nos quais elevamos pensamentos de gratidão e júbilo ao Cristo Salvador.

Tornando à palavra livre, considerei:

– Que impressionantes rugidos ouvimos! não se figuravam lamentos de corações sofredores, mas algazarra de feras soltas. Terrível novidade!...

– Esses bandos, porém – observou a diretora, sensatamente –, são antigos. Entre as narrações evangélicas, ao tempo da passagem de Nosso Senhor pelas estradas humanas, lemos o noticiário alusivo às legiões dos gênios diabólicos.

Enquanto concordávamos, em silêncio, prosseguiu, compungida:

– Enraízam-se os pobrezinhos tão intensamente nas idéias e propósitos do mal e criam tantas máscaras animalescas para si mesmos, em virtude da revolta e da desesperação a lhes consumirem a alma, que adquirem, de fato, a semelhança de horrendos monstros, entre a humanidade e a irracionalidade.

Antes que pudesse continuar nas observações tristes, penetrou um assessor no salão e dirigiu-se à orientadora do instituto:

– Irmã Zenóbia, ambos os desequilibrados que deram entrada, anteontem, romperam as celas e tentam fugir.

A orientadora atalhou a notificação, expedindo ordem:

– Prendam-nos, imediatamente, com a colaboração dos vigilantes. Temos responsabilidade. A expedição que no-los confiou regressará amanhã, nas primeiras horas.

Encontrava-se o cooperador junto à porta de saída, quando outro auxiliar apareceu, atento.

– Irmã – disse, respeitoso –, as notas da Crosta chegaram agora. O chefe da missão Figueira, em atividade desde a semana finda, pede sejam preparadas acomodações para três recém-desencarnados, depois de amanhã.

– Tomarei providências – informou a diretora sem se alterar.

Íamos reiniciar a palestra, mas aproximou-se uma jovem serviçal, fazendo também sua participação:

– Irmã Zenóbia, a turma de vigilância, que descansou há três dias, voltou a postos.

– Mande-a retomar os lugares – recomendou ela – e que os irmãos exaustos repousem convenientemente.

Afastou-se a ativa emissária e, quando eu pretendia, por minha vez, comentar a movimentação de trabalho da Casa, outro colaborador assomou à porta e avisou:

– Irmã, a expedição Fabrino pede auxílio da Crosta para os serviços das reencarnações expiatórias de que se encontra encarregada. A mensagem assinala serviço urgente para noite próxima. Que devo responder?

A orientadora refletiu um pouco e ordenou:

– Transmita o comunicado aos Irmãos Gotuzo e Hermes. Estarão talvez disponíveis. Mais tarde, expediremos resposta.

Pretendíamos retomar a instrutiva conversação, mas, em se fazendo novo silêncio, outro ajudante, de fisionomia visivelmente alterada, surgiu à porta para informar:

– Irmã Zenóbia, a Nota do Dia, vinda do Plano Superior, manda comunicar-lhe que os desintegradores etéricos passarão por aqui amanhã.

– Oh! o fogo?!... – replicou a diretora, patenteando agora inexcedível emoção. – Bem o suspeitei – ponderou, acrescentando: – o nosso ambiente está conturbado. A passagem dos monstros é sinal de que a limpeza será urgente.

E, fixando os olhos penetrantes no colaborador, prosseguiu:

– Solicitemos a cooperação das congêneres mais próximas. Precisamos apelar para o Oratório de Anatilde e para a Fundação Cristo. Tente a ligação. Irei, eu mesma, fazer o pedido.

Afastando-se o assessor, Zenóbia voltou-se para nós, cheia de bondade:

– Segundo observam, meus amigos, desta vez devo levantar-me e agir. Quando o fogo etérico vem queimar os resíduos da região, somos obrigados a transportar-nos com a instituição, a caminho de outra zona. Necessito movimentar providências, relativas à nova localização, e rogar o socorro de outras casas especializadas.

Dirigindo-se, particularmente, a Jerônimo, acentuou:

– Meu irmão, já que o inesperado me surpreende, estimaria visitar o abismo, ainda hoje, em companhia dos amigos. Além do serviço à coletividade sofredora, conforme notifiquei a princípio, interesso-me por irmão nosso, em doloroso estado de cegueira espiritual, a favor de quem estou autorizada a fazer serviços intercessórios.

– De perfeito acordo – respondeu nosso chefe, atenciosamente.

Depois de levar a efeito alguns sinais de chamada, a diretora da Casa Transitória de Fabiano confiou-nos ao cuidado de Heráclio, abnegado cooperador da instituição, e se afastou.

Fomos, então, convidados pelo novo amigo a visitar o interior e, em breve, apresentava-nos extensos dormitórios e estreitos cubículos, em que se localizavam doentes e necessitados de vários matizes. Atravessamos, igualmente, compridas salas de estudo e complicados laboratórios, notando-se que ali todo o espaço era rigorosamente aproveitado.

Em certo ponto da conversação, o delicado companheiro que nos acolhia, percebendo a curiosidade com que examinávamos a parte interna do edifício, erguido à base de substância singularmente leve, esclareceu:

– É tipo de construção para movimento aéreo. Muda-se, sem maiores dificuldades, de uma região para outra, atendendo às circunstâncias.

E, sorrindo:

– Por isso, é denominada “Casa Transitória”.

Em breves minutos, o Assistente Jerônimo era chamado nominalmente pela Irmã Zenóbia, para entendimento particular.

Hipólito e Luciana solicitaram ingresso na Sala Consagrada, onde, conforme explicações de Heráclio, administradores, auxiliares e asilados daquele pouso de amor se reuniam habitualmente para os serviços divinos da prece. Interessado, por minha vez, nos trabalhos médicos do instituto, indaguei quanto à possibilidade de encontrar algum colega que me fornecesse novos elementos educativos.

Expondo ao prestativo assessor meus desejos, respondeu-me sem hesitar:

– Já sei o que pretende. No momento, temos em casa o Irmão Gotuzo, cujas informações talvez lhe satisfaçam a curiosidade.

5

Irmão Gotuzo

Apresentado ao Irmão Gotuzo, espontânea satisfação felicitou-me o espírito. Imediatamente, reconheci que vigorosos laços de simpatia nos arrastavam um para o outro. Nele, as afinidades com os serviços da esfera carnal eram ainda, sobremaneira, fortes. A conversação, gestos e pareceres denunciavam-lhe a condição. Impregnado de intensas lembranças da vida física, a que se sentia imantado por incoercível atração, não subira, por enquanto, nos nossos círculos de trabalho mais elevado, contando apenas alguns poucos anos de consciência desperta, após acordar na existência real.

De início, ofereceu-me elementos para sumariar-lhe a posição. Desencarnara antes de mim, peregrinara muito tempo, através de sendas purgatoriais, e embora houvesse demorado vários anos semi-inconsciente, entre sombras e luzes, apresentava-se em dia com todos os conhecimentos de Medicina, propriamente humanos.

– Sempre supus – confiou-me, bem-humorado, quando nos vimos a sós – que após a morte do corpo nada mais teríamos a fazer, além de cantar beatificamente no céu ou ranger dentes no inferno, mas a situação é extremamente diversa.

Fez significativo parênteses e continuou:

– Refiro-me à velha definição teológica, porque nunca pude aceitar a tese negativista, em caráter absoluto. Impossível que a vida estivesse circunscrita ao palco de carne, onde o homem desempenha os mais extravagantes papéis, em múltiplas atitudes cênicas, desde a infância até a velhice. Algo deveria existir, sempre acreditei, além do necrotério e do túmulo. Admitia, porém, que a morte fosse maravilhoso passe de magia, orientando as almas a caminho do paraíso de paz imorredoura ou da região escura de castigos eternos. Nada disso, contudo. Encontrei a vida, em si mesma, com o mesmo sabor de beleza, intensificação e mistério divino. Transferimo-nos de residência, pura e simplesmente, e tanto trazemos para cá indisposições e doenças, como as investigações e processos de curar. Os enfermos e os médicos são aqui em maior número. O corpo astral é organização viva, tão viva quanto o aparelho fisiológico em que vivíamos no plano carnal.

Porque percebesse, talvez, em meus olhos, a silenciosa notícia de que, em círculos mais altos, haveria novidades referentes ao assunto, acrescentou:

– Pelo menos, em nosso plano, a situação é análoga.

E continuou, sorridente:

– Ensinavam-nos, na Crosta Planetária, que o homem é simples gênero da ordem dos primatas, com estrutura anatômica dos mamíferos superiores, com postura vertical, dimensões consideráveis de crânio e linguagem articulada. Referiam-se os catedráticos aos homens fósseis e pré-históricos, colando afirmativas dogmáticas da ciência oficial em nossa cabeça, como se dependuram cartazes no teto dos bondes. Explicava-nos a Religião, por sua vez, que o ser humano é alma criada por Deus, no instante da concepção materna, e que, com a morte, regressa ao seio divino para definitivo julgamento, em toda a eternidade, na hipótese de o paciente não ser obrigado a determinadas demoras nas estações desagradáveis do purgatório.

Imprimiu novo acento à conversação e considerou:

– De fato, suponho devam existir lugares mais deliciosos que o éden imaginado pelos sacerdotes humanos e, com meus olhos, tenho visto flagelações e sofrimentos que ultrapassam todas as imagens infernais ideadas pelos inquisidores. Entretanto, e é lamentável reconhecê-lo, nem a Ciência, nem a Religião nos prepararam, convenientemente, para enfrentar os problemas do homem desencarnado.

Fizera-se, entre nós, intervalo mais longo.

Relanceando o olhar pelo gabinete amplo, reparei o cuidado de Gotuzo, na zona de sua especialidade. Mapas variados do corpo humano desdobravam-se nas paredes, como se fossem preciosos adornos. Pequenas esculturas de órgãos diversos assomavam, aqui e ali. O que mais feria a atenção, porém, era determinada imagem do sistema nervoso, estruturada em substância delicadíssima e algo luminosa, em posição vertical, com a altura aproximada dum homem, na qual se destacavam, com extraordinária perfeição, o cérebro, o cerebelo, a medula espinal, os nervos do tronco, o mediano, o radial, o plexo sagrado, o cubital e o grande ciático.

Acariciando, enlevado, a obra-prima, observei:

– Tem você muita razão, meu caro Gotuzo. Se os homens encarnados compreendessem a importância do estudo alusivo ao corpo perispiritual!...

– Sim – confirmou com graça espontânea, atalhando-me as considerações –, a ignorância que nos segue até aqui é simplesmente deplorável! A personalidade humana, entre as criaturas terrestres, é mais desconhecida que o Oceano Pacífico. Eu, por mim, católico militante que fui, sempre aguardei o sossego beatífico depois da morte.

Fixou expressão quase cômica e acentuou:

– Vim com todos os sacramentos e passaportes da política religiosa, passados em solenes exéquias. Creio, todavia, que o serviço diplomático de minha igreja não está bem atendido no céu. Não trouxe bastante documentação que me garantisse paz na transferência. Em vão, reclamei direitos que ninguém conhecia e supliquei bênçãos indébitas. Em face do desconhecimento aqui predominante a meu respeito, regressei ao meu velho templo, onde ninguém me identificou. Desesperado, então, mergulhei-me por longos anos em dolorosa cegueira espiritual. E, francamente, rememorando fatos, rio-me, ainda hoje, da confiança ingênua com que cerrei os olhos no lar, pela última vez. O padre Gustavo prometia-me a convivência dos anjos – veja bem! – e asseverava-me que eu seria levado em triunfo aos pés do Senhor, e isso apenas porque legara cinco contos de réis à nossa antiga paróquia. Meus familiares acompanhavam, em pranto, nosso diálogo final, em que minha palavra sufocada comparecia, em monossílabos, de longe em longe, na extrema hora do corpo. No entanto, se era quase impossível para mim o comentário inteligente da situação, o pároco falava por nós ambos, explanando a felicidade que me caberia no Reino de Deus. Médico de curta jornada, mas de intensa observação, a moléstia não me enganou, mas, inexperiente nos assuntos da alma, confundiram-me plenamente as promessas religiosas. Penetrando o portão do sepulcro e não me sentindo na corte dos santos, voltei, copiando perigosas atitudes dos sonâmbulos, para interpelar o sacerdote que me encomendara o cadáver às estações celestes. Incompreendido e cego, peregrinei por muito tempo, entre a aflição e a demência, nas criações mentais enganadoras que trouxera do mundo físico.

– Certamente, porém – observei, em face da parada mais longa que se fizera –, não lhe faltaram bons amigos.

– De fato – concordou. – Entretanto, gastei anos para tornar ao equilíbrio indispensável, condição única em que podemos compreender-lhes o auxílio e recebê-lo.

– Deve, pois, sentir-se feliz, agora.

– Sem dúvida! – comentou Gotuzo, humorístico – reajusto-me com a tranqüilidade possível. A maior surpresa para mim, presentemente, é a paisagem de serviço que a vida espiritual nos descortina. Tenho hoje profundíssima compaixão de todos os homens e mulheres encarnados, que desejam insistentemente a morte física e procuram-na, através de vários modos, utilizando recursos indiretos e imperceptíveis aos demais, quando lhes faltam disposições para o ato espetacular do suicídio. Aguardam-nos atividades e problemas tão complexos de trabalho, que mais venturosa lhes seria a existência totalmente desprovida de encanto, com pesadas disciplinas a lhes inibirem as divagações.

Recordando a posição laboriosa da dirigente da Casa, em virtude das observações ouvidas, considerei:

– O volume de nossas tarefas assombraria qualquer homem comum, e cumpre-nos reconhecer que a necessidade de sacrifício nos serviços desta instituição é enorme. Inda agora, espantou-me a cota de deveres atribuídos à diretora.

– Inegável! – anuiu, modificando o tom de voz – a Irmã Zenóbia, devotada orientadora, de sublime coração e pulso forte, nos oferece, invariavelmente magníficas demonstrações de renúncia. E tão grande é o serviço neste asilo, consagrado a socorros diversos, que a chefia se reveza em períodos anuais. Neste ano, a administração compete a ela; no vindouro, teremos as diretrizes do Irmão Galba.

– Cada administrador recebe descanso de um ano? – indaguei, admirado.

– Sim, aproveitando-se o período de repouso, em esferas mais altas, ao contacto de experiências e estudos que enriqueçam o espírito do missionário e beneficiem as obras gerais da instituição, com vistas ao futuro. Estou informado de que Zenóbia e Galba dirigem esta Casa, há precisamente vinte anos consecutivos, ora um, ora outro. Administradores diversos, no entanto, têm passado por aqui, demandando outros rumos, no plano de elevação... De quando em quando, voltam a visitar-nos, ministrando sagrados incentivos à comunidade de trabalhadores do bem.

– E você? – interroguei, talvez indiscreto – onde passa os recreios e entretenimentos?

– De conformidade com os estatutos que nos regem, possuo também minhas horas de repouso. Todavia – e a sua voz tocou-se de velada tristeza – ainda não posso fruí-las em esfera mais alta. Desfruto-as nos campos da Crosta, respirando o ar puro e tonificante dos pomares e jardins silvestres. O oxigênio, por lá, é mais leve que o absorvido por nós, nestes círculos abafados de transição, onde há que lidar com os resíduos do pensamento humano. As árvores e as águas, as flores e os frutos da Natureza terrestre, indenes das emanações empestadas de multidões ignorantes e caprichosas, permanecem repletos de substâncias divinas para quantos de nós que começam a viver efetivamente em espírito. As cidades humanas são imensos e benditos cadinhos de purificação das almas encarnadas, onde se forja o progresso real da Humanidade, mas o campo simples e acolhedor é sempre a estação direta das bênçãos de Deus, garantindo as bases da manutenção coletiva. Não é estranhável, portanto, que aí recolhamos grandes colheitas de energias de paz restauradora.

Conhecia, de sobra, a propriedade de seus argumentos, rememorando experiências anteriores que me diziam respeito; contudo, objetei, com sinceridade:

– Lastimo, porém, que você ainda não tenha podido visitar regiões mais elevadas. Descobriria continentes de radiosas surpresas, revigorando, com eficiência, o estímulo e a esperança.

– Prometem-me, para breve, semelhante júbilo – acentuou resignadamente.

– Ouça, meu amigo – perguntei com afetuoso interesse –, qual a razão do adiamento? poderia, por minha vez, interpor minha influência humilde no assunto?

O companheiro, que se caracterizara por sadio otimismo desde a primeira palavra, deixou transparecer inquietante emoção. Fisionomia transtornada, seus olhos móveis e brilhantes nevoaram-se de pranto, dificilmente contido, e, fixando-os talvez no quadro interior das próprias reminiscências, Gotuzo explicou-se, com inflexão de amargura:

– Trago, ainda, a mente e o coração presos ao ninho doméstico que perdi com o corpo carnal. Readaptei-me ao trabalho e, por isso, venho sendo aproveitado, de algum modo, em atividades úteis; entretanto, ainda não me habituei com a morte e sofro naturalmente os resultados dessa desarmonia. Encontro-me num curso adiantado de preparação interior, no qual progrido lentamente.

Esforçando-se por assumir, diante de mim, atitude tranqüilizadora, prosseguiu, depois de ligeira pausa:

– Retomando a mim mesmo, após longos anos de semi-inconsciência, voltaram-me a reflexão, o juízo, o equilíbrio. Oh! meu amigo, que saudades torturantes de minha casa feliz! Marília e os dois filhos, então rapazes de curso ginasial, eram os únicos habitantes de meu pequeno paraíso doméstico. A Medicina, exercida desde cedo, entre clientela abastada, conferira-me extensos recursos financeiros. Vivíamos plenamente despreocupados, entre as paredes acolhedoras e quentes de nosso ninho. Nenhum dissabor, nem a mais leve nuvem. Surgiu-nos a primeira dor com a positivação da pneumonia que me separou da esfera física. À primeira nota de sofrimento, mobilizamos o dinheiro e as relações afetivas, inutilmente. Todas as circunstâncias favoráveis de ordem material quebraram-se, frágeis, perante a morte. Marília, porém, prometeu-me fidelidade constante até ao fim, selando o juramento com amargurosas e inesquecíveis lágrimas. Aproximava-me dos cinqüenta anos, enquanto a querida esposa não ultrapassava os trinta e seis. Doía-me nalma deixá-la quase só no mundo, sem o braço do companheiro; todavia, confiando nas promessas religiosas, acreditei que pudesse velar por ela e pelos filhos, da região celestial. A realidade, porém, foi muito diversa e, depois das lutas purgatoriais, voltando ansioso à casa, não encontrei rastro dos entes amados que aí deixara. Enquanto perseverava em doloroso sonambulismo, buscando socorro junto à religião, nunca pude voltar ao campo da família, porquanto, antes do tentâmen, fui arrebatado em violento e escuro torvelinho que me situou em terrível paisagem de trevas e sofrimento indescritíveis. No primeiro instante de libertação, todavia, fui surdo a toda espécie de ponderação, rompi todos os obstáculos e, sequioso de afeto, encontrei-os, enfim... A situação, no entanto, desconcertou-me. Primo Carlos, que sempre me invejara a abastança, insinuara-se em casa, a título de proteger-me os interesses, e desposou-me a companheira, perturbou o futuro de meus filhos e dissipou-me os bens, entregando-se, em seguida, a criminosas aventuras comerciais. Quase voltei ao primitivo estado de desequilíbrio mental, ajuizando os acontecimentos imprevistos. Após prantear a posição dos meus rapazes, convertidos em agenciadores de maus negócios, encontrei Marília, justamente no dia imediato ao nascimento do segundo filhinho do casal. Ajoelhei-me, em soluços, ao pé do leito humilde em que repousava e perguntei-lhe pelo patrimônio de paz que, ao partir, lhe depositara, confiante, nas mãos. A infeliz, fundamente desfigurada, não me identificou a presença, nem me ouviu a voz, mas lembrou-se intensamente de mim, contemplou o pequenino que dormia calmo e caiu em pranto convulsivo, provocando a presença de Carlos, declarando-se angustiada, nervosa... Quando vi chegar o invasor, irascível e detestado, recuei, tomado de infinito horror. Não tive forças. Era isso o que me aguardava, após tamanha luta? Deveria conformar-me e abençoar os que me feriam? O quadro era excessivamente negro para mim. Em prejuízo de meu espírito, desfrutara uma existência regular, com todos os desejos atendidos. Não me iniciara no mistério da tolerância, da paciência, da dor. E, por esse motivo, meus sofrimentos assumiram assustadoras proporções.

Gotuzo enxugou as lágrimas que lhe corriam abundantemente dos olhos e, em vista da impressão forte que o seu pranto me causava, terminou:

– Quase dez anos são decorridos e minha mágoa continua tão viva, como na primeira hora.

Deixando-o entregue ao desabafo, alguns minutos pesados rolaram entre nós.

– Gotuzo, escute-me – disse-lhe, por fim – não guarde semelhantes algemas de sombra no coração.

Em seguida, descrevi-lhe, sumariamente, meu caso pessoal. Ouviu-me atento, confortado.

Finalizando, considerei:

– Por que razão condenar a companheira de luta? e se fôssemos nós os viúvos? quem poderia afiançar que não teríamos sido pais novamente? Não se prenda por mais tempo. O velho egoísmo humano é criador de cárceres tenebrosos.

Percebeu-me a sinceridade e calou-se, humilde. E porque o ambiente se fazia menos agradável, em face da exposição dos íntimos aborrecimentos dele, perguntei, para modificar-lhe o impulso mental:

– Circunscreve-se o trabalho à assistência aos enfermos, no setor de tarefas que lhe são atribuídas?

– Tenho outros campos de atividade – informou.

Fitando-me, algo modificado na expressão fisionômica, interrogou:

– Já cooperou em tarefas reencarnacionistas?

Recordei a experiência que acompanhara, de perto, em outra ocasião[1], e narrei o que sabia.

Olhando-me significativamente, tornou:

– Sim, você conhece um caso de reencarnação, de natureza superior, um caso em que o interessado se fizera credor da gentileza de vários amigos que o auxiliaram, desveladamente. Aqui, todavia, acompanhamos situações dolorosas, através de incidentes desagradabilíssimos para a sensibilidade. São trabalhos reencarnacionistas de ordem inferior, mais difíceis e complexos. Não calcula o que sejam. Há verdadeira mobilização de inúmeros benfeitores sábios e piedosos, dos planos mais altos, que nos traçam as necessárias diretrizes. Por vezes surgem problemas torturantes no esforço de aproximação e ligação dos interessados ao ambiente em que

[1]Vide *Missionários da Luz*. (*Nota do Autor espiritual.*)

serão recebidos, de tal modo deploráveis, que muito angustiosas para nós se fazem as situações, sendo imprescindível o concurso de elevado número de obreiros. Segue-se a reencarnação expiatória de inenarráveis padecimentos, pelas vibrações contundentes do ódio e das humilhações punitivas. Na esfera venturosa em que você habita, há institutos para considerar as sugestões da escolha pessoal. O livre-arbítrio, garantidor de créditos naturais, pode solicitar modificações e apresentar exigências justas, mas, aqui, as condições são diferentes... Almas grosseiras e endividadas não podem ser atendidas em suas preferências acerca do próprio futuro, em virtude da ignorância deliberada em que se comprazem, indefinidamente, e, de acordo com aqueles que as tutelam da região superior, são compelidas a aceitar os roteiros estabelecidos pelas autoridades competentes para os seus casos individuais. Por nossa vez, somos executores das providências respectivas e constitui-nos obrigação vencer os mais extensos e escuros obstáculos. Nesses quadros de dor, vemos pais e mães que, instintivamente, repelem a influenciação dos filhinhos, antes do berço, dando pasto a discórdias sem nome, a antagonismos aparentemente injustificáveis, a moléstias indefiníveis, a abortos criminosos. Enquanto isso ocorre, os adversários que reencarnam, em obediência ao trabalho redentor, programado pelos mentores abnegados dessas personagens de dramas sombrios, com longa representação no cenário da existência humana, penetram o campo psíquico dos ex-inimigos e futuros progenitores, impondo-lhes sacrifícios intensos e quase insuportáveis.

Interrompeu as considerações, fez curta pausa, para acrescentar em seguida:

– Repare que a diversidade, entre as suas informações e as minhas, é efetivamente considerável. Os Espíritos que se esforçam nas aquisições da luz divina, através do serviço persistente na própria iluminação, conquistam o intercâmbio direto com instrutores mais sábios, aprimoram-se, conseqüentemente, e, pelos atos meritórios a que se consagram, podem escolher seus elementos de vida nova na Crosta Terrestre, como o trabalhador digno que, pelos créditos morais conquistados, pode exigir as próprias ferramentas destinadas ao seu trabalho. Os servos do ódio e do desequilíbrio, da intemperança e das paixões, contudo, que se preparem para as exigências da vida. Aos primeiros, a reencarnação será verdadeira bênção em aprendizado feliz; todavia, aos segundos constituirá necessária e legítima imposição do destino criado por eles mesmos, com o menosprezo a que votaram as dádivas de Nosso Pai, no espaço e no tempo.

Escutando-lhe as observações, sob inexcedível impressão de alegria e encantamento, não pude sopitar a conclusão que me saiu otimista e espontânea da boca:

– Gotuzo, mas é você, experiente desse modo quanto aos problemas do resgate espiritual, quem guarda mágoa do lar que se foi? Como pode encarcerar-se no desalento, a deter tamanha possibilidade de libertação?

O companheiro fixou em mim os olhos inteligentes e lúcidos, como a dizer em silêncio que sabia de tudo isso, esforçou-se por parecer jovial e respondeu:

– Não se preocupe. Em vista das extremas dificuldades para dominar-me, estudo, atualmente, a probabilidade de reincorporação no ambiente doméstico, enfrentando a situação difícil com a devida bênção do esquecimento provisório na carne, a fim de reconstruir o amor em bases mais sólidas, junto àqueles que não tenho compreendido tanto quanto deveria.

Nesse instante, certa enfermeira assomou à porta de entrada, pedindo licença para interromper-nos e notificou que a turma de sentinelas, em tratamento mental, esperava no salão contíguo.

Esclareceu Gotuzo que seguiria imediatamente. Novamente a sós, explicou-me, sorrindo:

– Na esfera carnal, na qualidade de médicos, nossas obrigações resumiam-se ao exame detido das enfermidades, com indicação clínica ou intervenção cirúrgica, e ao fornecimento de diagnósticos técnicos que outros colegas confirmavam, quase sempre por espírito de solidariedade, dentro da classe; mas, aqui, a paisagem modifica-se. Cabe-me usar a língua como estilete criador de vida nova. A Casa está repleta de cooperadores que trabalham, servindo-lhe ao programa de socorro, e se submetem aos nossos cuidados de orientação médica, simultaneamente. Não basta, porém, que eu lhes diga o que sofrem, como fazia antigamente. Devo funcionar, acima de tudo, como professor de higiene mental, auxiliando-os na germinação e desenvolvimento de idéias reformadoras e construtivas, que lhes elevem o padrão de vida íntima. Distribuímos recursos magnéticos de restauração, com todos os necessitados, reanimando-lhes a organização geral, com os elementos de cura ao nosso alcance; não sem ensinar, entretanto, a cada enfermo, algo de novo que lhe reajuste a alma. Noutro tempo, tínhamos o campo de ação na célula física. Presentemente, todavia, essa zona de atuação é a célula mental.

Observando a disposição ativa do companheiro, meditei no tempo que despendera, antes de participar dos serviços médicos da região superior a que fora conduzido, e perguntava a mim mesmo a razão pela qual fora Gotuzo tão depressa utilizado, ali, na esfera de socorro aos aflitos. Reparei, todavia, que o novo amigo não me recebia os pensamentos, nem mesmo de maneira parcial, demonstrando-se menos exercitado nas faculdades de penetração e, acompanhando-o ao recinto, onde o aguardava extensa clientela, notei que a assistência ali era ministrada a doentes em massa, dentro de vibrações mais grosseiras e lentas, exigindo a colaboração especializada de médicos desencarnados que, como acontecia a Gotuzo, ainda conservavam regular sintonia com os interesses imediatos da Crosta Terrestre.

6

Dentro da noite

A diferença de atmosfera, entre o dia e a noite, na Casa Transitória de Fabiano, era quase imperceptível. Não conseguiria estabelecer comparações apreciáveis, mesmo porque, durante todo o tempo de nossa permanência no instituto, estiveram acesas as luzes artificiais. Denso nevoeiro abafava a paisagem, sob o céu de chumbo e, ao que fui informado, grandes aparelhos destinados à fabricação de ar puro funcionavam incessantemente, na Casa, renovando o ambiente geral. Víamos o Sol, fundamente diferençado, em pleno crepúsculo. Semelhava-se a um disco de ouro velho, sem qualquer irradiação, a perder-se num oceano de fumo indefinível. Cotejando a situação com os quadros primaveris da Crosta Planetária, os ocasos da esfera carnal parecem verdadeiras decorações do paraíso.

Permanecíamos em região onde a matéria obedecia a outras leis, interpenetrada de princípios mentais extremamente viciados. Congregavam-se aí longos precipícios infernais e vastíssimas zonas de purgatório das almas culpadas e arrependidas.

Na verdade, muita vez viajara entre a nossa colônia feliz e o plano crostal do planeta, atravessando lugares semelhantes, mas nunca me demorara tanto em círculo desagradável e escuro como esse. A ausência de vegetação, aliada à neblina pesada e sufocante, infundia profunda sensação de deserto e tristeza.

Os amigos, porém, com a Irmã Zenóbia à frente, faziam quanto possível por converter o pouso socorrista num oásis confortador. Alguém chegou à gentileza de lembrar a oportunidade do quadro externo para que nos voltássemos para dentro de nós, com o proveito necessário.

– Sim – assentiu o Assistente Jerônimo –, num abrigo de pronto socorro espiritual, é conveniente que não haja facilidade para distrações prejudiciais aos nossos deveres.

Estampou riso franco nos lábios e acentuou:

– Por isso mesmo, quando na Crosta da Terra, nunca tivemos descrições de infernos floridos ou de purgatórios sob árvores acolhedoras. Nesse ponto, os escritores teológicos foram exatos e coerentes. Aos culpados e renitentes confessos não convém a fuga mental. Em favor deles próprios, é mais razoável sejam mantidos em regiões desprovidas de encanto, a fim de permanecerem a sós com as criações mentais inferiores a que se ligaram intensivamente.

A conversação, rica de particularidades interessantes, compensava a aspereza exterior, valorizando o tempo, acerca do qual não se conseguia fazer nenhum cálculo, a não ser pela observação dos cronômetros que eram, aí, aparelhos preciosos e indispensáveis.

Ao soar das dezenove horas, orientados pela administradora da Casa, preparamo-nos para pequena jornada ao abismo.

Convocou Zenóbia vinte cooperadores para as tarefas de colaboração eventual e imediata, três mulheres e dezessete homens, que, à primeira vista, não pareciam pessoas de cultura e sensibilidade extremamente apuradas, mas que mostravam, no olhar sereno e firme, boa vontade, dedicação leal e caráter resoluto no espírito de serviço. Mais tarde, vim a saber que o instituto asila constantemente variados grupos de entidades, repletas de característicos humanos primitivistas, mas portadoras de virtudes e valores apreciáveis, que colaboram na execução das tarefas gerais e se educam ao mesmo tempo, preparando-se para reencarnações e experiências de mais elevada expressão.

Dirigindo-se ao subalterno que recebera atribuições de subchefia, indagou Zenóbia, serena:

– Ananias, temos o material de serviço devidamente arregimentado? Não devemos esquecer, principalmente, as faixas de socorro, as redes de defesa e os lança-choques.

– Tudo pronto – respondeu, satisfeito, o colaborador.

Voltou-se, em seguida, para o nosso orientador e disse, bem-humorada:

– Irmão Jerônimo, convirá, desse modo, iniciar a marcha.

E detendo-se, ao nosso lado, acrescentou:

– De antemão, rogo desculpas a todos se lhes tomar tempo para atendermos ao desventurado irmão a que me referi, satisfazendo a interesse que me é particular. A clarividência de Luciana e a oração de todos os amigos, porém, constituirão fatores decisivos em benefício da renovação dele, a fim de que aceite as providências redentoras do futuro. É serviço que prestarão a mim própria, pelo qual serei devedora reconhecida.

Ligeiro véu de melancolia inexplicável toldou-lhe repentinamente o olhar, mas, cobrando ânimo novo, considerou:

– Além disso, o padre Hipólito endereçará apelos cristãos aos infelizes que choram na zona abismal. O fogo purificador passará amanhã e poderemos ministrar-lhes aviso edificante.

O ex-sacerdote comentou, confortado:

– A cooperação será para nós um prazer.

Dirigindo-se, então, a grande número de companheiros e subordinados de serviço, a Irmã Zenóbia consolidou a atenção de todos para o desempenho do mapa de trabalhos que havia planejado para tão significativa noite. A Casa deveria permanecer atenta à contribuição que receberia dos institutos congêneres, no dia imediato, pela manhã; alguns servidores seguiram para a Crosta, prestando apoio à expedição Fabrino, nalguns casos difíceis de reencarnação compulsória; certos departamentos abrir-se-iam à visitação dos encarnados parcialmente libertos da Crosta, em momentos de sono físico, para receberem benefícios magnéticos, de conformidade com as solicitações autorizadas; determinadas dependências seriam preparadas devidamente para a eventual recepção de missionários do bem, procedentes das esferas elevadas; organizar-se-iam leitos para alguns desencarnados prestes a serem trazidos, segundo notificação anteriormente recebida; duas enfermeiras, orientadoras de colônias espirituais para regeneração, trariam vinte crianças recém-libertas dos laços carnais, no sentido de se avistarem com as mães que viriam da Crosta, amparadas por amigos para reencontro confortador, em caráter temporário; variadas delegações de trabalho espiritual, junto a instituições piedosas, encontrar-se-iam no abrigo para combinar providências; duas novas missões de socorro alcançariam o asilo, dentro de breves horas, e demorar-se-iam até pela manhã, conforme aviso prévio; todos os trabalhos preparatórios da mudança assinalada para o dia seguinte deveriam ser levados a efeito; medidas outras de menor significação foram recomendadas e, por fim, a diretora notificou que o recinto de orações deveria aguardá-la, em posição de iniciar a prece de reconhecimento da noite, sem nenhuma delonga.

Eu não conseguia disfarçar a surpresa, examinando semelhante quadro de obrigações, porque, segundo cálculo efetuado momentos antes, a Irmã Zenóbia estaria ausente apenas quatro horas.

Ultimando providências, acenou para nós, convidando-nos a acompanhá-la. Ao transpormos o limiar, explicou-nos, cuidadosa:

– Convém manter apagado, no trajeto, todo o material luminoso. – E fitando-nos, resoluta, informou: – Quanto a nós, sigamos silenciosos, a pé. Não será razoável utilizar a volitação em distância tão curta. Mais justo assemelharmo-nos aos pobres que habitam estes sítios, perante os quais, enquanto perdure a pequena caminhada, deveremos guardar a maior quietude. Qualquer desatenção prejudicar-nos-á o objetivo.

Decorridos alguns instantes, atravessávamos as barreiras magnéticas de defesa e púnhamo-nos a caminho.

Noutras circunstâncias e noutro tempo, não conseguiria eu dominar o pavor que nos infundia a paisagem escura e misteriosa, à nossa frente. Vagavam no espaço estranhos sons. Ouvia perfeitamente gritos de seres selvagens e, em meio deles, dolorosos gemidos humanos, emitidos, talvez, a imensa distância... Aves de monstruosa configuração, mais negras do que a noite, de longe em longe se afastavam de nosso caminho, assustadiças. E embora a sombra espessa, observava alguma coisa da infinita desolação ambiente.

Após alguns minutos de marcha, surgiu-nos a Lua, como bola sangrenta, através do nevoeiro, espalhando escassos raios de luz.

Poderíamos identificar, agora, certas particularidades do terreno áspero.

A Irmã Zenóbia colocara, diante de nós, adestrado auxiliar especialista na travessia daquelas sendas estreitas, e, conforme recomendação inicial, guardávamos rigoroso silêncio, em fila móvel, ganhando a estrada hostil.

Atingimos zona pantanosa, em que sobressaía rasteira vegetação. Ervas mirradas e arbustos tristes assomavam indistintamente do solo.

Fundamente espantado, porém, ao ladear imenso charco, ouvi soluços próximos. Guardava a nítida impressão de que as vozes procediam de pessoas atoladas em repelentes substâncias, tais as emanações desagradáveis que pairavam no ar. Oh! que forças nos defrontavam, ali! A treva difusa não deixava perceber minudências; todavia, convencera-me da existência de vítimas vizinhas de nós, esperando-nos amparo providencial. Estaríamos ante o abismo a que se referia a administradora da Casa Transitória? Optei pela negativa, porque a expedição não se deteve em tão angustioso lugar.

Jerônimo seguia rente aos meus passos e não contive a indagação que me escapou, célere:

– Jazem aqui almas humanas?

O interpelado, em atitude discreta, somente respondeu num gesto mudo, em que me pedia calar.

Bastaram, no entanto, minhas quatro palavras curtas para que os lamentos indiscriminados se transformassem, de súbito, em rogativas tocantes e estertorosas:

– Ajude-nos, quem passa, por amor de Deus!

– Salvai-nos, por caridade!...

– Socorro, viandantes! socorro! socorro!

Verificou-se, então, o imprevisto. Certamente, as entidades em súplica permaneciam jungidas ao mesmo lugar, mas figuras animalescas e rastejantes, lembrando sáurios de descomunais proporções, avançaram para a nossa caravana, ausentando-se da zona mais funda dos charcos. Eram em grande número e davam para estarrecer o ânimo mais intrépido. Experimentei o instinto de utilizar a volitação e fugir depressa. Entretanto, a serenidade dos companheiros contagiava e esperei firme. Quase imperceptível estalido partiu da destra da Irmã Zenóbia, e dez auxiliares, aproximadamente, utilizaram minúsculos aparelhos, emitindo raios elétricos de choque, através de insignificantes explosões. Não obstante ser fraca a detonação, a descarga de energia revelava vigoroso poder, tanto que os atacantes monstruosos recuavam, precipitados, recolhendo-se ao pântano, em queda espetacular sobre a lama grossa.

Multiplicavam-se as lamentações dos prisioneiros invisíveis da substância viscosa.

– Libertai-nos! libertai-nos!...

– Socorro! socorro!

Cortavam-me a sensibilidade aquelas imprecações pungentes e dolorosas, mas ninguém parou.

Seguia a expedição, diligente e muda.

Compreendi que estavam em jogo maiores interesses de trabalho e não insisti. Minha posição era a do subalterno chamado a cooperar.

Mais alguns minutos e havíamos varado a região dos charcos. Penetrando terreno de configuração diferente, aliviou-se-me, de algum modo, o coração condoído. Entretanto, agora, vultos negros de entidades humanas esgueiravam-se junto de nós. Aproximavam-se com a visível disposição de atacar, recuando, porém, inesperadamente. Supus, por minha vez, que o movimento de recuo ocorria logo que eles observavam a extensão do nosso grupo de vinte e cinco pessoas. Temiam-nos a expressão numérica e fugiam, pressurosos.

Prosseguindo a marcha, penetramos escarpada região e, atendendo ao sinal da Irmã Zenóbia, os vinte auxiliares que nos seguiam postaram-se em determinado ponto, com a recomendação de nos aguardarem a volta.

A diretora da Casa Transitória, então, conduziu-nos os quatro, caminho adentro, acentuando que encetaríamos isoladamente a primeira parte do programa de serviço. Em semelhante paragem, a atmosfera rarefazia-se de maneira sensível. A Lua pareceu menos rubra, a relva mais doce, o ar mais tranqüilo.

– Estamos em reduzido oásis de paz, em meio de extenso deserto de sofrimentos – esclareceu Zenóbia quebrando o longo silêncio. – Agora podemos falar e atender aos objetivos de nossa vinda.

Logo após, evidenciando preocupação em sossegar-nos o íntimo, referentemente aos sofredores anônimos que encontráramos no caminho, explicou-nos delicadamente:

– Não somos impermeáveis às rogativas dos nossos irmãos que ainda gemem no charco de dor a que se atiraram voluntariamente. Dilaceram-nos o espírito as imprecações dos infelizes. No entanto, a Casa Transitória de Fabiano tem-lhes prestado o socorro possível, ajuda essa que, até hoje, vem sendo repelida pelos nossos irmãos infortunados. Debalde libertamo-los, periodicamente, dos monstros que os escravizam, organizando-lhes refúgio salutar. Fogem de nossa influenciação retificadora e tornam espontaneamente ao charco. É imprescindível que o sofrimento lhes solidifique a vontade, para as abençoadas lutas do porvir.

Estabelecida a ressalva, que percebi especialmente formulada de modo indireto para mim, Zenóbia continuou, bastante emocionada:

– Compete-me, agora, alguns esclarecimentos. Neste instante, deve esperar-nos, na orla do abismo, o irmão a que aludi, devotado amigo para mim, noutro tempo, e pelo qual devo trabalhar, na atualidade, através de todos os recursos legítimos, ao meu alcance. Infelizmente, o pobrezinho mantém-se em padrão vibratório dos mais inferiores. Creio precisas estas explicações preliminares, facilitando-lhes a obsequiosa colaboração desta noite. Muitas vezes, a surpresa dolorosa compele-nos à solução de continuidade no serviço a fazer. Daí minha preocupação justa em prestar-lhes os informes devidos. Trata-se do padre Domênico, entidade a quem muito devo. Foi ele clérigo menos feliz, incapaz de manter-se fiel ao Senhor até ao fim de seus dias. Iniciou-se nas lutas humanas, tocado de sublimes esperanças, na primeira mocidade; entretanto, porque os desígnios do Pai eram diversos dos caprichos que alimentava no coração de homem apaixonado e voluntarioso, em breve caía em despenhadeiros que lhe valem os amargosos padecimentos, depois do túmulo. Aproveitou-se das casas consagradas à fé viva para concretizar propósitos menos dignos, conspurcando a paz de corações sensíveis e amorosos. Recebeu todas as advertências e avisos salutares tendentes a modificar-lhe a conduta criminosa e desvairada. Todavia, internou-se fundamente no lamaçal escuro dos erros voluntários, desprezando toda espécie de assistência salvadora. Colaborei durante anos consecutivos nos serviços de orientação que lhe eram ministrados, mas, pela expressão intensa de fragilidade humana que ainda conservava em minha alma, abandonei-o, também, à própria sorte, absorvida por sentimentos de horror. Minha deliberação estabeleceu comprida pausa de tempo em nossas relações diretas. Mais de quarenta anos rolaram, entre nós. De tempos a esta parte, porém, seus sofrimentos acentuaram-se de maneira terrível, obrigando-me a mobilizar minhas humildes possibilidades em seu favor. Desencarnado, desde muito, voltou da Crosta em angustiosas circunstâncias. Ocasionou desastres morais de reparação muito difícil. E ainda permanece insensível às nossas exortações de amor e paz, conservando-se em posição psíquica negativa. Precipitou-se em temível aridez do coração, envolvendo-se em forças que o aniquilam e entorpecem cada vez mais. Para que males maiores não lhe ocorram, fui, a meu pedido, autorizada a incluí-lo entre os tutelados externos de nossa instituição. Consegui, desse modo, que alguns de nossos cooperadores lhe atenuassem o movimento fácil, sem que pudesse ele dar conta de nossas operações fluídico-magnéticas, nesse sentido. Tem sofrido muito. No entanto, apesar da prostração, ainda não modificou a mente, mantendo-se em pesadas trevas interiores e subtraindo-se, sistematicamente, a qualquer esforço de auto-exame, que lhe facilitaria, sem dúvida, algum repouso espiritual. Além desse alívio, que lhe é sumamente indispensável, o padre Domênico necessita regressar à experiência construtiva na Crosta Planetária, recapitulando o pretérito em serviço expiatório. Entretanto, a situação mental em que se demora cria-lhe empecilhos de vulto, dificultando-nos a ação intercessória. Urge, porém, que regresse à reencarnação. Amigos nossos, devotados e solícitos, amparam-me o pedido em benefício dele e Domênico voltará a unir-se, como filho sofredor de uma das suas vítimas de outro tempo, vítima e verdugo, porque, num gesto de vingança cruel, o ofendido eliminou o ofensor com a morte. Para reintegrar-se nas correntes carnais, preciosas e purificadoras, deve o infortunado adquirir, pelo menos, a virtude da resignação, de modo a não aniquilar o organismo daquela que, desempenhando sublime tarefa de mãe, lhe conferirá, carinhosamente, a nova personalidade. Para a obtenção desse resultado, é imprescindível que melhore interiormente. Se conseguirmos que um raio de luz lhe penetre o íntimo, se possibilitarmos a eclosão de algumas lágrimas que lhe desabafem o coração, dilatando-lhe o entendimento, experimentará novas percepções visuais e, provavelmente, conseguirá enxergar aquela que lhe foi desvelada genitora, na derradeira romagem dos círculos carnais. Conseguida essa providência, creio será ele conduzido facilmente à indispensável conformação e às medidas iniciais da recapitulação terrestre.

Estabeleceu-se natural intervalo nas considerações de Zenóbia. Nenhum de nós ousou formular qualquer interrogativa. Ela, porém, prosseguiu, humilde:

– Desde alguns dias, ouve-nos Domênico a voz, tal como o cego que não consegue ver. Não posso identificar-me perante ele, a fim de não lhe prejudicar o trabalho de redenção, mas espero que, nesta noite, muito possamos fazer em seu favor, com os valores da prece, aguardando, ainda, que os informes, detalhados e instrutivos, a serem prestados pela clarividência de Luciana, lhe possam elevar o *tônus vibratório*, e, ocorrendo isso, como espero em Nosso Senhor, chamarei mentalmente a nossa Irmã Ernestina, que lhe foi mãe dedicada e compassiva, com o fim de o recolher e conduzir à Crosta para as providências cabíveis. Estou convencida de que, podendo ver a genitora, Domênico se transformará em breves dias, preparando-se para a reencarnação próxima, com o valor desejado.

Indicando determinado ponto da paisagem, informou:

– Em vista do serviço a realizar, recomendei que dois auxiliares o trouxessem a local adequado, onde possamos orar livremente e auxiliá-lo com as nossas palavras, sem interferências estranhas.

Em seguida, rogou, comovidamente:

– E agora que iniciaremos o trabalho de tanta significação para minhalma, insisto para que me perdoem o caráter pessoal da tarefa. É que a oportunidade de nos reunirmos, cinco irmãos tão bem sintonizados, não é bastante comum e, em vista da providência assinalada para amanhã, sinto que não devo adiá-la, porquanto a desintegração de resíduos inferiores pelo fogo etérico se faz acompanhar de muita renovação nestes sítios. Poderíamos, desse modo, Ernestina, Domênico e eu perder sagrado ensejo, de repetição problemática.

Calou-se, de súbito, a orientadora, conservando-se na atitude de quem medita, em silêncio, de coração voltado para o Todo-Poderoso. Decorridos alguns momentos, prosseguiu, acentuando:

– Estejam certos de que serão meus credores para sempre.

Tendo-se em conta a elevada posição da diretora da Casa Planetária, comovia-nos semelhante demonstração de humildade.

Constrangidos quase, diante de seu exemplo cristão, seguimo-la a pequena eminência do solo, vagamente iluminada, onde dois companheiros velavam diante de alguém estendido em decúbito dorsal. A mentora benevolente dispensou ambos os auxiliares, recomendando-lhes integrar a comissão de serviço, que se postara distante. Em seguida, Zenóbia aproximou-se, maternalmente, e, deixando-nos surpresos, sentou-se na erva rasteira, colocando a cabeça do infeliz no regaço carinhoso.

Aquele homem, trajando burel esfarrapado e negro, exibia horripilante *facies*. Não obstante a sombra, viam-

-se-lhe os traços fisionômicos, que inspiravam compaixão. Cabelos em desalinho, olhos fundos na caverna das órbitas, boca e nariz tumefactos em horrível máscara de ódio e indiferença, dava ele a impressão de celerado comum, que só a enfermidade conseguira imobilizar para a prestação de contas com a justiça. Não acusou emoção alguma ao contacto daquele colo amoroso e nem se apercebeu de nossa presença amiga. De olhar parado no espaço, num misto de desespero e zombaria, semelhava-se a uma estátua de insensibilidade, vestida de farrapos hediondos.

– Domênico! Domênico! – clamou a Irmã Zenóbia, com ternura fraternal.

Deveria o interpelado experimentar extrema dificuldade na audição, porque só depois de pronunciado o seu nome, diversas vezes, foi que, como alguém que registrasse sons de muito longe, exclamou irritadiço:

– Quem me chama? quem me chama? Ó poderes orgulhosos que desconheço, deixai-me no inferno! não atenderei a ninguém, não desejo o Céu reservado a prediletos... pertenço aos demônios do abismo! não me perturbem!... odeio, odiarei para sempre!...

– Quem te chama?! – considerou a diretora, delicada e afetuosamente – somos nós que te desejamos o bem.

O infeliz, entretanto, ao que observei, não se apercebeu da frase confortadora, porque continuou praguejando, insensível:

– Malvados! gozam no paraíso, enquanto sofremos dores atrozes! Hão de pagar-nos! Deram-me direitos no mundo, prometeram-me a paz celestial, conferiram-me privilégios sacerdotais e precipitaram-me nas trevas! Desalmados! Satã é mais benigno!...

Nossa venerável irmã, no entanto, longe de irritar-se, falou pacientemente:

– Pediremos a Jesus te restitua, ainda que por alguns momentos, o dom de ouvir.

Solicitando-nos acompanhar-lhe a rogativa, invocou:

– Senhor, dá que possamos amparar teu infeliz tutelado! Tens o pão que extingue a fome de justiça, a água eterna que sacia a sede de paz, o remédio que cura, o bálsamo que alivia, o verbo que esclarece, o amor que santifica, o recurso que salva, a luz que revela o bem, a providência que retifica, o manto acolhedor que envolve a esperança em tua misericórdia!... Mestre, tu, que fazes descer a bendita luz de teu reino aos que ainda choram no vale das sombras, concede que o teu discípulo transviado possa ouvir aqueles que o amam!... Pastor Divino, compadece-te da ovelha desgarrada do aprisco de teu coração! Permite que aos seus ouvidos tenham acesso os ecos suaves de teu infinito amor!... Concede-nos semelhante alegria, não por méritos que não possuímos, mas por acréscimo de tua inesgotável bondade!...

Oh! mais uma vez, reconheci que a prece é talvez o poder máximo conferido pelo Criador à criatura!

Em seguida à súplica, sensibilizado, observei que de todos nós se irradiavam forças brilhantes que alcançavam o tórax de Zenóbia, como a reforçar-lhe as energias, e de suas mãos carinhosas e beneméritas, então iluminadas de claridade doce e branda, emanavam raios diamantinos. A amorável amiga colocou-as sobre a fronte do desventurado, oferecendo-nos a certeza de que maravilhosas energias se haviam improvisado em benefício dele.

Chamou-o, novamente, grave e terna.

O interpelado, agora, revelando capacidade auditiva diferente, fez imenso esforço por levantar-se, tateou em torno de si, e bradou:

– Quem está aqui?

– Somos nós – respondeu Zenóbia, desvelada –, que trabalhamos em teu favor, a fim de que obtenhas paz e luz.

– Quimeras! – gritou o infortunado, acusando alguma transformação íntima – fui traído em meu ministério sacerdotal, negaram-me os direitos prometidos, fui espezinhado e ferido! Que desejais de mim? Lastimar-me? não necessito da compaixão alheia. Aconselhar-me? impossível. Estou cego e atormentado no inferno por deliberado menosprezo das forças divinas que me desampararam totalmente!

– Domênico – falou-lhe, então, Hipólito, a pedido da orientadora, que lhe fez silencioso gesto de solicitação, nesse sentido, dando-nos a idéia de que não desejava empregar a própria voz, na conversação que se iniciava –, não te rebeles contra a determinação da Justiça Divina.

– Justiça? – replicou ele, vibrando de emotividade – e não tenho fome do direito? não possuía eu prerrogativas no apostolado? não fui sacerdote fiel à crença? Há muitos anos padeço nas trevas e ninguém se lembrou de fazer-me justiça.

– Acalma-te! – disse o nosso companheiro com voz firme – a consciência é juiz de cada um de nós. Possivelmente envergaste a batina fiel à crença, mas desleal ao dever. Temos conosco alguém com bastante poder de penetração nos escaninhos de tua vida mental. Espera! Vamos orar em silêncio para que a bênção do Senhor se faça sentir em teu coração e, em seguida, passaremos a auxiliar-te para que releias, com a serenidade precisa, o livro de tuas próprias ações, compreendendo a longa permanência nos despenhadeiros fatais.

O infeliz emudeceu por momentos e, tomados do forte desejo de auxílio, endereçamos fervorosa súplica à

Esfera Superior, rogando lenitivo para o sofredor e bastante luz para a nossa Irmã Luciana, a fim de que pudesse ver aquela consciência culpada com a eficiência precisa.

7

Leitura mental

Após a oração silenciosa, Jerônimo fez Luciana compreender que atingíramos o momento de ação.

A enfermeira clarividente, evidenciando carinho fraterno, aproximou-se do infeliz e, depois de fitar-lhe a fronte demoradamente, começou:

– Padre Domênico, vossa mente revela o passado distante e esse pretérito fala muito alto diante de Deus e dos irmãos em humanidade! Duvidais da Providência Divina, alegais que o vosso ministério nao foi devidamente remunerado com a salvação e imprecais contra o Pai de Misericórdia Infinita... Vossa dor permanece repleta de blasfêmia e desespero, proclamais que as Forças Celestes vos abandonaram ao tenebroso fundo do abismo!...

– E, porventura, não é assim? – gritou o desventurado, interrompendo-a – compelido pelas circunstâncias da vida humana a servir numa igreja que me enganou, negam-me o direito de reclamar? O Evangelho não tem palavras de mel para o ato de Judas. Deverei, por minha vez, louvar os que me traíram?

– Não, Domênico. Vossos amigos não cogitam de criticar instituições. Desejam tão-somente amparar-vos. Não concordais no vosso desvio da conduta cristã? Teríeis, de fato, agido como sacerdote fiel aos sagrados princípios esposados? Esperaríeis um paraíso de vantagens imediatas, para cá dos túmulos, tão-só pelas insígnias exteriores que vos diferençaram dos outros homens? Não ponderastes a extensão das responsabilidades desassumidas?

– Oh! que perguntas! – exclamou o interpelado, com indisfarçável azedume – a organização religiosa a que servi prometeu-me honras definitivas. Não era eu diretor de grande coletividade social? não ministrava o Santíssimo Sacramento? não fui recomendado ao Céu?...

Apesar de tais protestos, o padre Domênico já acusava sinais de transformação íntima. Fizera-se-lhe a voz mais triste, denunciando capitulação próxima. O fato de ele nos sentir de mais perto, através da audição, facilitava-nos a atuação magnética de auxílio.

Ao término de suas interrogações reticenciosas, Luciana observou:

– As igrejas, meu amigo, são sempre elevadas e belas. Consubstanciam, invariavelmente, o roteiro de nosso encontro divino com o Pai de Infinito Amor. Ensinam a bondade universal, o perdão das faltas, a solidariedade comum. Mas, e os nossos crimes, fraquezas e defecções? Em geral, todos nós, filiados a correntes várias do pensamento religioso na Terra, exigimos que se nos faça justiça, esquecidos, contudo, de que as noções de justiça envolvem a existência da Lei. E como ludibriar a Lei, soberana e inalterável, embora compassiva em suas manifestações? Não concordais que é absurdo reclamar determinado procedimento dos outros, esperando para o nosso "eu" tirânico e desequilibrado as compensações somente devidas aos observadores das regras de purificação, das quais não passamos de meros expositores no campo do ensinamento?

– Oh! oh! e a confissão? – tornou Domênico, visivelmente impressionado com as palavras ouvidas – Monsenhor Pardíni ouviu-me, antes da morte, e absolveu-me...

– E confiastes em semelhante medida? Vosso colega de sacerdócio poderia induzir-vos ao bom ânimo e à coragem necessária ao serviço de reparação futura, mas não conseguiria subtrair-vos à consciência os negros resíduos mentais dos atos praticados. Vosso coração, padre, é um livro aberto aos nossos olhos. Envolvido nas trevas, injuriais o nome de Deus e sua justiça; no entanto, a viva descrição de vossas reminiscências são bastante expressivas...

Porque Domênico se calasse humilhado, sob a vigorosa influenciação magnética de Zenóbia, que o mantinha nos braços, a clarividente prosseguiu:

– Vejo-vos a derradeira noite na existência carnal. Acompanho-vos em noite fria, sob fortes rajadas do vento de céu sem lua. Desviastes o passo de centro populoso e enveredais por estrada sombria de recanto suburbano. Não somente vos observo a forma física. Sinto-vos igualmente o estado emocional. Empolgado pela visão embriagante dos sentidos, penetrais um lar honesto, cego por sentimento menos respeitoso para com alguém que vos ouviu, inadvertidamente, as palavras finas de sedução e malícia. Alijastes a batina escura, como quem despe incômoda capa. Envergais agora, na intimidade de pequeno salão verde, perfumado costume de casimira cinza-claro. Absorvida por vossas referências gentis, que apenas traduzem propósitos de sensação, distantes de qualquer sentimento edificante, certa mulher cede às vossas promessas. Alguém, todavia, demora-se espreitando-vos. É um homem que se certifica da ocorrência e afasta-se, alucinado, sem que lhe identificásseis a presença. Trata-se do esposo ofendido, em dolorosa crise passional. Distancia-se, a caminho da pequena cidade próxima, tomado de dor selvagem. Penetra grande empório de bebidas e adquire um litro de vinho antigo, por alto preço. Afasta-se, angustiado, e, oculto à sombra de árvores acolhedoras, adiciona ao conteúdo do frasco pequena porção de substância venenosa, fulminante. Em seguida, espera-vos, de longe, acariciando a idéia do assassínio. Noite alta, regressais ao presbitério; e o adversário, como quem volta de ligeira viagem, saúda-vos, agradavelmente, com dissimuladas demonstrações de estima e confiança. Paira o convite ao vinho reconfortante na madrugada gélida e abris a porta da residência paroquial. Entrais calmo. Na tepidez do interior doméstico, à frente de vasta mesa bem servida, experimentais, honrado, o vinho velho misturado a veneno destruidor. Não tivestes tempo para explicações. Ante vossos gemidos furiosos e roucos, entre esgares de sofrimento, o assassino ri-se e pronuncia aos vossos ouvidos feias palavras de maldição. Quando a respiração se fez mais opressa, o homicida pediu socorro às dependências da casa, depois de inutilizar a prova do crime, ante vossos olhos assombrados. Precipitam-se, em vão, os servidores. Velho eclesiástico aproxima-se, no intuito de ouvir-vos. Deve ser o Monsenhor Pardíni, de vossas referências. Compreendendo-vos a dificuldade para manter qualquer conversação, interroga o criminoso, que se declara vosso amigo íntimo e esclarece, fingidamente, que regressava em vossa companhia do próprio lar, onde havíeis entretido confortadora e longa palestra, junto a ele e à esposa, demorando-se aí por insistência dos dois. O criminoso, revelando piedade irônica, assegura que vos acompanhara à casa paroquial, em vista da noite alta e que demandara o interior a vosso convite, para reconfortar-se e que, em plena palestra amistosa, caístes fulminado por síncope singular. Debalde, intentais esclarecimento. Vossa destra levanta-se e o indicador aponta o criminoso. Monsenhor Pardíni aproxima-se. O homicida toma-vos a mão quase inerte e exclama: – "É preciso salvar o padre Domênico! Minha esposa e eu não nos conformaríamos com semelhante perda!" O eclesiástico que vos assiste permanece sob forte emoção. Supõe ser o vingador o companheiro desvelado da vítima e inicia o serviço dos moribundos. Endereçais supremo olhar de impassível desespero ao adversário e compreendeis o próximo fim do corpo. Esfriam-se-vos os membros. Viscoso suor vos corre, abundante, do rosto, e, num esforço tremendo, pronunciais, de maneira quase ininteligível, uma frase: – "Eu, pecador, me... confesso..." O religioso que vos acompanha, porém, fecha-vos os lábios, no intuito de poupar-vos e assevera: – "Domênico, descansa em paz! Ao sacerdote reto, não se faz necessária a confissão, no alento derradeiro; ainda hoje, ministraste a sagrada partícula! Pede a Deus por nós, no Céu!" Em seguida, concede-vos plena absolvição de todos os pecados da existência humana, tratando-vos a personalidade espiritual cheio de santa confiança. A palavra do colega, porém, perturba-vos a consciência. No fundo, sabeis que a morte vos surpreende em doloroso abismo. Em vão, tentais receber a paz que Monsenhor Pardini vos deseja; debalde procurais desviar o olhar do envenenador que vos segue, mordaz. Vossas mãos tombam inertes. O religioso amigo segura o crucifixo que não sentis. Vossos olhos param na contemplação da última cena. Abre-se a porta da alcova espaçosa e alguns servos ajoelham-se, em pranto. Não distante, um sino toca fúnebre aviso. Amanhece. Entretanto, semi-inconsciente, fustigado pela dor e pela desesperação, não vos vejo desfrutando as claridades do novo dia que surge. Cá fora, há círios acesos e atitudes respeitosas dos paroquianos que se multiplicam, visitando-vos os despojos, após o laudo médico de bondoso facultativo que, intimamente, vos crê suicida, fornecendo, porém, explicações da "causa mortis", como sendo fulminante ataque de angina, a fim de evitar escândalos e perturbações no círculo sempre venerável da religião. Há pessoas que choram sinceramente e ouço comentários elogiosos ao vosso pastorejo sacerdotal. Dentro de vós, todavia, prevalece imensa noite. Gritais como o cego, ao abandono, no primeiro instante de cegueira inesperada. Porém, ninguém vos ouve. Relacionais o crime de que fostes vítima, rogais providências contra o matador, mas os ouvidos humanos, agora, permanecem noutras dimensões. Buscais o recurso de fugir, mas invencíveis grilhões vos ligam ao cadáver. Ao crepúsculo, processa-se o enterramento. Abre-se o templo suntuosamente ornamentado com flores roxas. Cânticos tristes evolam-se do coro e toda a nave cheira a incenso. Com grande pompa em todas as minudências das exéquias, vosso corpo desce ao último abrigo. Entretanto, permaneceis ligado às vísceras decompostas...

A descrição da enfermeira impressionava-me, profundamente. A entidade infeliz parecia tocada nas mais recônditas fibras do ser. Após breve espaço, Luciana prosseguiu:

– Com o sepultamento do corpo, começaram para vossa alma infinitos padecimentos. Permaneceis atormentado pela ansiedade, pela fome, pela sede, pela dor... Não posso precisar quanto tempo gastais em semelhante angústia. Sinto, porém, que a entidade sofredora de certa mulher vos visita o sepulcro. Estende-vos braços horrendos e, sob impressão de pavor, conseguistes desatar o laço ainda restante que vos prende ao corpo disforme, fugindo a praguejar. Vosso quadro consciencial modifica-se. Recordais o drama da infortunada que vos apareceu, suplicante. Oh! foi também vítima de vosso poder fascinador... A leitura mental de vossas lembranças revela as particularidades da experiência final da tresloucada. Pobre mulher crédula e confiante! Vejo-a chegando ao presbitério em tempestuosa noite. Experimentais a emoção inferior do homem menos digno que sente o império absoluto sobre a presa... A pobrezinha, todavia, chora e roga-vos auxílio. Pronuncia palavras de comover corações de pedra, mostrando indefinível desalento. Percebo o que diz... Confiou excessivamente em vossas promessas e cedeu aos vossos caprichos de homem vulgar. A princípio, acreditou que não adviriam desagradáveis conseqüências, certa da possibilidade de fugir a quaisquer observações. Sabíeis engodar-lhe a inexperiência em assuntos afetivos e proclamáveis a inocência de semelhantes relações. Contudo, agora, anunciava-se um filhinho, preocupando-lhe o coração. Quem a socorreria? quem lhe restauraria a paz familiar? Não seria melhor a legalização dos laços existentes? não deveriam esperar, honrados, a dádiva de um filho abençoado por Deus? Escutastes as rogativas sem abalo moral. Com a frieza dos homens de fraseologia brilhante, invocastes o dever sacerdotal como justificativa da impossibilidade, comentastes as convenções humanas e, por fim, propusestes a conciliação do problema, com um casamento apressado e indigno entre a vítima e o último de vossos servos. A jovem soluça convulsivamente, afirmando justa repulsa. Continuais na argumentação prudente e preciosa, mas, com evidentes sinais de loucura, a infeliz abandona-vos, precipitada, ganhando a via pública, sob a chuva torrencial... Acompanho-a. Regressa ao lar paterno, fundamente desequilibrada pelo vosso golpe impiedoso. Ah! que horror! Vale-se a desventurada da noite solitária e bulhenta e ingere grande dose de formicida, tentando o ato final da tragédia interior. Ninguém lhe escuta os rugidos de sofrimento selvagem, porque os trovões ribombam no céu. Ao amanhecer, todavia, um pai aflito corre ao vosso retiro repousante e coloca-vos ao corrente do fato. Morrera-lhe a filha, misteriosamente. Como aclarar a situação? não procedia com acerto, buscando o conselho sacerdotal? Recebeis a notícia disfarçando dificilmente a emoção, repetindo textos evangélicos para consolar o amigo confiante. Preocupado, ponde-vos a caminho da residência enlutada. No entanto, sinto-vos perfeitamente o estado mental. Não vos aflige a perda de alguém que vos poderia estorvar a tranqüilidade, preocupa-vos a descoberta de algum recurso, aparentemente digno, que vos conserve a cavaleiro da situação imprevista. Pronunciando palavras confortadoras, montastes guarda ao cadáver e chamastes médico amigo. Ei-lo que chega! Oh ! é o mesmo que vos examinou, no último dia, acreditando-vos suicida! Depois de longa conversação confidencial convosco, o clínico assevera que houve morte natural, com a ruptura de vasos do coração. Recuperais o bem-estar que transparece, de novo, em vossa expressão fisionômica. Vossas referências de consolação tornam-se mais vivas e inteligentes e seguis os funerais, calmo e contrito, embora os olhos esgazeados e terríveis da suicida vos contemplem do féretro, enquanto outros vultos negros, do plano invisível aos homens comuns, vos acompanham no préstito! São almas vingadoras que vos seguem, tenazes!...

Interrompeu-se Luciana, visivelmente comovida, e, dando-nos a entender que a paisagem mental de Domênico se modificara ao influxo de outras lembranças que a narração evocava, transferiu o curso das observações no tempo.

– Ah! sim, vejo bem – continuou, alarmada –, destaca-se infeliz entidade que, certamente, vos consagrou funda afeição. Contempla-vos com desespero e enternecimento simultâneos. Parece-se extremamente convosco. Agora, compreendo. Não foi apenas vosso amigo, foi vosso pai. Reclama, insistente, determinada escritura que não apresentastes. Que vejo? Em torno dele há imagens vivas de recordações angustiosas. Contemplo-lhe a derradeira noite ao vosso lado. Fixa-vos, carinhoso e confiante. A dispnéia concede-lhe trégua mais longa e o moribundo entrega-vos grande testamento, em que relaciona suas últimas vontades. Fala-vos, afetuoso e humilde, de seu passado oculto. Não foi simplesmente o genitor feliz dum sacerdote e de filhos outros que lhe honram o nome, declara. Foi moço arrojado, a comprometer-se em aventuras diferentes. Possuía alguns filhos, a distância do lar, e não desejava partir sem legitimá-los devidamente. Além disso, pretendia garantir-lhes futuro próspero. Escutais com indisfarçável interesse. Em seguida, a pedido do genitor, ledes a discriminação de pequenos legados a pupilos dele. O agonizante acompanha-vos, atento, com o olhar. Tendes agora belas palavras nos lábios, justificando-lhe os erros do passado. Sabeis consolar com primores verbalísticos que lhe provocam admiração. Por fim, prometeis ao coração paterno exato cumprimento de seus derradeiros desígnios. Edificado, confessa-vos ele os deslizes que omitira, declara-vos seu arrependimento *in extremis* e diz de sua esperança no Céu, onde Jesus lhe receberá os sinceros desejos de reparação. Palavras entrecortadas por suprema aflição, reitera-vos a súplica de amparo constante a certa mulher, cercada de filhinhos, que esperam dele o sustento necessário... Ajudado por vós, abraça-se ao crucifixo, que contempla de olhos nevoados. Recitais longa e comovente oração, acariciando-lhe a cabeça grisalha. Mais alguns momentos, esforçando-se por ver-vos pela última vez, o moribundo cerra os olhos no ato final do corpo.

Estais sozinho com o cadáver. Conservais o polegar e o indicador da mão direita sobre os olhos do morto, a fim de imprimir-lhe boa postura fisionômica. Antes, porém, de qualquer comunicado ao interior doméstico, sepultais o documento em móvel pesado, com intenções francamente hostis aos retos propósitos do desencarnado. Desde esse instante, parece-me que ele vos seguiu, sempre de perto, reclamando, reclamando... Permanece, angustiado, na tela mental de vossas lembranças vivas...

A clarividente pára, de novo, fixando particularidades diversas, enquanto o infeliz Domênico entremostra insopitável comoção.

– Oh! agora – prosseguiu Luciana, dando conta da tarefa que lhe fora cometida – é outro perseguidor severo! Salienta-se à minha visão. É um velho eclesiástico, que deixou o aparelho físico endereçando-vos intensas vibrações de ódio. Vossas reminiscências esclarecem o fato. Desejáveis, a qualquer preço, o curato que lhe pertencia. Variados interesses pessoais prendiam-vos o pensamento à pequena cidade sob a orientação do antigo pároco. Intentais a realização do desejo por métodos suasórios. Em longo diálogo, propondes a compra da paróquia, em caráter particular. Alegais dispor de bastante influência política para efetuar a transferência, sem abalos, remunerando-lhe a adesão incondicional ao projeto. O velhinho, porém, recusa e justifica-se. Permanece junto àquele rebanho, desde muitos anos. Além disso, está velho, doente. Servira à Igreja com as melhores forças de seus bons tempos de saúde física e espera a possibilidade de morrer ali, respirando o ar amigo do seu pequeno pomar. Reconhece vossa superioridade na questão, considerando-vos as relações prestigiosas no seio do clero e da administração pública e assegura que, se outras fossem as condições, cederia o lugar sem qualquer remuneração ou relutância. Os médicos, entretanto, recomendam-lhe a residência no litoral, para que a atmosfera marinha lhe facilite o esforço do coração. A rogativa comoveria a qualquer. Ouvistes, concordastes e apresentais despedidas arquitetando novo plano. Dali mesmo, sem qualquer escrúpulo, partis em visita pessoal ao bispo da diocese, a quem expondes, com fingida humildade, a solicitação que vos preocupa. Enganado, o dignitário da Igreja ouve, atenciosamente, e aceita o que propondes, recomendando, porém, prévia audiência de seus assessores diretos. Não tendes dúvidas ou ponderações de qualquer natureza. Gratificando companheiros altamente colocados, conseguistes que o antigo sacerdote fosse removido, compulsoriamente, para longínqua paróquia de montanha, onde o ancião morreu, sem delongas, odiando-vos de morte. Intoxicado pela cólera e pelos reiterados desejos de vingança, está cego às manifestações da espiritualidade superior, cercando-vos com ira implacável...

Novo intervalo da clarividente. Luciana, porém, recomeça a exposição, mais alarmada:

– Agora, surge determinada mulher. Parece-me que desencarnou depois de melindrosa operação nos olhos. Sim, a vossa tela de reminiscências fala bem alto. Foi vítima do vosso poder fascinante de homem dominador. Ei-la ao vosso lado no último encontro, ainda na esfera carnal. Acabastes a refeição lauta da manhã, quando alguém bate à porta paroquial. Trata-se de pobre mulher, envelhecida prematuramente e quase cega, conduzida por anêmico menino de nove a dez anos, que vos suplica auxílio. Ante a frieza de vossa recepção, a infortunada, em palavras sentidas, invoca o passado de leviandades e pergunta se esquecestes o filho que lhe colocastes nos braços. Chora, gesticula e explica-se. Trabalhara sinceramente pela própria reabilitação, mas, em toda parte, acusavam-na de prostituição e ociosidade. Lutara heroicamente por manter o filhinho, à custa do serviço honesto, mas adoecera, sem qualquer proteção, e ali estava quase cega, implorando socorro... Se pudesse, pouparia ao filho ainda criança a humilhação de conhecer o pai desalmado; entretanto, o pequenino abeirava-se da morte. Surpreendera-o a tuberculose devoradora e suplicava-lhe auxílio financeiro para o tratamento indispensável. A criança contempla-vos, triste e confiada. Ouvistes, indiferente, e ensaiastes resposta estranha. Ao vosso toque particular de campainha, determinado servidor aparece conduzindo cães bravos que ameaçam os pobres pedintes, forçando-os a fugir, espavoridos. A criança, no último degrau da anemia, morre sem recursos e a mãe infeliz desencarna em pavilhão da indigência, com o sinistro desejo de vingar-se de vós, de qualquer modo.

Interrompera-se Luciana, novamente, como para fixar minúcias apenas visíveis ao seu olhar. De súbito, exclama:

– Oh! que horror! vejo mais!... Diferente mulher de olheiras fundas e negras vestes...

Não terminou a observação, todavia.

Nesse instante, o desventurado proferiu um grito terrível, desfez-se em lágrimas e exclamou, alucinado de sofrimento moral:

– Basta! Basta!...

Soluços atrozes lhe rebentaram do peito opresso, sem solução de continuidade. Zenóbia, que lhe mantinha a cabeça no regaço amoroso, tranqüilizou-nos em tom discreto:

– Domênico melhora, graças ao Nosso Divino Médico. Para o Espírito culpado e sofredor, as lágrimas são também uma chuva benéfica que refrigera o coração.

Logo após, permaneceu silenciosa, enquanto a seguíamos, enternecidos, de mente voltada para a prece.

Depois da longa crise de pranto de Domênico, a diretora da Casa Transitória solicitou ao padre Hipólito que semeasse novas idéias no terreno consciencial arado pela dor, notificando-nos que tomaria alguns minutos para convocar, mentalmente, a ex-genitora do antigo pároco desencarnado, para que o mísero fosse reconduzido à Esfera da Crosta, no processo inicial da reencarnação futura.

A orientadora entrou em funda meditação, ao passo que Hipólito ergueu a voz, dirigindo-se ao mendigo de luz:

– Irmão Domênico, o Senhor Misericordioso ouviu-nos a rogativa. Desejas, efetivamente, a redenção?

O interpelado, ao que deduzi, despreocupou-se inteiramente da pergunta e, mantendo forte impressão, relativamente às afirmações que ouvira, indagou a seu turno:

– Ah! Existe então a Justiça Divina, anotando-nos as faltas? Há cadastros tão minuciosos para os mais secretos feitos do Espírito?

– Trazemos na própria consciência o arquivo indelével dos nossos erros – comentou Hipólito, com inflexão de piedade – como os justos são portadores das notas íntimas que os glorificam diante do Pai Altíssimo. Cerra, para sempre, meu amigo, a porta do "ego inferior"! Cala a vaidade, o orgulho, a impenitência! Não maldigas. A Igreja que nos reunia, no círculo carnal, é santa em seus fundamentos. Nós é que fomos maus servos, desviando-lhe os princípios básicos para a satisfação de instintos dominadores. Procurávamos o reino transitório do poder temporal, através de puras manifestações do culto externo aliado à política corruptora, olvidando, deliberadamente, o Reino de Deus e Sua Justiça. Poderemos culpar, porventura, as mães devotadas pelos crimes voluntários dos filhos? A igreja universal de Jesus-Cristo, que congrega todos os seus apóstolos, servidores, discípulos e aprendizes, é mãe amorosa e fiel.

De novo, soluçante, o Espírito infortunado revelava-se ferido nas fibras mais íntimas, provocando-nos comoção e lágrimas.

– Não condenes – prosseguiu o companheiro. – Quantos antigos superiores nossos expiam nas regiões tenebrosas! quantos se enganaram, honrando no mundo a si mesmos, esquecendo o Senhor que "passou fazendo o bem"! muitos dos dignitários orgulhosos que nos dirigiam as atividades, com o cálculo a presidir-lhes as deliberações, baixaram ao sepulcro, em solenes exéquias, através de fanfarras e esplendores, para comparecerem aqui em dolorosas necessidades do coração, quais miseráveis mendigos! Muitos aguardam dias melhores, no fundo de viscosos pântanos do ódio destruidor: outros imploram socorro, ansiosos de paz e renovação. Por que motivo não nos restaurarmos também, a fim de movimentarmos o necessário serviço do amor que redime sempre? Levantemo-nos, meu irmão, para sermos úteis aos companheiros de outro tempo, reconduzindo-os ao porto de salvação! Recordemos Aquele, em cujo nome augusto juramos fidelidade ao Céu, na Terra. Dói-te a penitência, fere-te a humilhação? E Ele? Porventura não percorreu a Via Dolorosa, como vulgar malfeitor? não aceitou a cruz que o flagelaria até à morte?

– Sim – concordou o interlocutor, tristemente –, tudo isso é verdade!...

Significativo gesto de Zenóbia compeliu o padre Hipólito a suspender as considerações.

Dando-nos a certeza de que respondia ao chamamento silencioso da orientadora, alguém compareceu perante a nossa reduzida assembléia. Era uma velhinha simpática, que nos conquistou, de pronto, pela delicadeza e generosidade irradiantes. Abraçou a Irmã Zenóbia, como se o fizesse a uma filha muito amada e cumprimentou-nos, cortês e reconhecida. Dispensávamos qualquer apresentação. Tratava-se de Ernestina, a dedicada mãe. Ajoelhou-se junto ao filho desventurado e, de mãos postas, rogou a proteção dos Céus.

Fosse pela renovação profunda daquela hora que lhe modificara o padrão vibratório, fosse porque as forças invisíveis de ordem superior manipulavam as nossas energias conjuntas em benefício do infeliz, Domênico, que era cego perante nós outros, conseguiu enxergar a recém-chegada.

Comoventes gritos alcançaram-nos o íntimo.

– Mamãe! mamãe!...

Aquela criatura que se mostrara tão rígida e indiferente, o eclesiástico que zombara de tantos corações na Terra, segundo retrospecção do pretérito que Luciana levara a efeito, igualmente invocava o nome de mãe, como se fora chorosa criança desviada do lar. Abriu, ansioso, os braços, procurando-lhe o seio amigo, e Zenóbia, com carinhoso cuidado, ajudou-o a refugiar-se no colo materno. Ernestina apertou-o, então, de encontro ao peito e pareceu-me que o infortunado sentia o contacto maternal, como se houvera alcançado o repouso supremo.

– Mãe, minha mãe! – gritava, colando a cabeça ao tórax inclinado para a frente, a fim de melhor fazer-se sentir – ajuda-me! perdoa-me! perdoa-me! – E recordando, talvez, o trabalho da clarividente que lhe alterara o ser, acrescentou:

– A Justiça Divina descobriu-me; sou um réprobo sem perdão, um celerado infernal. Hediondo passado está vivo, dentro de mim. Oh! mamãe, és capaz de suportar-me, quando todos me detestam?

Ernestina aconchegou-o mais perto do coração e falou, comovida:

– Eu não sei, meu filho, se foste criminoso; sei que te amo com toda a alma, sei que sentia profundas saudades de tua presença carinhosa, no desejo enorme de sentir-te, de novo, junto de mim! que haveria de mais belo para meu coração que o doce enternecimento desta hora? Deixa que nasçam em ti pensamentos de júbilo e reconhecimento ao Pai de inesgotável bondade que nos reúne compassivamente. Medita um instante, Domênico, sobre a grandeza divina e certifica-te de que ninguém permanece ao abandono. O pensamento de gratidão a Deus, dentro das sombras do sofrimento, é como raio brilhante de aurora, preludiando a vitória plena do Sol sobre as trevas densas da noite. Qual de nós não terá sido defrontado pela tormenta da ignorância? Todos tivemos pedras e espinhos na longa estrada da redenção. Muitas vezes caímos; entretanto, a mão invisível do Senhor arrebatou-nos, misericordiosa, do mergulho na lama ou das furnas do abismo! Tem coragem e levanta-te intimamente para o novo dia.

O mísero contemplava-a, enlevado, como se tivesse sob os olhos a mais formosa visão de sua vida.

– Sou, porém, um malfeitor, réu de crimes sem perdão! – falou tristemente.

– Não, meu filho – alongou-se a palavra materna –, foste enfermo, como nós outros. Escutaste as sugestões do mal e cultivaste úlceras dolorosas. Desequilibraste o coração, resvalando no despenhadeiro. Não te esqueças, porém, de que Jesus é o Divino Médico. Aceita a tua necessidade de medicação e dirige-te a Ele na súplica sincera de quem deseja a cura real para a vida eterna. Nós outros, os que intentamos auxiliar-te, não chegamos ainda à posição dos que tudo podem ou que muito sabem. Somos trabalhadores interessados em nossa própria iluminação pelo trabalho incessante, na execução da vontade do Altíssimo. Desenvolvemos nossas faculdades superiores, sem abalos e sem milagres, adquirindo valores novos, ao preço de nosso próprio esforço na paciente edificação de nosso espírito para Deus. Acreditarias, porventura, que tua mãe estivesse no paraíso, em gozo beatífico, inteiramente esquecida de seus imensos débitos para com todos aqueles que lhe partilharam o afeto e a luta, nos serviços salvadores da carne terrestre? Admitirias, acaso, que apenas o carinho materno me garantiria posição definitiva no campo celestial? Não, Domênico. Horizontes diversos abrem-se para nossas almas, no Universo Infinito. Nossas existências são dias abençoados de trabalho, em que, ao sol do dever nobilitante e às chuvas da experiência construtiva, desabrocham e crescem nossas faculdades divinas para a Eternidade. É verdade que os erros deliberados turvam-nos a consciência, compelindo-nos a gastar valiosas possibilidades de tempo na luta reparadora, mas o Senhor jamais nega recursos de retificação aos que lhe rogam socorro, no propósito fiel de reconquistar a harmonia divina. Após a travessia do túmulo, continuamos trabalhando e edificando, iluminando e redimindo... Não desejarias, portanto, aderir ao nosso serviço de elevação? não pretenderás fugir ao círculo de sombras, a fim de ganhar os caminhos bem-aventurados da luz?

O olhar do infeliz adquirira diferente expressão. A palavra incisiva e branda de Ernestina transformava-lhe a mente, pouco a pouco. Reconhecendo o efeito de suas advertências salutares, prosseguiu a devotada benfeitora:

– Não seja a recordação angustiosa dos tempos idos obstáculo insuperável à realização de que necessitas presentemente. Todos aqueles a quem feriste não desapareceram para sempre. Prosseguem tão vivos, quanto nós, e poderás, na condição de servo humilde, buscar os credores de outra época, atendendo, em teu próprio benefício, a exigência do resgate necessário. O êxito, entretanto, pede um coração ardente na fé viva e um cérebro desassombrado, pronto a compreender o bem e a praticá-lo. Sem a esperança arrojada e sem espírito de serviço, dificilmente saldarás o débito pesado que te prende a alma a esferas grosseiras e inferiores. A fim de conquistares semelhantes valores, considera a Eternidade e o infinito amor de Deus. Não te encarceres em ponderações de natureza humana, vendo sacrifícios onde apenas palpitam sublimes oportunidades de ventura e redenção. Se a consciência te acusa, roga a Jesus orvalhe o teu íntimo de santificada esperança! Basta uma gota desse rocio divino para que o deserto da alma floresça e frutifique em bênçãos de paz e felicidade para sempre. Não desanimes, Domênico! Deus permite que a alvorada siga a noite escura. Por que não confiarmos, de maneira absoluta, no Supremo Poder? Somos nada, meu filhinho, mas o Pai Misericordioso tudo pode.

A presença reconhecida de sua mãe completara-lhe a modificação benéfica. O sofredor, como o náufrago desesperado atingindo porto amigo e reconfortante, esquecera as palavras odientas e blasfemas de minutos antes e, conchegando-se ao coração materno, rogava:

– Minha mãe, o infortúnio colheu-me o espírito desventurado!... não me abandones! não me abandones!...

– Nunca – disse a nobre matrona desencarnada, sufocando as próprias lágrimas –, peço-te, porém, meu filho, que jamais abandones a Jesus, nosso Mestre e Senhor!...

– Sim – retrucou Domênico em pranto forte –, Jesus, nosso Mestre, nosso Senhor!

Fizeram-se longos instantes de silêncio, entre nós.

De olhos lacrimosos, perdidos agora no espaço, a evocar, talvez, paisagens de muito longe, o ex-sacerdote comentou:

– Oh! mamãe, que saudade de minhas preces em criança!... Nesse tempo que vai tão longe, ensinavas-me a ver o Criador do Universo em todas as dádivas da Natureza. Meu coração banhava-se, feliz, na fonte cristalina da confiança e o amor da simplicidade habitava minhalma venturosa!... Depois, no torvelinho do mundo, perverti-me ao contacto dos homens ambiciosos e maus. Ao invés da piedade, cultivei a indiferença; em lugar do amor fraterno, legítimo e ativo, coloquei o ódio inexorável aos semelhantes; ocultei o coração e exibi a máscara, fugi às verdades de Deus e fantasiei-me de humanas ilusões! Por que fraquezas singulares pode o homem operar semelhante permuta? por que menosprezar tesouros de vida eterna e mergulhar-se em tão sinistros enganos? Oh! tu que conservaste a doce confiança do primeiro dia; que nunca sorveste o venenoso absinto que me embebedou na Terra, faze-me esquecer, por piedade, o homem cruel que eu fui!... Anseio retornar à serenidade ingênua do berço, angustia-me a sede de tornar à verdadeira fé! Ajuda-me a dobrar os joelhos, novamente, e a rezar de mãos postas para que o Pai do Céu me faça esperar sem aflição e esquecer o mal sem olvidar o bem!...

Ernestina, extremamente emocionada, auxiliou-o a prosternar-se, amparando-o, porém, com inexcedível ternura.

Em seguida, copiando os gestos das mãezinhas cuidadosas e desveladas segurando criança tenra, uniu-lhe as mãos em súplica e, chorando para dentro de si mesma, disse-lhe:

– Repete, filho, as minhas palavras.

Numa cena comovedora, que jamais me fugirá da recordação, a dedicada genitora orou pausadamente, acompanhando-a Domênico, sentença por sentença:

– Senhor Jesus!

– Senhor Jesus!

– Eis-me aqui,

– Eis-me aqui,

– Doente e cansado aos teus pés,

– Doente e cansado aos teus pés,

– Compadece-te de mim, bem-amado pastor, de mim, ovelha desgarrada de teu rebanho... Ofuscou-me o brilho falso da vaidade humana, a ilusão terrestre embotou-me o raciocínio, o egoísmo enrijeceu-me o coração e caí no precipício da ignorância, como leproso do sentimento. Tenho chorado e sofrido amargamente, Senhor, minha defecção espiritual. Mas eu sei que és o Divino Médico, dedicado aos infelizes e transviados do caminho... Por piedade, livra-me da prisão de mim mesmo, liberta-me do mal resultante de minhas próprias ações, faze que meus olhos se abram à luz divina! Nutre-me com a tua verdade soberana, ampara-me a esperança de regeneração! Senhor, dá-me forças para ressarcir todas as dívidas, curar todas as chagas, corrigir todos os erros que se acham vivos dentro de mim... Perdoa-me, concedendo-me recursos para o resgate, não me deixes entregue aos resquícios das paixões que eu mesmo criei impensadamente, favorecendo-me com as tuas repreensões silenciosas nas situações disciplinares e, sobretudo, Benfeitor Sublime, retribui aos teus servos que me auxiliam, nesta hora, conferindo-lhes renovadas bênçãos de energia e paz, a fim de que auxiliem a outros corações tão extenuados e caídos quanto o meu! Jesus, confiaremos em tua compaixão para sempre! Assim seja!

Domênico repetira a oração, frase por frase, qual menino dócil e interessado em aprender a lição. Ao que deduzimos, a rogativa fizera-lhe profundo bem. Abraçou-se a Ernestina, mais calmo, e, enquanto a diretora da Casa Transitória lhe seguia os mínimos gestos, sem que ele lhe percebesse a presença, perguntou, de improviso:

– Minha mãe, já que a tua ternura veio ao meu encontro no círculo das trevas, dize-me: onde está Zenóbia? ter-me-ia abandonado para sempre?

Fundamente surpreendido, notei que a indagação era feita com inflexão dorida de saudade e desencanto.

– Certamente, meu filho – apressou-se Ernestina em responder –, nossa amiga acompanha-te de esfera superior, implorando a Jesus te abençoe os propósitos de redenção.

– Oh! – tornou ele, triste – se a existência humana nos houvesse unido, outro teria sido meu destino. Ela, porém, desposou outro homem quando era maior minha confiança no futuro, compelindo-me ao celibato sacerdotal, que se fez seguir de tão deploráveis conseqüências para mim. Se houvéssemos organizado o ninho doméstico, não me faltaria a confiança em Deus, teria sido talvez pai generoso e meus filhos ser-me-iam sagrada coroa de responsabilidade e alegria. Zenóbia, minha mãe, era a lente milagrosa através da qual eu sabia ver o mundo noutro prisma. Em companhia dela, teria adquirido o dom de ver as oportunidades divinas que me cercaram o coração. Todavia, quando a sorte ma arrebatou, esvaiu-

-se-me todo o sonho de construção equilibrada na Terra... Dominado pela dor de perdê-la, acreditei que a Religião me ofereceria refúgio inexpugnável contra as tentações. Que terrível engano! Sitiado num mundo de convenções que me constringia o espírito e distanciado da sublime influência da única mulher que, a meu ver, me poderia salvar, despenhei-me, de abismo em abismo, convertendo-me num demônio insaciado, a destruir e perverter... Teria ela compreendido, algum dia, como fui infeliz? Apiedar-se-ia de minha dor cheia de miséria e ruínas?

Ernestina afagou-lhe a cabeça, maternalmente, e exclamou:

– Cala-te, meu filho! Não te presumas o único sacrificado. Se houvesses aceitado a Vontade Divina, o presente ser-nos-ia menos doloroso. Não te estribes em fatos humanos, naturais e necessários, para justificar os desvarios que te precipitaram nas sombras fatais! Zenóbia foi sempre verdadeiro anjo entre nós. Não comentes com mágoa acontecimentos que se foram, que lhe custaram uma existência inteira, de renúncia santificante pelos pais, pelo esposo, pelos filhos e por nós!

– Entretanto – atalhou ele –, tínhamos sublime compromisso, desde a infância, e a nossa primeira mocidade foi um paraíso de promessas mútuas...

O carinho materno, todavia, não o deixou terminar. Colocando-lhe o indicador sobre os lábios, num gesto compassivo de mãe, Ernestina acentuou:

– Ouve, Domênico! quem teria sido a maior vítima? o homem jovem e forte, que se recolheu livremente à organização religiosa a facultar-lhe mil processos diferentes na prática do bem, ou a pobre menina forçada pelas circunstâncias da luta terrestre a desposar um viúvo, rodeado de filhinhos aos quais deveria dedicar-se na categoria de mãe? Buscaste voluntariamente a ordenação sacerdotal, enquanto Zenóbia, constrangida por situações angustiosas, aceitou um caminho de abnegação contrário aos sonhos de sua juventude. Absolutamente entregue às tuas próprias criações individualistas, não foste fiel aos princípios esposados, ao passo que Zenóbia perseverou no sacrifício e na fé viva até ao fim, embora esmagada ao peso das diárias humilhações ao seu ideal de mulher. Erraste para satisfazer a ti mesmo, incapaz de acalmar as paixões inferiores que te ardiam no peito, enquanto nossa venerável amiga aceitava, humilde, as circunstâncias que lhe atormentaram o ser, anos seguidos, em benefício de todos nós. Pondera, pois, Domênico! Qual teria sido a verdadeira vítima? Poderemos comparar a abnegação com a insensatez?

Percebia-se que a elevada orientadora se ligava aos dois, através dos fios de doloroso romance que não nos era dado conhecer. Domênico escutou compungidamente as observações, calou-se longo tempo, internado talvez no plano de longínquas recordações e concluiu, tristemente:

– É verdade!...

– Compete-nos, agora – falou Ernestina, com brandura –, avançar para alcançá-la.

Nesse instante, embora discretamente, Zenóbia começou a chorar, contemplando-lhe o rosto, debruçada sobre ele e, certo, em obediência ao vigoroso desejo da diretora da Casa Transitória, Domênico sentiu que as gotas quentes de pranto lhe caíam na face melancólica. Fixou os olhos maternais com expressão indagadora, e, reconhecendo que semelhantes lágrimas não tinham aí sua origem, perguntou, angustiado:

– Oh! minha mãe, quem estará chorando sobre mim?

A benfeitora carinhosa, cujo olhar descortinava todas as particularidades da cena comovente, respondeu sob forte emoção:

– Os anjos choram de júbilo nas regiões celestes, quando um coração sofredor se levanta do abismo...

O ex-sacerdote meditou longos momentos, dando-nos a impressão de grande alívio.

Compreendendo a oportunidade feliz, Ernestina convidou-o:

– Vamos, filho. Movido pela Misericórdia Divina, o relógio do tempo fez soar para teu espírito a hora abençoada da redenção. A porta do resgate abre-se de novo à tua alma oprimida. Que o Céu nos abençoe!

– Irei contigo, mãe, aonde quiseres – respondeu o infortunado, sem amargura.

A venturosa mãe endereçou-nos expressivo olhar de agradecimento, enlaçou-o nos braços, como se o fizesse a uma criança enferma, e partiu, suportando o valioso fardo, em direção à Crosta Planetária, a desafiar, jubilosa e feliz, as sombras densas...

Novamente a sós, reparei que a Irmã Zenóbia se mantinha transfigurada, ditosa. Enxugou as lágrimas, revelando nos olhos alegrias desconhecidas. Estendeu-nos a destra, em sinal de gratidão e contentamento. E contemplando, talvez, a paisagem do futuro, demorou-se em meditação, na qual, certamente, enviava seu hino interior de reconhecimento ao Altíssimo.

Em seguida, fitou-nos, tranqüila, e falou:

– Irmãos, que o Senhor lhes recompense a colaboração fraternal, repartindo com todos a felicidade que me atingiu. Graças a Ele e aos dedicados amigos, acabo de vencer uma grande batalha na guerra do amor contra o ódio, da luz contra as trevas e do bem contra o mal, em que me encontro empenhada, desde muitos anos.

Logo após, atendendo ao plano de trabalho organizado pela sábia orientadora, nos reuníamos aos diversos auxiliares que se detinham a distância, a fim de nos comunicarmos com os filhos da ignorância e do infortúnio, temporários habitantes do abismo.

8

TREVA E SOFRIMENTO

Completa a comissão de serviço de que Zenóbia se fazia acompanhar, pusemo-nos em marcha, abeirando--nos do vale de treva e sofrimento.

A sombra tornava-se, de novo, muito densa e não se conseguia divisar o recôncavo. Frases comovedoras, porém, subiam até nós. Dolorosos ais, blasfêmias, imprecações. Guardava a idéia de que vastíssimo agrupamento de infelizes se rebolcava no solo, embaixo. Os impropérios infundiam receio; contudo, os gemidos ecoavam--me angustiosamente nalma. Certo, os demais companheiros experimentavam análogas emoções, porque a Irmã Zenóbia tomou a palavra, esclarecendo:

– Os padecimentos que sentimos não se verificam à revelia da Proteção Divina. Incansáveis trabalhadores da verdade e do bem visitam seguidamente estes sítios, convocando os prisioneiros da rebeldia à necessária renovação espiritual; no entanto, retraem-se eles, revoltados e endurecidos no mal. Lamentam-se, suplicam e provocam compaixão. Raramente alguns deles nos ouvem o apelo. Às vezes, intentamos impor-lhes o bem. Entretanto, quando retirados compulsoriamente do vale tenebroso, acusam-nos de violentadores e ingratos, fugindo ao nosso contacto e influenciação.

Embora o triste conteúdo da notificação, Zenóbia no--la fornecia, inflamada no espírito de serviço, a julgar pelo bom ânimo que transparecia de seus gestos e palavras.

– A negação deles – continuou a orientadora – não é motivo para qualquer negação de nossa parte. Lembremo-nos de que o esforço da Natureza converte o carvão em diamante... Trabalhemos em benefício de todos os necessitados, procurando, para o nosso espírito, o divino dom de refletir os Supremos Desígnios. Façam-se as obras da vida, não como queremos, mas como o Senhor determine. Grande é a beneficência do Pai para conosco. Repartamo-la em serviço de fraternidade e esclarecimento, na harmonia comum.

Em seguida, dez cooperadores, obedecendo-lhe as ordens, acenderam focos de intensa luz.

Contemplamos, então, sensibilizados e surpresos, monstruoso quadro vivo. Vasta legião de sofredores cobria o fundo, um pouco abaixo de nossos pés. A rampa que nos separava não era íngreme, mas compacto e enorme o lamaçal.

Em face da claridade brusca, muitas vozes suplicaram socorro, em frases angustiosas que nos cortavam a alma. Outras, porém, faziam-se ouvir, diferentes: vociferavam blasfêmias, ironias, condenações.

Recomendou Zenóbia, por necessário ao êxito de nossos trabalhos, nos congregássemos todos em grupo exclusivo, de modo a infundir respeito e temor nas perigosas entidades que ali se misturavam aos infelizes, acrescentando:

– Os adeptos da revolta e do desespero encontram-se igualmente aqui, compelindo-nos a severa atividade defensiva. São pobres desequilibrados que tentam induzir todas as situações à desarmonia em que vivem.

Em seguida, solicitou ao padre Hipólito dirigisse apelo geral, em nome do Senhor, às vítimas do infortúnio, para que considerassem a necessidade da transformação íntima.

O ex-sacerdote abriu pequeno manual evangélico que carregava consigo e leu, na relação do Apóstolo

Lucas, a parábola do homem rico que se vestia de púrpura, em regalada existência, enquanto o mendigo chaguento lhe batia, debalde, à porta da sensibilidade. Pronunciou, alta e pausadamente, todos os versículos, desde o número dezenove ao trinta e um, no capítulo dezesseis. Logo após, enchendo o expressivo silêncio, destacou a sentença "Lembra-te de que recebeste os teus bens em tua vida", constante do versículo vinte e cinco, e dispunha-se ao comentário, quando certos gritos blasfematórios chegaram até nós, ameaçadores e sarcásticos:

– Fora! Fora! Abaixo as mentiras do altar!

– Ataquemos de vez o padre!

– Estamos bem, somos felizes! Não pedimos auxílio algum, não precisamos de arengas!

– Temos aqui o nosso céu! Vão para os infernos!...

Os adversários gratuitos de nossa atuação não se limitaram ao vozerio perturbador. Bolas de substância negra começaram a cair, ao nosso lado, partindo de vários pontos do abismo de dor.

– As redes! – exclamou Zenóbia, dirigindo-se a alguns colaboradores – estendam as redes de defesa, isolando-nos o agrupamento.

As determinações foram cumpridas rapidamente. Redes luminosas desdobraram-se à nossa frente, material esse especializado para o momento, em vista da sua elevada potência magnética, porque as bolas e setas, que nos eram atiradas, detinham-se aí, paralisadas por misteriosa força.

A diretora da Casa Transitória, afeita a ocorrências iguais àquela, fornecia-nos belo exemplo de firmeza e serenidade. Após organizar a defensiva, fez sinal ao pregador para que falasse; e o padre Hipólito, sobrepondo-se aos ruídos e insultos, iniciou o comentário com empolgante acento:

– Irmãos, que vos preparеis para a recepção da Luz Divina, é o nosso desejo fraternal! Reúnem-se aqui várias centenas de infortunados companheiros em precárias condições espirituais. De alma esfrangalhada pela dor, vencidos de aflição, suportando inomináveis padecimentos, entregai-vos, muita vez, ao desalento, à rebeldia e ao desespero. Perturbada e desditosa, vossa mente não sabe senão fabricar pensamentos de angústia destruidora. Alegais que as Forças Divinas vos esqueceram no vale fundo das trevas e, de negação em negação, transformai-vos, gradativa e naturalmente, em perigosos gênios da sombra e do mal, personificando figuras diabólicas e assediando, indistintamente, as obras edificantes dos mensageiros do Pai. Cruéis perversões interiores modificam-vos o aspecto fisionômico. Não vos assemelhais às criaturas humanas que fostes, repletas de dons divinos, e, sim, a imagens vivas das regiões infernais, infundindo compaixão aos bons, receio e pavor aos mais tímidos. Na lastimável posição mental a que vos conduzistes e na qual muitos de vós outros perseverais apaixonadamente, sois tão autênticos demônios da perversidade e do crime, que nem mesmo as vergastadas da dor conseguem modificar a boca disforme. Entretanto, sois nossos irmãos mais infelizes, aleijados do sentimento e do raciocínio, perdidos em dolorosos desertos da ignorância, não por falta de amor da Providência Celeste, mas pela própria imprevidência no descaso com que recebestes na Terra todas as oportunidades de ascensão à esfera superior do espírito eterno. Por mais que nos expulseis de vossas congregações de sofrimento, nunca escasseará, para convosco, nossa sincera comiseração. Visitaremos a paisagem sinistra dos abismos, quantas vezes se façam necessárias. Nunca nos cansaremos de proclamar a misericórdia excelsa do Pai e jamais se imobilizará nossa mão fraterna no sublime serviço da semeadura do bem e da verdade!

As palavras injuriosas que ouvíamos antes, desapareceram, pouco a pouco. A franqueza de Hipólito triunfara. O pregador falava com ardorosa eloqüência e, possuído de angélicos pensamentos, todo ele irradiava luz. Ante o respeitoso silêncio que o seu verbo inflamado provocara, prosseguiu, comovendo-nos:

– Dominam-vos a inveja e o despeito, a maldade e o sarcasmo, quando não permaneceis aniquilados de supremo terror. Emitis desordenadas paixões, entre coros de ironias e lágrimas... Quase todos, recebeis nosso concurso amoroso, reagindo, impenitentes. Acreditais que somos agraciados por favores indébitos, que somos prediletos dos Céus e afirmais levianamente que privilégios gratuitos nos felicitam a vida. Ó meus amigos! não vos falará, porventura, a inteligência da justiça indefectível que rege toda a vida? Somos, também, batalhadores a longa distância da última vitória sobre nós mesmos, encontramo-nos, igualmente, no mesmo carreiro de redenção. Trabalhamos, lutamos, choramos e sofremos; apenas diverge de algum modo a nossa posição da vossa, porquanto, nós outros, que vos dirigimos a palavra tranqüila e fraterna, já iniciamos o luminoso aprendizado do reconhecimento a Deus, nosso Pai, todo poder, justiça e misericórdia, agradecendo ao Cristo, o Divino Intermediário, o ensejo de trabalho e realização no presente. Também sentimos saudades do lar terrestre e dos brandos elos afetivos que se movimentam agora, muito distantes, experimentando, como vos acontece, o vivo desejo de regressar ao passado, a fim de retificar os caminhos percorridos, e, quase sempre, debalde procuramos aqueles que nos testemunharam amor, com o fim de beijar-lhes as mãos e pedir-lhes esquecimento das nossas fraquezas. Possuímos, todavia, a felicidade de compreender a extensão de nossos débitos e pusemo-nos, desde muito, a caminho do futuro redentor.

Penetrando a interpretação direta da parábola, Hipólito modificou o tom de voz e prosseguiu:

– Qual de nós não terá sido, na Crosta do Mundo, aquele "rico, vestido de púrpura e linho finíssimo", do ensinamento do Mestre? Exibíamos a roupa vistosa e brilhante do "eu" egoístico, ferindo a observação de nossos semelhantes e vivendo o bendito ensejo de permanência nos círculos carnais, "regalada esplendidamente". Todos nós, que nos associamos nesta paisagem de dor, tivemos, em derredor, mendigos de afeto e socorro espiritual mostrando-nos, em vão, as chagas de suas necessidades. Chamavam-se eles familiares, parentes, companheiros de luta, irmãos remotos de humanidade... Eram filhos famintos de orientação, pais necessitados de carinho, viandantes do caminho evolutivo sequiosos de auxílio, que, improfícuamente, se aproximavam de nós, implorando algo de reconforto e alegria. Em geral, lembrávamo-nos sempre tarde de suas feridas interiores, indiferentes ao menosprezo da oportunidade sublime que nos fora concedida para ministrar-lhes o bem. No justo instante a que se recolhiam no leito mortuário, multiplicávamos afetos e carícias, depois de haver gasto o tempo sagrado da vida humana entre a insensibilidade e a exigência. Desejavam, os mais pobres que nós, alguma coisa das migalhas de nosso permanente banquete de conhecimentos e facilidades, freqüentavam-nos a companhia, quais crianças necessitadas de iluminação e ternura, e os próprios cães se inclinavam para eles, tomados de natural simpatia... Nós, porém, envaidecidos das próprias conquistas, encarcerados em clamorosa apatia, amontoávamos expressões de bem-estar, crendo-

-nos superiores a todas as criaturas integrantes do quadro de nossa passagem pela carne. Prisioneiros de nossas criações inferiores, a morte precipitou-nos no despenhadeiro purgatorial, semelhante ao tenebroso inferno da teologia mitológica. Envelhecida e rota a veste rica da oportunidade, ao término do curso de aprimoramento espiritual no educandário terrestre, somos, por vezes, mais pobres que o último dos miseráveis que nos batiam, confiantes, à porta do coração e para os quais poderíamos ter sido beneméritos doadores da felicidade. Viajores, na travessia do rio sagrado da elevação, fugíamos de todos os companheiros necessitados, instituíamos serviços ativos de vigilância contra os náufragos sofredores, estimávamos, acima de tudo, o bom tempo, as ilhas encantadas de prazer, a camaradagem dos mais fortes, para atingir a outra margem, humilhados e pesarosos, em terríveis necessidades do espírito, incapazes de prosseguir a caminho dos continentes divinos da redenção... Sejamos razoáveis, meus irmãos, reconhecendo que esse inferno é construção mental em nós mesmos. O estacionamento, após esforço destrutivo, estabelece clima propício aos fantasmas de toda sorte, fantasmas que torturam a mente que os gerou, levando-a a pesadelos cruéis. Cavamos poços abismais de padecimentos torturantes, pela intensidade do remorso de nossas misérias íntimas; arquitetamos penitenciárias sombrias com a negação voluntária, ante os benefícios da Providência. Desertos calcinantes de ódio e malquerença estendem-se aos nossos pés, seguindo-se a jornadas vazias de tristeza e desconsolo supremo. Semelhamo-nos a duendes vagabundos da inquietação e do desalento, pela amargura do que fomos e pela dificuldade quase invencível na aquisição dos recursos para o que devemos vir a ser. De um lado, a falência gritante;

do outro, o desafio da vida eterna. Como o rico infeliz da parábola, todavia, sabemos que muitas de nossas vítimas de outro tempo escalaram altas posições no campo hierárquico da eternidade; que muitos daqueles mendigos de carinho da estrada humana foram conduzidos a fontes da Maravilhosa Sabedoria e do Inesgotável Amor, e, assim, por que não impetrarmos o concurso de suas bênçãos intercessórias? por que não dobrarmos humildemente a cerviz, considerando os desvios do passado, a fim de recebermos a sublime e indispensável cooperação do presente? Sabemos, amigos, que muitos de vós outros padeceis, atormentados, a devoradora sede da água viva do Espírito imortal, que, aflitos e desanimados, neste vale de sombras, desejaríeis romper todos os obstáculos para a recepção de uma gota apenas do líquido precioso, prometido por Jesus aos sedentos que a Ele se devotassem de boa vontade! Ah! não basta, porém, a desordenada rogativa de dor, para que o orvalho divino refresque o coração dorido e dilacerado! Urge regenerar o vaso receptivo da alma enferma, alijando a poeira venenosa da Terra, para que permaneça puro e reconfortante o rocio do Céu! Imprescindível o sofrimento de função purificadora. Os desvarios mentais, a que nos entregamos na Crosta Planetária, são energias que presentemente se manifestam com a intensidade das forças libertas, depois de longo represamento, e, daí, a intraduzível angústia da fome, da sede, da aflição e da enfermidade que muitos de vós ainda sentis, pela carência de conformação com as leis estabelecidas pelo Eterno Pai!...

Pelo silêncio do ambiente, parecia-me que o padre Hipólito era ouvido com respeitosa atenção pelas inúmeras fileiras de sofredores ali congregados diante de nós. Após ligeira interrupção, continuou o pregador, bem inspirado:

– Nenhum de nós outros, os que apelamos para a vossa renovação, encontrou até agora a residência dos anjos. Somos companheiros em cujo coração palpita, plena, a Humanidade, com os seus defeitos e aspirações. Compreendemos, contudo, vosso tormento consumidor e trazemos a todos o convite de renúncia aos impulsos egoísticos, concitando-vos, ainda, ao reconhecimento devido ao Senhor e à penitência pelos nossos erros voluntários e criminosos do passado. Agradeçamos a Misericórdia Divina e, reunidos, peçamos ao Cristo entendimento de sua vontade sublime e sábia, com a precisa força para executá-la, onde estivermos. Não roguemos, como o rico enganado da narração evangélica, qualquer vantagem para o nosso individualismo ou para o círculo pessoal de nossos interesses particulares, mas, sim, a compreensão, suficiente compreensão dos deveres que nos cabem, na atualidade menos venturosa, de acordo com as suas diretrizes salvadoras. E, cheios de confiança nova, aguardemos o porvir, em que a Terra, nossa grande mãe, nos oferecerá, generosa, outras ocasiões fecundas de aprender e resgatar, santificar e redimir.

Nesse momento, o ex-sacerdote sustou por longos instantes a pregação, possibilitando-nos detido exame do quadro exterior.

Longas filas de sofredores acorriam de todos os recantos, fitando-nos à claridade das tochas, à distância de trinta metros, aproximadamente. Estendiam-se em vasta procissão de duendes silenciosos e tristes, parecendo guardar todas as características das enfermidades físicas trazidas da Crosta, no campo impressivo do corpo astral. Viam-se ali necessitados de todos os tipos: aleijões, feridas, misérias exibiam-se ao nosso olhar, constringindo-nos os corações. Muitos deles, ajoelhados, talvez na suposição de que fôssemos embaixadores do Celeste Poder em visita ao purgatório desditoso, mantinham-se em posição de supremo respeito, embora deixando transparecer, na face angustiada, indescritíveis padecimentos. De olhos ansiosos, falavam sem palavras do intenso e secreto desejo de se unirem a nós; entretanto, algo lhes coibia a realização. Semelhavam-se a prisioneiros, suspirando pela liberdade. Por que não corriam ao nosso encontro? por que não se ajoelharem, junto de nós, em sinal de reconhecimento sincero a Deus? Desejando penetrar a causa daquela imobilidade compulsória, compreendi, sem maiores esclarecimentos, o que se passava. Entre a multidão compacta e nós outros, cavava-se profundo fosso, e, onde surgiam possibilidades de transposição mais fácil, reuniam-se pequenos grupos de entidades que se revelavam por sinistra expressão fisionômica. Não podia abrigar qualquer dúvida. Aqueles rostos agressivos e duros sustentavam severa vigilância. Que faziam aí semelhantes verdugos? Permaneceriam dirigidos por potências vingadoras, com poderes transitórios na zona das trevas, ou agiriam por sua conta própria, obedientes a desvairadas paixões da mente em desequilíbrio? Recordei antigas lendas do inferno esboçado na teologia católico-romana, para concluir que a fogueira ardente, onde Satã se comprazia em torturar as almas, devia ser mais bela que a paisagem de lama, treva e sofrimento à nossa vista. Recolhi, porém, o fio das considerações desnecessárias ao momento, compreendendo que o minuto não comportava divagações, por exigir contribuição ativa.

Prolongando-se a pausa do pregador, uma criatura de rosto patibular gritou, em meio de gestos odiosos:

– Não pedimos exércitos de salvação! Fujam daqui!

Bastou isolada manifestação para que outras expressões de desagrado explodissem.

– Não desejamos redimir coisa alguma! nada devemos! Interessam-nos o culto sistemático do ódio, a revolta contra os deuses insensíveis, o movimento de resistência à repugnante aristocracia espiritual!

– Morram os pregoeiros da virtude falsificada! caiam os oportunistas de além-túmulo! viva o nosso movimento de destruição contra a velha ordem dos senhores e dos escravos! Depois das ruínas, edificaremos o mundo novo!

Homenzarrão hirsuto, com todas as particularidades dum gigante, avançou até à borda do fosso, no outro lado, fez significativo gesto de provocação e perguntou, bradando:

– Calou-se o realejo do padre?!

Riu-se, diabolicamente, e continuou:

– Perdem tempo! Estão redondamente enganados! Também temos programa e também sabemos querer! Onde está o Deus que nos prometeram?! Têm, porventura, o mapa do céu? Nossos ídolos agora estão quebrados. Somos filhos do desespero, tentando reorganizar a vida no deserto que nos defronta. Voltaremos, acaso, à ingenuidade primitiva, a ponto de acreditar novamente em mentiras religiosas? Em que remota região se compraz a beneficência divina que não se condói de nossas necessidades? Declaram-se felizes e proclamam a compaixão de um pai que não conhecemos. Viram-no alguma vez?

Fria gargalhada pontilhou suas últimas palavras. Revelando-se sob forte impressão, o padre Hipólito respondeu:

– O conhecimento da Divindade e o roteiro celeste serão encontrados dentro de nós mesmos. Por que audácia inominável cometeríamos o absurdo de aguardar plena e pronta identificação da nossa natureza egressa da irracionalidade, em dias tão curtos, com a sublime plenitude de Deus? como ombrear-se o batráquio com o Sol? Em verdade, as religiões antropomórficas da Crosta envenenaram-nos a mente, instilando falsas concepções de Deus em nossos raciocínios. Não podemos, todavia, culpá-las em sentido absoluto, porquanto a estagnação espiritual caracterizava-nos a todos. Quando os discípulos se integrarem efetivamente, de cérebro e coração renovado, no Evangelho do Mestre, será impossível a negativa interferência sacerdotal. O dogma, considerado imparcialmente, constitui desafio e castigo simultâneos. Desafio à inteligência investigadora e construtiva, para que se dilate no mundo a noção do Universo Infinito, e castigo às mentes ociosas que renunciam levianamente ao dom de pensar e decidir por si mesmas as questões sagradas do destino. Em toda parte encontraremos a Sabedoria Operante e Invisível do Senhor, estendendo-se em todas as minúcias da Natureza. Calai, portanto, a vaidade ferida e o orgulho humilhado que vos ditam observações ingratas e criminosas! Detende-vos no santuário da consciência e não exigireis visões e revelações que não conseguiríeis suportar. Tomados, pois, de compaixão pela vossa rebeldia e infortúnio, rogamos ao Senhor abençoe a esperança de quantos nos ouvem, famintos de suprema redenção, como nós, diante da grandeza inapreciável da vida eterna!

Para outro público, as palavras do ex-sacerdote seriam vivas e convincentes, mas as entidades endurecidas e perversas, para quem foram proferidas, mostraram-se frias e insensíveis.

Fizeram-se ouvir outras vozes, em sinistro coro:

– Basta! basta!

– Fora! fora!...

Todavia, entre aqueles que nos seguiam atenciosamente o serviço, contemplamos inúmeros rostos angustiados, revelando o pavor que os companheiros lhes causavam. Aumentara-se-lhes o número. Verifiquei, porém, que não havia ali uma só criança. Apenas adultos, jovens e velhos de todos os aspectos. Notava-se que a dissertação de Hipólito lhes fizera enorme bem. Muitos deles vertiam pranto copioso. Contudo, impropérios e maldições cruzavam o espaço. Os malfeitores impenitentes não nos toleravam a presença e cada qual era mais fértil nas ironias selecionadas, com o fim de despertar humorismo sarcástico e desprezo na desventurada assembléia.

A princípio, impulsos de reação afloraram-me no espírito surpreso. Não seria conveniente que nos organizássemos contra semelhante malta de criminosos? não seria melhor saltar o óbice visível e arrebatar-lhes as vítimas indefesas? A nosso favor, contávamos com a volitação fácil. E as noções de caridade avivavam-me justificado instinto de reação. Perante nós, a algumas dezenas de metros, viam-se mulheres desfiguradas pela dor, velhos e moços esquálidos e abatidos. Ninguém fugia ao doloroso aspecto de supremo infortúnio. Semelhavam-se a cadáveres em retorno inesperado à vida, depois de longa permanência no túmulo.

Pensamentos de revolta cruzavam-se-me no cérebro.

Por que razão o padre Hipólito não respondia à altura? por que não punir aqueles sicários da sombra, que denunciavam refinada cultura intelectual e vigorosa inteligência? não possuíamos suficiente poder para a repressão necessária?

O Assistente Jerônimo, percebendo-me o perigoso estado dalma, aproximou-se cautelosamente de mim e falou, discreto:

– André, extingue a vibração da cólera injusta. Ninguém auxilia por intermédio da irritação pessoal. Não assumas papel de crítico. Permanecemos aqui, na qualidade de irmãos mais velhos no conhecimento divino, tentando socorro aos mais jovens, menos felizes que nós. Revistamo-nos de calma e paciência. Responder a insultos descabidos é perder valioso tempo, na obra de confraternização, ante o Eterno Pai. Hipólito não pode duelar verbalmente, nem a Irmã Zenóbia autorizaria qualquer violência a estes infortunados, sob pena de relegarmos ao esquecimento sublime oportunidade de praticar o verdadeiro bem. Modifica a emissão mental para que te não falte a cooperação construtiva e guardemos a voz, não para condenar, e, sim, para informar e edificar cristãmente.

Reajustei o campo emotivo, rogando a Jesus me conferisse forças para olvidar o "homem velho" que gritava dentro de mim.

Com a invocação ao Plano Superior, através da súplica, instantânea compreensão brotou-me na consciência.

Em verdade, como interpretar investidas de criaturas já de si mesmas tão desventuradas? Antes de tudo, necessitavam de amparo e compaixão. Não haviam recebido ainda, como acontecera a nós outros, a bênção da fé viva, da conformação aos desígnios da Lei Eterna, do reconhecimento das próprias necessidades interiores, por incapacidade espiritual. Blasfemavam e riam, sarcásticas. Desprezavam as dádivas da Providência. Injuriavam o Mestre. Esqueciam todas as considerações referentes à ordem divina e ao respeito humano. Quem éramos nós, para convertê-las, inopinadamente, se o próprio Senhor lhes tolerava, paciente e amigo, as palavras torpes, sem represálias individuais? Não lhes bastaria a limitação lamentável a que se entregavam? No círculo estreito do sofrimento e acoimados pelo desespero, não ultrapassavam a esfera de sensações grosseiras e intentavam inutilmente combater o bem. Verdade é que doía vê-los oprimindo míseras entidades que se ajoelhavam, sob nosso olhar, implorando ajuda e libertação; entretanto, razões ponderáveis existiriam, justificando a ligação entre algozes e vítimas, razões que me escapavam, naturalmente, na hora em curso. Modificaram-se-me as apreciações do primeiro instante. Tomado de súbita piedade, notei que, ao serenarem as ironias dos maus e observando talvez que não transpúnhamos o obstáculo em serviço de libertação, pintava-se, na fisionomia dos sofredores confessos, a mais pungente ansiedade.

Pobre velhinha, que me pareceu desassombrada na fé, examinando os terríveis fatores circunstanciais, estendeu-nos os braços esqueléticos e, na sua antiga concepção religiosa, suplicou-nos:

– Santos mensageiros de Deus, nosso Pai, dignai-vos retirar-nos do purgatório! Estamos torturados pelo fogo dos remorsos e pelos demônios que nos cercam. Por piedade, salvai-nos!

Fortes soluços interceptavam-lhe a voz; todavia, a venerável anciã continuou:

– Nossas faltas, mal pagas na Terra, uniram-nos aos Espíritos perversos do abismo! Somos pecadores necessitados da purgação, mas não nos abandoneis à nossa própria sorte! Ajudai-nos, em nome de Jesus, por quem vos suplicamos a graça da salvação! Errei muito, é verdade... Entretanto, meu espírito arrependido implora proteção... Sei que não mereço o descanso do paraíso, mas, ó emissários do Céu! por quem sois, concedei-me recursos para resgatar minhas dívidas. Estou pronta! Procurarei aqueles a quem ofendi durante a vida terrestre, a fim de humilhar-me e pedir perdão!...

De mãos postas, a fitar-nos angustiosamente, concluía:

– Não me desampareis! não me desampareis...

Mudou-se de algum modo o quadro. A valorosa pedinte encorajou os demais companheiros de infortúnio:

– Pelos méritos de São Geraldo de Majela – gritou um infeliz, revelando sua antiga condição de católico-romano – libertai-nos daqui! salvai-nos do torvelinho infernal! socorrei-nos, por amor de Deus!

Destacando-se umas das outras, as súplicas proferidas evidenciavam a presença de adeptos de variados credos religiosos, conhecidos na Crosta, e os espiritistas não faltavam no triste concerto. Determinada senhora, de porte respeitável, cabelos revoltos e fundas chagas no rosto, deprecou, chorosa:

– Espíritos do Bem, auxiliai-me! Eu conheci Bezerra de Menezes na Terra, aceitei o Espiritismo. No entanto, ai de mim! Minha crença não chegou a ser fé renovadora. Dedicava-me à consolação, mas fugia à responsabilidade! A morte atirou-me aqui, onde tenho sofrido bastante as conseqüências do meu relaxamento espiritual! Socorrei-me, por Jesus!

De todos os recantos soavam apelos comovedores.

Jamais esquecerei a inflexão das palavras ouvidas. Jovens e velhos, homens e mulheres, em deploráveis condições, prostrados a reduzida distância, respeitosos e confiantes, em virtude das luzes que acendêramos dentro da noite triste, imploravam o socorro divino, tratando-nos com extrema veneração, como se fôramos legítimos expoentes de santidade. Quando os rogos cresceram, partindo de tantas bocas, os verdugos empunharam látegos sinistros, espalhando vergastadas, quase que indiscriminadamente... A maioria dos pobres que se mantinham genuflexos debandou, em passos tão apressados quanto lhes era possível, regressando aos ângulos sombrios do vale fundo. Alguns, porém, suportavam os golpes, heroicamente, prosseguindo de joelhos e contemplando-nos, ansiosos.

Indicando-nos, sarcástico, certo perseguidor vociferou, estentoricamente:

– Estão vendo? são benfeitores de gravata! não se atiram à luta em favor de ninguém! Ensinam com lábios, mas, no fundo, são mensageiros do inferno, insensíveis e duros, como estátuas de pedra. Nenhum deles ousa atravessar a barreira para prestar-vos assistência e socorro!...

Seguiram-se gargalhadas tão escarnecedoras que todo o meu sentimento de repulsa humana aflorou de súbito. Onde estava que não reprimia o provocador? por que não puni-lo devidamente? Abeirava-me de pleno desequilíbrio mental, quando a Irmã Zenóbia, temendo talvez pela nossa reação, se voltou, tranqüila, e recomendou:

– Amigos, conservemo-nos em calma para o trabalho eficiente. Ninguém se conserva neste abismo de dor, sem razão de ser.

E possivelmente convicta da necessidade de argumentação mais firme para demover-nos, acrescentou:

– Que seria do Cristianismo se Jesus abandonasse o madeiro do testemunho, a meio caminho, a fim de entrar em pugilato com a multidão? Permanecemos aqui em tarefa consoladora e educativa, não o esqueçamos. O serviço de punição dos culpados virá de mais alto.

A referência despertou-nos, de pronto, para o caráter elevado da investidura. As almas efetivamente superiores possuem o dom de projetar-nos o espírito em zonas sagradas da vida, reintegrando-nos na corrente inspiracional das Forças Divinas que sustentam o Universo.

A hora não comportava qualquer dissertação mais longa, a respeito das obrigações que deveríamos desempenhar. Sem perda de tempo, a diretora da Casa Transitória entrou em combinação com os auxiliares que havia trazido, desenrolando extenso material socorrista.

Iam as providências em meio, quando vários grupos de infelizes tentaram vencer o obstáculo, ansiosos por se reunirem a nós outros; mas os verdugos, agindo, solertes, golpeavam-nos cruelmente, empenhando-se em luta para precipitá-los ao fundo do fosso tenebroso, do qual fugiam as vítimas, tomadas de visível terror.

Ativa, delicada, Zenóbia determinou que fossem lançadas faixas luminosas de salvação ao outro lado, no propósito de retirarmos o número possível de sofredores de tão amargurosa situação; todavia, a ordem seguiu-se de odiosa represália. Os gênios diabólicos fizeram-se mais duros. Acorreram míseras almas, aos magotes, buscando agarrar-se às extremidades resplandecentes, descidas na margem oposta, como bordos de acolhedora ponte de luz; no entanto, multiplicaram-se golpes e pancadas. Entidades perversas, em grande número, continham os aflitos prisioneiros, impedindo-lhes o salvamento, com manifesto recrudescimento de maldade. Nosso esforço persistiu por longos minutos, ao fim dos quais, observando que redundavam inúteis, apenas favorecendo a dilatação da agressividade dos algozes, a Irmã Zenóbia, mantendo-se em grande serenidade, determinou fosse recolhido o material utilizado para os trabalhos de salvação.

Às rogativas chorosas das vítimas, casavam-se as frases injuriosas dos verdugos, confrangendo-nos o coração.

Após a recomposição do material, improficuamente utilizado, a devotada orientadora acenou para um servidor que lhe trouxe pequenino aparelho, destinado à ampliação da voz, e falou, pausadamente, na direção do abismo:

– Irmãos em humanidade, reine conosco a Paz Divina!

Sua palavra adquirira impressionante poder de repercussão. Ecoava, longe, como se fosse endereçada às almas que, porventura, se mantivessem dormindo a consideráveis distâncias.

Sem qualquer demonstração de impaciência ou desagrado, continuou:

– Regozijai-vos, ó corações de boa vontade! e confiai, sobretudo, na proteção de Nosso Senhor Jesus. Dilaceram-nos vossas dores, tocam-nos, de perto, as incompreensões e sofrimentos a que vos entregastes, apartados da Lei Divina, e se não atravessamos o fosso negro, na tentativa suprema de salvar-vos temporariamente do mal, é que somos igualmente companheiros de luta, sem imunidades angélicas, detentoras de possibilidades limitadas no amparo aos semelhantes! Alegrai-vos, porém, e aguardai, confiantes, porque se manifestará, em vosso benefício, o fogo consumidor, nesta região menos feliz, onde tantas inteligências perversas tripudiam sobre os mandamentos do Pai e menosprezam-Lhe as bênçãos de luz. Amanhã mesmo, demonstrar-se-á o Supremo Poder.

Fez pequena pausa e prosseguiu:

– Faz mais de um lustro que a Casa Transitória de Fabiano persevera nestas zonas de treva e sofrimento, convocando almas perdidas ao aproveitamento da bendita oportunidade do recomeço, através do trabalho dignificador, em cujas bênçãos há sempre recursos de apagar as manchas do pretérito, regenerando-se os caminhos do porvir. Há cerca de dois mil anos ensinamos o bem e a verdade, preparando corações para o futuro redentor. Se é inegável que muitos irmãos se valeram de nosso concurso humilde, aceitando o remédio para a restauração, a maioria de vós outros sempre nos fugiu à influência, desdenhando-nos o socorro, abjurando-nos a colaboração, desprezando-nos os serviços, favorecendo a discórdia e a perseguição e oferecendo-nos obstáculos de toda sorte. Entretanto, meus amigos, o pouso de Fabiano ainda se coloca ao vosso dispor, até amanhã, durante as primeiras horas.

Ante a grave inflexão daquela voz e considerando talvez o teor do aviso, calaram-se as bocas pervertidas e desequilibradas. Os mais perversos passaram a contemplar-nos, entre o receio e a interrogação.

Depois de curto intervalo, Zenóbia prosseguiu, fundamente emocionada:

– Não lutamos corpo a corpo com a ignorância audaciosa e infeliz, porque a delegação que o Mestre nos confiou traça-nos deveres de amor e não de porfia. Fomos designados para ministrar o bem e lamentamos que irmãos horrivelmente desventurados nos ofereçam resistência, mergulhando-se no pântano da revolta pessoal. Não temos, porém, qualquer palavra condenatória. Os que tentam escapar às Leis Eternas são bastante infortunados por si mesmos. Amarga ser-lhes-á a colheita da triste semeadura. Gastarão longo tempo extraindo espinhos envenenados, introduzidos por eles próprios no coração. Por que combatê-los se estão vencidos, desde o primeiro repto à Divindade? por que torturá-los, se permanecem perseguidos pelos fantasmas criados pela própria rebeldia e insensatez? O Poderoso Senhor, porém, que ama os justos e retifica os injustos, fará com que amanhã surja neste céu a tempestade renovadora. O asilo de Fabiano receberá criaturas de boa vontade, dentro das horas próximas; todavia, será inútil procurar-lhe o socorro sem modificação substancial para o bem. Sofredor algum será recolhido tão-só porque implore abrigo com os lábios. Nossa casa de paz cristã é igualmente templo de trabalho cristão e a hipocrisia não lhe pode alterar o ministério santificador. Nossas defesas magnéticas funcionarão rigorosas e apenas os corações sinceramente interessados na renovação própria, em Cristo Jesus, serão portadores de senha indispensável ao ingresso. Debalde, rogarão socorro as entidades endurecidas no crime e na indiferença.

Os algozes fixavam as vítimas com expressão odiosa.

A Irmã Zenóbia, contudo, prosseguiu, intrépida, dirigindo-se especialmente aos infortunados:

– Suportai os verdugos crucis por mais algumas horas e valei-vos da oração para que não vos faltem energias interiores. Não temos necessidade da luta corporal, nem da defensiva destruidora e, sim, da resistência que o Divino Mestre exemplificou. Tolerai os inimigos gratuitos do bem, desesperados e infelizes, que nos perseguem e maltratam, orando por eles, porque o Poder Renovador se manifestará, convidando, por intermédio do sofrimento, a que se arrependam e se convertam.

Em seguida, expressando otimismo e felicidade nos olhos lúcidos, a orientadora ergueu comovente súplica pelos habitantes do abismo, a qual acompanhamos com lágrimas de emoção.

Semblantes angustiados seguiam-nos, atentos, na outra margem, enquanto os impenitentes adversários da luz guardavam silêncio. Entrementes, os encarcerados na dor continuaram implorando auxílio, mas, atendendo às determinações da Irmã Zenóbia, apagamos as luzes, pondo-nos de volta.

De outras vezes, ao término dos incidentes que me surpreendiam, eu conservava uma imensidade de indagações no cérebro ágil e curioso. Agora, todavia, regressava tristemente.

A extensão da luta compungia-me o ser. Os padecimentos da ignorância, de fato, não tinham limites e todo abuso do livre-arbítrio individual encontrava punição espontânea nas leis universais. Certo, em diferentes lugares, outros abismos como aquele estariam repletos de vítimas e verdugos.

Ah! também eu guardava no vaso do coração todos os ressaibos das vicissitudes humanas! Também eu sofrera muito e havia feito sofrer! Reminiscências vigorosas da existência carnal jaziam vivas em mim. De alma voltada em silêncio para o Cristo de Deus, meditei sobre a grandeza do seu sublime sacrifício e, pensando nos cruéis perseguidores e nos pobres perseguidos do vale escuro, perguntava ao Senhor, na intimidade do coração frágil e oprimido, por quem deveria eu chorar mais intensamente.

9

Louvor e gratidão

Embora os resultados de nossa visita ao abismo fossem aparentemente mínimos, sentíamo-nos confortados e satisfeitos.

De volta, ladeando pântanos e guardando a mesma severa atitude de vigilância, ao considerar possíveis surpresas do caminho, fizemos todo o trajeto em profundo silêncio.

Aproximando-nos, porém, do instituto, após atravessar a zona perigosa, a Irmã Zenóbia tomou a palavra, agradecendo-nos em tom comovedor. Depois de carinhosas expressões de reconhecimento, acentuou, jubilosa:

– Felizmente, nosso trabalho foi abençoado e profícuo. Os cooperadores novos estranharão, talvez, a minha afirmativa, lembrando, sem dúvida, que as faixas de salvamento voltaram vazias. No entanto, algo ocorreu de mais importante que a eventualidade de trazermos compulsoriamente conosco alguns irmãos infelizes. Refiro-me à semeadura das verdades eternas nos corações ignorantes, à ministração da esperança aos desalentados e tristes. Não somos apologistas da violência, mas semeadores do bem, e a base natural da colheita segura é a sementeira cuidadosa. Os ensinos edificantes lançados ao solo do entendimento abrem horizontes novos e claros à investigação mental dos necessitados e sofredores. Muitos deles, ainda esta noite, cultivarão os princípios renovadores recebidos, em processo intensivo no campo interno, e amanhã, provavelmente, estarão em condições vibratórias adequadas à internação em nosso asilo. Mais desejável para nós é que todos caminhem, utilizando os próprios pés, para que, de futuro, em meio dos serviços naturais da regeneração, não se declarem vitimados por ações de arrastamento. Em todos os lugares encontraremos a compaixão e a justiça de Deus.

Sorriu, benevolente, e acrescentou:

– A compaixão, filha do Amor, desejará estender sempre o braço que salva, mas a justiça, filha da Lei, não prescinde da ação que retifica. Haverá recursos da misericórdia para as situações mais deploráveis. Entretanto, a ordem legal do Universo cumprir-se-á, invariavelmente. Em virtude, pois, da realidade, é justo que cada filho de Deus assuma responsabilidades e tome resoluções por si mesmo.

O esclarecimento era lógico e reconfortador. Desejaríamos a continuidade da argumentação; no entanto, acercávamo-nos da Casa Transitória, então à nossa vista. Alcançáramos as vizinhanças do átrio e admirei-me da movimentação em torno.

Entidades numerosas iam e vinham. Quase todas penetravam a organização socorrista ou dela saíam, em grupos reduzidos. Velhos amparavam jovens que me pareciam indecisos, titubeantes. Crianças nimbadas de luz guiavam adultos de rosto sombrio, figurando-se carinhosos e pequeninos condutores de cegos.

O quadro era formoso e enternecedor. Possivelmente, examinando a estranheza que se apossara de mim, adiantou-se a orientadora da instituição, explicando, atenciosa:

– Nossos amigos da Crosta, parcialmente libertos da carne pela atuação do sono, afluem até aqui, todas as noites, trazidos por companheiros espirituais, com o fim de receberem socorros ou avisos necessários. A Casa oferece recursos aos encontros oportunos.

Não consegui disfarçar a surpresa, ante a cena maravilhosa, contemplando, embevecido, o cuidado terno dos benfeitores desencarnados com todos aqueles que vinham dos círculos terrestres mais densos.

Atravessada a zona magnética de defesa, confundimo-nos com os passantes. Não longe de mim, interessante menino, que aparentava nove a dez anos de idade, revestido de gracioso halo de luz, guiava uma senhora de passos incertos. Parecia enferma, incapaz de autocontrole. O pequeno, porém, segurava-lhe firmemente a destra e, após saudar a Irmã Zenóbia, respeitoso, exclamou para a matrona hesitante:

– Por aqui, mamãe! por aqui! venha sem medo.

Ouvindo-o, a interpelada parecia acordar num sonho bom e gritava, semi-inconsciente:

– Meu filhinho, meu filhinho! não me deixes voltar. Quero-te sempre, sempre!...

As expressões de meiguice misturavam-se a copioso pranto. Fixei-lhe os traços fisionômicos. A pobre mãe não nos enxergava. Seguia, acanhada e insegura de si. Seus olhos, que vertiam grossas lágrimas, permaneciam presos na contemplação da criança, revelando a suprema ternura de mãe, exausta de saudade, a reencontrar o objeto de seu amor, que parecera perdido para sempre.

– Mamãe, caminhe! não desfaleça! – clamava o rapazinho, exultando de júbilo.

– Já vou, meu filho! eu te seguirei, leva-me contigo! – tornava a palavra maternal, afogada em sublime emoção.

Meus companheiros, habituados talvez, desde muito, ao espetáculo, conversavam, descuidados, entre si; todavia, segui, de olhos umedecidos, a criança carinhosa que amparava a sua mamãe, até que desapareceram através de uma das portas laterais.

Não contive a surpresa que me dominava. Tocando o braço do padre Hipólito, indaguei:

– Meu amigo, com que fim seguiriam a senhora e o menino?

Esboçou ele significativo gesto de espanto e observou:

– Não os vi.

Falei-lhe, então, do quadro que tanto me enternecera, bordando meus informes de considerações afetivas.

O ex-sacerdote sorriu compassivo e acrescentou:

– Ora, André, são tantas mães e tantas crianças a transitarem por aqui!... Certamente, o filhinho, como tantos outros, conduz a genitora a gabinetes de auxílio.

Não tive tempo para emitir novas impressões.

Nosso grupo atingiu a porta de ingresso e dois amigos acercaram-se, solícitos. Tratava-se de Gotuzo e outro irmão com quem eu não havia entrado em contacto pessoal.

Saudaram-nos cortesmente.

Logo após, dirigiu-se Gotuzo à diretora, informando-a de que os serviços de colaboração na Crosta, junto dos técnicos que organizavam algumas reencarnações expiatórias, haviam sido executados satisfatoriamente.

Zenóbia agradeceu e convidou-os a partilhar das orações de louvor e gratidão ao Todo-Poderoso.

Penetramos a Sala Consagrada, onde a orientadora tomou conhecimento das medidas levadas a efeito em sua rápida ausência e certificou-se de que todos os abrigados haviam comparecido à reunião geral de preces e auxílios magnéticos, realizada minutos antes.

Sinais sonoros convocaram colaboradores à ação de graças.

Zenóbia, delicada e ativa, dispôs-nos em torno de vasta mesa, ao fundo da qual se erguia uma tela transparente de grandes proporções.

Admirável a comunhão da Casa! Todos os dirigentes das variadas secções em que se subdividiam as atividades do instituto, encontravam-se presentes para a tarefa gratulatória.

A diretora informou-nos, afável, de que todas as noites se verificavam trabalhos de oração para os asilados e para o pessoal administrativo, salientando que, nesses últimos, se reunia em pessoa com todos os subchefes da organização que não se encontrassem inibidos por motivos de serviço. Naquela oportunidade, éramos ali trinta e cinco criaturas, presas ao doce magnetismo daquela mulher que tão bem sabia desempenhar a excelsa missão educativa. À cabeceira do grande móvel referido, cercado pelas poltronas confortáveis que ocupávamos em duas filas, sentou-se Zenóbia, radiante, mantendo-se de frente para a tela constituída de tecido diáfano, semelhando tenuíssima gaze. Trinta e cinco mentes, interessadas na aquisição de luz divina, uniam-se à dela, para as vibrações de reconhecimento e paz.

Gotuzo, próximo de mim, entregou-se a profunda meditação.

Solicitando-nos acompanhar-lhe mentalmente as palavras, a instrutora iniciou a oração comovente e sublime:

– "Senhor da Vida: nossos corações transbordantes de júbilo te agradecem as bênçãos de cada dia!

"Permite que nos reunamos, em teu nome, nesta noite bendita de felicidade e esperança, para manifestar-te nossa gratidão imperecível.

"Não te rogamos, Senhor, vantagens e benefícios para nós outros, ricos que somos de tua luz e misericórdia, mas suplicamos ao teu coração augusto nos sejam concedidos os dons do equilíbrio e da equidade, para que saibamos distribuir nossa divina herança e não dissipemos, em vão, a glória de tuas dádivas. Fortifica-nos a noção de harmonia para sermos cooperadores leais de teus santos desígnios.

"Erguemo-nos do abismo do passado, por tua bondade vigilante, e aqui nos encontramos para servir-te! Entretanto, Pai, vergados ao peso das inclinações humanas, por nós cultivadas com desvarios emotivos, durante milênios, não prescindimos de tua disciplina e de tua força paternal. Dá-nos o clima sadio da libertação de nós mesmos! Magnetizados pelas nossas recordações do pretérito, nem sempre te compreendemos a vontade soberana e criteriosa. Anula-nos o personalismo inferior para que a consciência do Universo nos esclareça o coração. Levanta-nos o raciocínio para mais alto entendimento; faze-nos vibrar no campo de teus Divinos Pensamentos!

"Puseste em nossa boca o verbo construtivo, encheste-nos a alma de luz e tranqüilidade, a fim de colaborarmos em tua obra. Deste-nos, neste pouso de amor fraterno, companheiros dedicados ao bem, e, em torno de nossa tarefa pequenina, colocaste a multidão dos aflitos e sofredores.

"Ó Senhor! como somos felizes pela possibilidade de ministrar em teu nome consolações e esclarecimentos! Contudo, nós te imploramos inspiração e roteiro, considerando as responsabilidades dos que te recebem a mordomia da salvação! Ensina-nos a agir desapaixonadamente; infunde-nos respeito pela autoridade que nos deste; ajuda-nos a desprender a mente das criações individuais, para que te sintamos mais de perto no esforço coletivo da elevação comum! E toda vez que nossos atos traduzam interferência indébita do livre-arbítrio na execução de tuas leis, repreende-nos, severamente, para que não persistamos no desvio impensado. Somos teus filhos frágeis e confiantes! Todas as tuas resoluções, a nosso respeito, são excelentes e belas. Concede-nos, pois, bastante visão, de modo a enxergarmos nossa ventura em teus desígnios, sejam quais forem!

"Somos servos humildes de tua sabedoria gloriosa!

"Neste celeiro de paz consoladora, recebemos, através de mil recursos diferentes, a tua presença indireta, com a qual são atendidos os que choram e padecem.

"Ó Pai Compassivo! que felicidade maior que esta, a de espalhar, com Nosso Senhor Jesus-Cristo, as tuas bênçãos redentoras e carinhosas? que escola mais rica, além da que se localiza nesta casa, onde aprendemos, jubilosos, a exercer o dom sublime de dar?"

A instrutora interrompeu-se, de voz afogada na emoção com que se dirigia a Deus, e, aludindo à realização particular que efetuara naquela noite, prosseguiu, depois de longa pausa, comovendo-nos a todos:

– "Dilatando-nos a alegria, estimulando-nos a coragem, santificando-nos a esperança, tu permites ainda, Senhor, que possamos atender ao coração interessado em lenir e confortar Espíritos queridos, que se perderam de nossa companhia no curso incessante do tempo!"

Nova pausa da orientadora. Em seguida, imprimindo suave entono às palavras que pronunciava, a Irmã Zenóbia concluiu:

– "De alma voltada para a tua magnanimidade, endereçamos-te reconhecimento sem termo!

"Sê louvado por todos os milênios dos milênios, sê glorificado por todos os seres da Criação! Teus servidores nesta casa de edificação agradecem-te as oportunidades preciosas de trabalho e esperam a continuidade de tuas bênçãos. Que a tua infinita luz seja refletida em todo o Universo Infinito! Assim seja."

As últimas sentenças da oração inesquecível foram cunhadas em profunda emoção misturada de júbilo. Aquela prece constituía ato de louvor dos mais formosos que eu escutara, até então. Zenóbia regozijava-se pelo ensejo de serviço, pela fortuna de contribuir com alguma coisa de útil, pela ventura de repartir o bem.

Os minutos de adoração elevaram-nos. Suave luz irradiava-se de nossas frontes sincronizadas nos mesmos pensamentos.

Finda a manifestação gratulatória, a diretora recomendou-nos observação e silêncio. Não se passou muito tempo e a tela, desdobrada diante de nós, como se fora instrumento de resposta ao esforço devocional, iluminou-se de súbito, expelindo raios de brilho maravilhosamente azul, que se espargiram sobre a diminuta assembléia, quais minúsculas safiras eterizadas. Davam-me a idéia de energias divinas a caírem sobre nós, penetrando-nos o íntimo e revitalizando-nos o ser.

Transcorridos alguns minutos, Zenóbia, agradeceu, sensibilizada, interpretando o sentimento geral.

Nova quietude pairou em toda a sala. Contudo, após longos instantes de expectativa mais intensa, Luciana tomou a palavra e dirigiu-se à diretora, nestes termos:

– Neste momento, vejo na tela das bênçãos respeitável ancião, cercado de luz verde-prateada. Estende-lhe a destra, abençoando-a, e me recomenda dizer-lhe tratar-se de Bernardino.

– Ah! já sei – respondeu, contente, a instrutora –, é mensageiro da Casa Redentora de Fabiano. Que Jesus o recompense pelo contentamento que nos traz.

– Assegura o iluminado visitante – tornou a clarividente prestimosa – que as vibrações ambienciais inclinam-se, agora, para as esferas inferiores e que não conseguirá fazer-se visível a todos, não obstante o seu desejo. Acrescenta que os amigos da instituição velam pela marcha harmoniosa dos serviços e que a fonte da Bondade Divina suprirá sempre de paz e recursos a todos os corações de boa vontade, na semeadura do bem.

Em seguida a ligeiro intervalo, que Luciana parecia aproveitar em meticulosa observação, informou, comovida:

– O emissário contempla-nos, silencioso, e, erguendo os olhos para o Alto, pede para nós a luz da compreensão divina.

Vimos profusa emissão de raios brilhantes de luz verde, por intermédio de diáfana substância, como nova chuva de pequeninas gotas celestes.

Terminada a exteriorização da sublime energia, portadora de bem-estar, e findos alguns minutos de novo silêncio, Luciana voltou a comunicar-se com a diretora:

– Irmã, ilumina-se a tela novamente. Desta vez, temos a visita de uma bem-aventurada celeste. Oh! sua fisionomia deslumbra! Tem no colo soberbo ramalhete de lírios nevados a exalar inebriante perfume.

A informante não havia completado a notificação e, em meio da alva claridade que se evolava da tela, sentíamos todos o aroma característico das flores mencionadas, envolvendo-nos em ondas de alegria e paz indescritíveis.

Impressionada por sua vez, Luciana prosseguiu:

– A mensageira traja veludosa túnica, talhada em delicado tecido semelhante a escumilha de neve, e parece em oração de agradecimento...

– Agora, fita-nos, bondosa – continuou, retomando a palavra –, e atira-nos as flores que traz consigo, revelando inexcedível carinho! Diz alguma coisa... Oh! sim, com permissão dos nossos Maiores, deseja comunicar-se com o Irmão Gotuzo e solicita-nos cooperação!

Não pude ocultar a surpresa, em face do desdobramento dos trabalhos naquele ofício de gratidão e louvor.

A Irmã Zenóbia, naturalmente experimentada nas atividades de intercâmbio, interveio, acrescentando:

– Sim, Luciana, tanto quanto estiver em suas possibilidades, ceda o seu veículo de manifestação, já que o ambiente permanece pesadíssimo. Noutras circunstâncias, a providência não seria necessária, mas as substâncias densas do plano, carregado de forças negativas, incidem sobre o aparelho das bênçãos, forçando-nos ao concurso pessoal mais direto. Estamos prontos para receber a devotada emissária nesta casa de paz. Gotuzo e nós outros colocamo-nos à disposição dela, a fim de ouvir-lhe a mensagem de amor.

A enfermeira, com a possibilidade de quem enxergava mais que nós, observou comovidamente:

– Identifica-se por Letícia, declara que desencarnou há trinta e dois anos e assevera que foi mãe do companheiro referido.

Mais emocionada e reverente, acentuou:

– Ah! desloca-se agora da tela e vem ao nosso encontro. Adianta-se. De suas mãos desprendem-se raios de sublime luz. Abraça-me! Oh! como sois generosa, abnegada benfeitora!... Sim! estou pronta, cederei com prazer!...

Nesse instante, a fisionomia de Luciana transformou-se. Beatífico sorriso estampou-se-lhe nos lábios. De sua fronte irradiava-se formosa luz. Com a voz altamente modificada, começou a exprimir-se a emissária por seu intermédio:

– Irmãos, seja conosco a paz do Cordeiro Divino!

Não desejamos perturbar a reunião que vos congrega no serviço impessoal da verdade e do bem; todavia, com a permissão dos nossos Orientadores, venho ao encontro de alguém que nos é muito caro, buscando despertar-lhe a consciência para horizontes mais altos da vida.

Sorriu, benévola, e continuou:

– Relevem-nos, pois, dedicados amigos! Nossas experiências mais elevadas resultam da permuta incessante de valores comuns. O coração que ama em Cristo é operosa abelha que recolhe o mel de sabedoria em todas as flores de amor e trabalho. Colherei, contente, na alma fraterna desta assembléia de cooperadores da Vontade Divina, elementos de tolerância e compreensão e sentir-me-ei feliz se puder oferecer-lhes algo do carinho materno que mantenho no coração faminto de vida superior.

Fez reduzido intervalo entre a saudação e o objetivo de sua permanência entre nós. Em seguida, dirigindo-se, em particular, ao colega que lhe recebia a visita, expressou-se com acentuada inflexão de ternura:

– Gotuzo, meu filho, serei breve. Antes de adverti-lo, já roguei ao Senhor o abençoe e inspire sempre. Ouça, desapaixonadamente, a palavra de sua mãe e velha amiga. Desprenda-se das idéias antigas para compreender melhor. As concepções inferiores de nosso "eu" também se cristalizam, impedindo a penetração da luz em nosso campo interno. Escute, filho meu! como pode menosprezar a santa oportunidade de elevação? como pode permanecer em repouso, perante as necessidades primordiais do espírito? O Mestre aproveita as qualidades utilizáveis do discípulo, em determinado setor do aprendizado, adiando, por misericórdia, a melhoria e o aprimoramento de certas zonas obscuras da personalidade.

Por vezes, o aprendiz retarda-se meses, anos, séculos... Jesus não é senhor da violência e nunca impõe drásticos à obra evolutiva. É cultivador do trabalho, da esperança. Aguardará sempre, compassivo e bondoso, nossas decisões de colaborar no apostolado redentor, suportará nossas faltas muitas vezes; entretanto, em nosso próprio interesse, deveremos atentar, vigilantes, para os seus ensinamentos, com a sincera disposição de aplicá-los. Sem dúvida, não nos fulminará com raios destruidores pela nossa demora em desculpar alguém; no entanto, recomendou perdoemos setenta vezes sete vezes; naturalmente, não nos perseguirá pela nossa dificuldade em simpatizar com irmãos atualmente menos felizes que nós. Esforçou-se, contudo, para que nos amemos uns aos outros. Não virá em pessoa obrigar-nos a assumir determinada atitude evangélica, mas traçou todas as disposições necessárias ao estabelecimento de roteiros para a prática do bem. Seu esforço médico, nesta casa, é, de fato, apreciável. Companheiros dignos seguem-no com amizade e admiração. Multiplicam-se os valores que o cercam; amontoa você preciosidades e bênçãos, na parte das aquisições afetivas, porém... e o seu próprio destino? Seus amigos, não obstante a luz que lhes brilha no caráter santificado, não podem substituí-lo nas realizações que o esperam. Suas manifestações de natureza exterior instruem e confortam. Seus pensamentos mais íntimos, entretanto, dilaceram-nos o coração. Como conduzirá doentes à cura, se prossegue magoado com aqueles que o feriram aparentemente? como dará lições de bom ânimo aos tristes, se se demora tanto tempo na ilusão do desalento? Ó filho amado, ninguém serve à obra do Pai com a mente toldada pelo vinho amargoso das paixões! Abra o entendimento à passagem das bênçãos divinas! não guarde vermes destruidores no jardim da esperança... Estragariam as mais belas flores, aniquilando a promessa dos frutos...

Interrompeu-se a mensageira, por um momento, parecendo coordenar a argumentação, e prosseguiu:

– É razoável que você demore neste asilo de amor, colaborando na cura de desequilibrados mentais, longe dos círculos mais densos. Contudo, não pretende ganhar o mais além? admite, satisfeito, o cárcere do estacionamento, malgrado o caráter do trabalho edificante? não desejará libertar-se para libertar, efetivamente, os prisioneiros da ignorância? não demandará o plano superior para ser mais útil aos que intentam galgar a escada reveladora da luz imortal? Não falo a você, agora, dentro da afetuosa impertinência de mãe. Nossos laços, presentemente, em relação ao passado, são muito diversos. Somos, ambos, filhos do Pai Altíssimo, e creia que minha devoção por você não é menor. Não o abandonarei às inclinações menos elevadas, não obstante justificáveis na tabela das convenções puramente humanas. E, em razão disso, venho ouvi-lo sobre os seus propósitos. Você tem cooperado, espontâneo e assíduo, nas tarefas do bem. É um trabalhador com direito a descobrir os próprios erros e a retificar o caminho que lhe compete. Ouça, porém, meu filho, e compreenda-me: venho intercedendo, junto às autoridades que nos regem os destinos, para que a sua consciência desperte para a divina luz. O grupo doméstico, amado e inesquecível, espera por você na preparação da felicidade porvindoura!...

As palavras pronunciadas exprimiam enorme bagagem de considerações que ficariam por dizer. Cada conceito envolvia-se em significativa onda de pensamentos, que evidenciavam, de modo indireto, os sagrados fins da visita materna.

Após longa pausa, Letícia indagou delicadamente:

– Que responde, filho meu?

Fez-se comovedor silêncio; percebemos que Gotuzo chorava, entre a respiração opressa e os soluços mal-contidos. Ao termo de alguns instantes, replicou, humilde:

– Minha mãe! minha boa mãe! Estou pronto!...

A comunicante, cuja presença sentíamos sem ver, tornou, visivelmente emocionada:

– Rendo graças ao Senhor pela sua compreensão. Sim, meu filho, organizaremos todas as medidas indispensáveis. Voltará, em breve, ao agrupamento familiar. Prepare-se, considerando a luta imprescindível à iluminação. O instituto doméstico, legitimamente considerado, é celeiro de supremos valores educativos para quantos procurem os interesses divinos, acima das cogitações humanas. O lar terrestre é bendita forja de redenção. Reencontrará as simpatias e antipatias de outro tempo, oferecendo possibilidades felizes de reajustamento emocional. Recapitule mentalmente as lições aprendidas, peça a inspiração de Jesus e disponha-se a partir, tranqüilo. Não desanime diante do serviço a fazer. Somos milhões de criaturas, disputando o ensejo de santificar sentimentos. No passado, raras vezes procedíamos em obediência aos ditames da Lei. Se exteriorizávamos estima, perdíamo-nos em excessos de paixão, como perdulários do afeto; se manifestávamos atitudes de corrigenda, cedíamos à cegueira do ódio, como cultores do exclusivismo feroz. É mister regressar ao curso, para conquistar o equilíbrio espiritual necessário à elevação.

Gotuzo, em lágrimas, não conseguia falar. A ex-genitora, todavia, deixando-nos perceber que lhe captava os mais íntimos pensamentos, acentuou, depois de mais longo interregno:

– A esposa dedicada que deixou na Crosta não poderá servir-lhe de mãe; entretanto, ser-lhe-á carinhosa e experiente avó. Seu adversário gratuito, pobre homem que se entregou à inveja e à ambição destruidoras, receberá seus beijos infantis e com eles os eflúvios de seu perdão renovador. Que coração enganado pelos maus sentimentos não se dobrará entre as mudanças da vida? O ex-inimigo penetra, agora, no declínio das ilusões. Sua alma atravessa atualmente o pórtico que dá acesso à velhice do corpo temporário. Ao invés de lembranças doces que lhe afaguem o espírito, curtirá aflitivas reminiscências. Sua presença atenuar-lhe-á os pesares. Enquanto as doenças do desequilíbrio lhe vergastarem a carne e as recordações penosas lhe castigarem a mente, será você o neto consolador, mensageiro de paz em forma de criança. Ajudá-lo-emos a consagrar-lhe atenção e carinho. No desencanto do corpo cansado e na ternura infantil, o Espírito consegue sublimes realizações para a vida eterna.

Novo intervalo da visitante, que continuou, em seguida:

– Seu futuro pai, na efêmera existência humana, coração particularmente amado do seu, receberá concurso amoroso e decisivo dum filho muito caro, elevando-se a nobilitante altura moral, pelo sagrado estímulo de sua companhia. Sua volta infundir-lhe-á mais respeito ao mundo e aos semelhantes. Desejará cultivar virtudes e valores, a fim de que você lhe abençoe a paternidade. Chorará com as suas dores, rir-se-á com as suas alegrias. Sentir-se-á novo homem, ao contacto de suas mãos pequeninas. Seu esforço futuro, após as realizações que vem levando a efeito, beneficiará todo o grupo familiar, em abençoada tarefa que não pôde realizar na condição que passou. Ó meu filho! haverá ventura maior que a de liquidar nossos débitos e partir unidos para os júbilos do cântico imortal de integração com a Divindade? Outras escolas mais belas esperam por nós, outras glórias nos felicitarão para sempre! Sigamos para Deus!...

Nesse ponto, interrompera-se-lhe a palavra, talvez absorvida pela emoção profunda.

Respeitoso e humilde, Gotuzo rogou à Irmã Zenóbia lhe permitisse aproximar-se. Obtido o consentimento, avançou para a poltrona em que Luciana traduzia a personalidade materna, e ajoelhou-se, beijando-lhe as mãos:

Letícia, bondosa, recomendou:

– Levante-se, meu filho... Sei que você me ama, intensamente. Todavia, há irmãos nossos que lhe esperam a estima e a compreensão. Não venho sozinha ao seu encontro. Enquanto me dispunha a visitá-lo, solicitei o comparecimento de alguém dos círculos mais densos, para colher a certeza de suas disposições. Para a nossa felicidade completa não basta que você me beije e admire. É indispensável que se aproxime fraternalmente daqueles a quem ainda não sabe amar. Alguém confabulará conosco, dentro de minutos breves. Abrir-se-ão as portas desta casa de bênçãos, em benefício de nossa congregação familiar. Espere.

Mantinha-se Gotuzo em ansiosa expectativa, em face das singulares observações.

Surpreendendo-nos a todos, poucos segundos após, duas senhoras penetraram o recinto. A que apresentava maior número de anos, revelava alta posição de orientadora, na luz que a circundava, mas a segunda mostrava a obscura condição de alma encarnada, em temporário afastamento do corpo, através do sono físico. Reconheceu Gotuzo, de longe, e, evidenciando incontestável deficiência de disciplina emotiva, estendeu-lhe os braços, descontrolada e inquieta, bradando:

– Gotuzo! Gotuzo! que felicidade, este reencontro!

Parecendo, porém, perturbada pelo choque das lembranças relativas à diferente situação que o desprendimento do primeiro esposo lhe trouxera, acrescentava, aflita:

– Não me queira mal! ajude-me por amor de Deus! não me abandone, não me abandone!...

Dolorosos soluços rebentavam-lhe do peito.

O interpelado quedou silencioso, atendendo, talvez, à íntima angústia que o dominava, mas Letícia interveio, generosa. Erguendo-se, firme, recolheu a nora nos braços e tranqüilizou-a:

– Venha, Marília, venha ao meu coração. Sabemos quanto tem sofrido, na silenciosa depuração espiritual. Nunca fomos surdos aos seus rogos e conhecemos, de perto, a extensão das provas amargurosas que lhe colheram a alma sensível.

A visitante da Crosta Terrestre contemplava a benfeitora, enlevada e feliz, sentindo-se na presença dum anjo bom, já que não conseguia coordenar raciocínios para compreender o fenômeno em curso. Através da luminosidade de seu olhar, observávamos a ventura que lhe banhava o Espírito, jubiloso por tão belo entendimento. Depois de acariciá-la com meiguice materna, a venerável amiga dirigiu-se ao nosso companheiro, acentuando:

– Meu filho, não queria você abraçar-me e beijar-me? Acredita que a esposa terrestre mereça menos que eu? admite, ainda, que a mãe de seus filhinhos estremecidos, saudosa e devotada, tenha sido ingrata ao seu desvelado amor? Continuará esquecido do bem para agravar o mal? A viúva, na Crosta, em muitas ocasiões, deve aceitar o segundo matrimônio com sacrifício necessário, por supremo respeito ao consorte que partiu. Retire dos olhos a venda do egoísmo que lhe vem interceptando a visão e interprete com naturalidade as exigências da vida terrena.

Num gesto conciliador, confiou-lhe a esposa, acrescentando:

– Ajude-a para que você possa ser ajudado. Não recuse a lição, porque o futuro virá aclará-la inteiramente.

Magnetizado, talvez, pela carinhosa advertência materna, Gotuzo abriu os braços e recolheu-a, solícito, na atitude de irmão compadecido e desvelado.

Marília observava-o, em êxtase.

– Oh! que sonho bom! – exclamou, sob indefinível expressão de ventura.

E, relanceando o olhar pelo salão em luz, dirigia-se a nós outros, comovedoramente:

– Tenho medo de minha velha habitação! ah! por favor, enviados divinos, não me deixeis voltar! nunca! nunca mais!...

Compreendendo que a nora, temporariamente liberta do corpo, entrava num domínio vibratório prejudicial à organização psíquica, em virtude dos deveres que lhe cabiam na esfera carnal, Letícia considerou, retomando-a a si:

– Ouça, filha: é preciso que você não se detenha por mais tempo. Não pode permanecer entre nós, antes que os Eternos Desígnios se manifestem nesse sentido. Volte, porém, ao lar distante, convencida de nossa afeição sem mácula. Nossa tranqüilidade seguir-lhe-á os dias terrenos. Não lhe faltará cooperação. Se não pode acompanhar o esposo querido, pela inoportunidade de semelhante desejo, alegre-se e confie no Poder Divino, pois Gotuzo irá ao seu encontro. Em breve, Marília, seus beijos orvalharão de amor e ventura um rosto pequenino, que sintetizará, para as suas esperanças de avó, verdadeiro mundo de felicidade redentora.

Emocionada pela alegria, interrogou a pobre alma:

– Gotuzo perdoou-me?

– Ele nunca sofreu ofensa alguma de seu coração dedicado – adiantou-se Letícia, bondosa –, e lembrar-se-á sempre, com desvelo e ternura, da companheira fiel que lhe amparou os filhinhos amados e lhe honrou o nome, entre renúncias e sacrifícios ignorados.

– Oh! oh! que felicidade! – repetia a interlocutora, afogada em pranto de júbilo e reconhecimento.

Afagando a fronte do filho, que também chorava sob forte emoção, Letícia rogava-lhe:

– Diga-lhe, meu filho, quanto a amamos! Tranqüilize-lhe a alma sensível e afetuosa!

Tal como uma criança vencida, nosso irmão assegurou:

– Marília, nunca resgatarei minha dívida para com seu devotamento. Regresse, confiante, enquanto preparo minha própria volta. Brevemente, com o auxílio de Deus e de nossa abençoada mãe, estaremos, de novo, reunidos na Terra! Peça energias para mim, em suas orações de serva incompreendida. Está você em vias de terminar dolorosa prova de resgate, ao passo que vou recomeçá-la. Sou eu, portanto, agora, quem suplica auxílio e proteção... Espere-me! não desfaleça! Aprenderemos a refundir sentimentos, purificar laços afetivos, santificar impulsos e, sobretudo, abençoaremos quem nos feriu aparentemente, amparando suposto inimigo, a fim de que nos convertamos em sinceros irmãos uns dos outros...

Ambos choravam enternecedoramente.

Em seguida, Letícia restituiu a nora aos braços amigos da orientadora que a reconduziu de volta ao corpo físico, no mesmo silêncio dentro do qual se mantivera até então.

A ex-genitora de Gotuzo recomendou-lhe que retomasse o primitivo lugar e, recompondo o ambiente, solicitou o concurso de Zenóbia para a futura realização filial.

A diretora da Casa, rememorando talvez o esforço que levara a efeito naquela mesma noite, em benefício dum coração que lhe era particularmente amado, acusava funda emoção.

– Gotuzo conta nesta instituição com amigos que lhe são infinitamente reconhecidos – falou Zenóbia, sensibilizada. É companheiro a quem devemos muito. Realizaremos, de bom grado, tudo quanto esteja ao nosso alcance para que a experiência nova lhe seja portadora de luzes e bênçãos. A felicidade dele, em outro setor, minha irmã, será igualmente a felicidade desta casa. Segui-lo-emos na recapitulação terrestre, atenciosos e vigilantes, não por obséquio, mas em obediência ao preito de gratidão de que somos devedores, pelos vários anos em que cooperou conosco, devotada e assiduamente.

Letícia agradeceu e partiu, deixando-nos preciosos eflúvios de paz e encantamento.

Outro iluminado mentor da organização socorrista, identificado por Luciana, então reintegrada na própria personalidade, ditou-nos, por ela, algumas palavras de estímulo, elevadas e santas, endereçando-nos copiosa chuva de raios luminosos através da tela das bênçãos, recomendando a Zenóbia que encerrasse os serviços da prece, na paz do Senhor.

A diretora pronunciou enternecida oração de reconhecimento e júbilo, encerrando a tarefa.

Abraçando-nos, esclarecidos e satisfeitos pelo êxito da hora, vimos que a Irmã Zenóbia encaminhou-se para Gotuzo, enlaçando-o maternalmente:

– Oh! minha venerável irmã! – disse ele, enternecido – como é grande o prêmio da Misericórdia Divina!... Não mereço tanto! Auxilie-me a agradecer a Deus!...

– Regozijemo-nos, Gotuzo! – respondeu a interlocutora – e louvemos o Pai que tanto nos engrandece o esforço obscuro e pequenino! O agraciado de hoje não foi apenas você. Também eu aumentei, de muito, meus grandes débitos para com o Altíssimo!...

De voz quase embargada pela comoção, concluiu:

– Também eu recebi divina concessão nesta grande noite!

10

Fogo purificador

Na manhã imediata, a administração da Casa Transitória achava-se de posse do roteiro a seguir.

Os cronômetros acusavam seis horas; no entanto, as sombras densas e monótonas dominavam a região.

O instituto recebia o concurso de vários servidores de outras organizações socorristas da mesma natureza, enquanto a Irmã Zenóbia se mantinha absorvida pelos quefazeres imperiosos do momento, cercada de assessores, orientando atividades alusivas à mudança próxima.

Ardendo de ansiedade por obter maiores esclarecimentos acerca dos trabalhos em execução, acompanhei o padre Hipólito, que me convidou a inspecionar os movimentos do átrio.

Segui-o gostosamente.

O serviço ativo exigia a atenção e o esforço de grande número de colaboradores.

Instado pelas minhas interrogações insistentes, o prezado companheiro informou:

– As instituições socorristas, como esta, podem alçar vôos de grande alcance.

E, diante da minha funda admiração, continuou:

– Permanecemos, porém, noutros domínios vibratórios e não podemos ter grandes surpresas. As leis da matéria densa, nossas velhas conhecidas da Crosta Planetária, não são as que presidem aos fenômenos da matéria quintessenciada que nos serve de base às manifestações também transitórias. O homem encarnado somente agora começa a perceber certos problemas inerentes à energia atômica do plano grosseiro em que situa, temporariamente, a personalidade. Como você não ignora, as descargas elétricas do átomo etérico, em nossa esfera de ação, ensejam realizações quase inconcebíveis à mente humana. Nos círculos carnais, para atendermos aos nossos enigmas evolutivos ou redentores, somos fracos prisioneiros do campo sensorial, prisioneiros que se comunicam com a Vida Infinita pelas estreitas janelas dos cinco sentidos. Não obstante o progresso da investigação científica entre as criaturas terrenas, o homem comum apenas conhece, por enquanto, uma oitava parte do plano onde passa a existência. A vidência e a audição, as duas portas que lhe podem dilatar a pesquisa intelectual, permanecem excessivamente limitadas. Vejamos, por exemplo, a luz solar, que condensa as cores básicas, suscetíveis de serem assinaladas pelo nosso olho, quando na Terra. Percebemos, tão-somente, as cores que vão do vermelho ao violeta, salientando-se que a maioria das pessoas nada enxerga além das últimas cinco, que são o azul, o verde, o amarelo, o laranja e o vermelho, não registrando o índigo e o violeta. Existem, porém, outras cores no espectro, correspondentes a vibrações para as quais o olho humano não possui capacidade de sintonia. Manifestam-se raios infravermelhos e ultravioletas que o pesquisador humano consegue identificar imperfeitamente, mas que não pode ver. Ocorre o mesmo com a potência auditiva. O ouvido da mente encarnada assinala apenas os sons que se enquadram na tabela de “16 vibrações sonoras a 40.000 por segundo”. As ondas mais lentas ou mais rápidas escapam-lhe totalmente. Há que obedecer às leis da gravitação e da estrutura das formas, na zona de matéria densa, para que a vida atinja seus divinos objetivos espirituais.

O ex-sacerdote fez breve parada, sorriu afavelmente, e acentuou:

– Os movimentos de trabalho em nossa esfera de luta, portanto, não podem ser vistos com a mesma deficiência de exame que antigamente nos presidia às observações. A matéria e as leis, em nosso plano, permanecem bastante diferenciadas, embora emanem da mesma Origem Divina.

As considerações eram sumamente interessantes para mim, em tal conjuntura, apesar de já não ser leigo no conhecimento da aplicação de energia elétrica, na colônia espiritual em que eu mantinha residência. As palavras de Hipólito tinham a virtude de aliviar-me o cérebro atulhado ainda de reminiscências viciosas da Crosta.

O estimado amigo, não obstante reconhecer a leveza da substância etérica, em comparação com os fluidos grosseiros que constituem os corpos terrenos, chamou-me a atenção para o esforço hercúleo dos trabalhadores que articulavam diversos serviços atinentes à próxima modificação. A tarefa exigia decisão e boa vontade, assombrando o ânimo mais forte.

A utilização de recursos, ali, naquela casa de benemerência, insulada em tão escura paisagem, custava inauditos sacrifícios. A densidade da região influía inequivocamente nos serviços, e os colaboradores despendiam atividades de gigantescas proporções.

Todo o pessoal disponível fora convocado ao trabalho dos motores e, quando me entregava a transportes admirativos, diante da maquinaria complexa, indescritível na técnica humana, a Irmã Zenóbia, através de Jerônimo, nos pediu colaboração nas defesas magnéticas, em vista da necessidade de empregar maior número de cooperadores na preparação ativa do vôo.

Não tínhamos tempo a perder. O próprio Assistente que nos orientava, num belo exemplo de renúncia fraternal, tomou a dianteira, encaminhando-se para as faixas de defesa.

Não eram, essas, altas e verticais como as muralhas das fortificações terrestres, mas horizontalmente estendidas, formadas de substância escura, e emitiam forças elétricas de expulsão num raio de cinco metros de largura, aproximadamente, circulando toda a casa. Diversos focos de luz permaneciam acesos e, em rápidos minutos, determinado responsável pela tarefa colocava-nos ao corrente do trabalho a executar.

Velaríamos pelo funcionamento regular de certos aparelhos geradores de energia electromagnética, destinados à emissão constante de forças defensivas, e vigiaríamos o setor que nos fora confiado, de modo a sanar qualquer anormalidade.

Finalizando as explicações, assegurou o colaborador:

– Temos determinação para receber todos os sofredores que se apresentarem renovados, facultando-lhes ingresso ao pátio interno. Nas últimas horas, a Irmã Zenóbia e os demais administradores da instituição ordenaram acolhimento a todos os transviados que se aproximassem de nós, com sinais legítimos de transformação moral para o bem.

Certo, Jerônimo estaria informado quanto às providências necessárias; entretanto, dentro de minha ignorância, não contive a interrogação:

– Como nos asseguraremos, porém, dessa renovação?

O prestimoso Assistente não permitiu que o interpelado me respondesse. Adiantou-se, ele mesmo, e informou:

– Os sofredores, já modificados para o bem, apresentarão círculos luminosos característicos em torno de si mesmos, logo que, estejam onde estiverem, concentrem suas forças mentais no esforço pela própria retificação. Os outros, os impenitentes e mentirosos sistemáticos, ainda que pronunciem comovedoras palavras, permanecerão confinados nas nuvens de treva que lhes cercam a mente endurecida no crime.

O esclarecimento era bastante significativo; e silenciei, satisfeito, compreendendo, mais uma vez, a grandeza da purificação consciencial, em lugar dos protestos verbalísticos que se fazem através dos jogos brilhantes da palavra.

Entregávamo-nos, tranqüilos, ao trabalho, quando indescritível choque atmosférico abalou o escuro céu. Clarão de terrível beleza varou o nevoeiro de alto a baixo, oferecendo, por um instante, assombroso espetáculo. Não era bem o relâmpago conhecido na Crosta, por ocasião das tempestades, porquanto as descargas elétricas da Natureza, sobre o chão denso, são menos precisas no que se refere à orientação técnica de ordem invisível. Observava-se, ali, o contrário: a tormenta de fogo ia começar, metódica e mecanicamente.

Dominou-me angustioso pavor, mas o Assistente Jerônimo revelava-se tão calmo que a sua serenidade era contagiante.

– É o primeiro aviso da passagem dos desintegradores – explicou-nos, solícito.

À distância de muitos quilômetros, víamos os clarões da fogueira ateada pelas faíscas elétricas na desolada região.

Decorridos alguns minutos, chegaram novos reforços para a guarda. Todos os servos do bem, em trânsito na Casa Transitória, foram chamados a cooperar na vigilância. O assessor que os distribuía, em variados setores do serviço, esclareceu que o instituto socorrista deveria partir dentro de quatro horas, e que, nesse tempo, em circunstâncias como aquelas, seria grande o número de infortunados a procurar-lhe as portas, acentuando que não se dispunha de colaboradores em quantidade suficiente para atender às tarefas do átrio.

Antes de maiores explicações, ribombou novo trovão nas alturas. O fogo riscou em diversas direções, muito longe ainda, como a notificar-nos de sua aproximação gradativa. Dessa vez, todavia, recebi a nítida impressão de que a descarga elétrica não se detivera na superfície. Penetrara a substância sob nossos pés, porque espantoso rumor se fez sentir nas profundezas.

Muitas vezes ouvira viajantes que afrontaram sinistros do mar, e todos eram unânimes em asseverar a beleza cruel das grandes tormentas no dorso do abismo equóreo, bem como afirmavam que viajor algum, por mais incrédulo, conseguia subtrair-se às ponderações místicas da fé, perante o turbilhão escachoante do desconhecido. Ali, no entanto, a emoção era mais solene, os fatores mais complexos, tal o patético do fenômeno.

Buscando talvez tranqüilizar-me, o Assistente afiançou:

– O trabalho dos desintegradores etéricos, invisíveis para nós, tal a densidade ambiente, evita o aparecimento das tempestades magnéticas que surgem, sempre, quando os resíduos inferiores de matéria mental se amontoam excessivamente no plano.

Jerônimo, experiente e bondoso, tentava sossegar-me o coração. Todavia, embora soubesse que não nos encontrávamos, ainda, diante da tormenta de forças caóticas desencadeadas sem rumo, confesso que sentia enorme dificuldade para desincumbir-me das obrigações assumidas, em virtude da minha absoluta despreocupação do que ocorria fora do ambiente de serviço.

Desde aquele segundo estampido atordoante do firmamento, a Casa Transitória de Fabiano entrou em fase anormal de trabalho.

Servidores, embora sob impecável articulação, iam e vinham, apressados. Lá dentro, cogitava-se das derradeiras medidas, com valioso aproveitamento dos minutos. Aparelhos de comunicação funcionavam em ritmo acelerado, anunciando o fato, em direções várias, avisando peregrinos da espiritualidade superior, a fim de não se aproximarem da zona sob regime de limpeza. Três quartas partes dos colaboradores efetivos de Zenóbia cuidavam das providências alusivas ao vôo próximo ou organizavam acomodações para os necessitados que chegariam em bando.

Com efeito, justificavam-se as medidas, porque ouvíamos agora ensurdecedora algazarra de multidões que se aproximavam.

Sucederam-se outros ribombos ameaçadores, despejando fogo na superfície e energias revolventes no interior do solo que pisávamos.

Ondas maciças de sofredores aterrados começaram a alcançar as defesas. Era dolorosa a contemplação da turba amedrontada e expectante. Aproximamo-nos dela, quanto era possível.

– Socorro! socorro! – conclamavam infelizes em agrupamentos compactos.

Ameaçavam-nos outros:

– Fujam daqui! Atravessaremos a barreira de qualquer modo! O abrigo nos pertence! Vamos à força!

E não se limitavam às palavras. Avançavam, em massa, sobre as faixas horizontais, para recuarem, espavoridos.

– Ajudai-nos, por amor de Deus! – suplicavam os menos atrevidos – Recolhei-nos, por caridade! Seremos perseguidos pelo fogo devorador!...

Entretanto, com maior ou menor intensidade, todos os sofredores exibiam escuros círculos de treva em torno de si.

Um deles atingiu-nos o círculo de atividade e identifiquei-o. Não havia qualquer dúvida. Era o verdugo que me provocara tanta revolta íntima na véspera. Postou-se de joelhos, não muito longe de nós, e implorou:

– Tende piedade de mim!... As fogueiras ameaçam-me! penitencio-me! penitencio-me! fui pecador, mas espero contar com o vosso auxílio para reabilitar-me!

As rogativas sensibilizariam qualquer cooperador menos avisado, mas, prevenidos quanto à senha luminosa, notávamos que o pedinte se cercava de verdadeiro manto de trevas. Dele se aproximou Luciana, quanto pôde. Fixou-o bem, fez significativo gesto e exclamou, espantada, embora discreta:

– Oh! como é horrível a atividade mental deste pobre irmão! Vêem-se-lhe no halo vital deploráveis lembranças e propósitos destruidores. Está amedrontado, mas não convertido. Pretende alcançar a nossa margem de trabalho para se apropriar dos benefícios divinos, sem maior consideração. A aura dele é demasiadamente expressiva...

Ia dizer mais alguma coisa. Bastou, entretanto, um olhar do Assistente que nos dirigia, para que ela se calasse, humilde, reintegrando-se no trabalho complexo que tínhamos em mão.

Dilatavam-se fogueiras enormes em direções diversas e raios fulgurantes eram metodicamente despejados do céu.

Vasta dose de paciência era despendida por todos nós, para conter a multidão furiosa. Impressionavam-nos as formas monstruosas e miseráveis a se arrastarem vestidas de sombra, quando começaram a chegar entidades aureoladas de luz. Trajavam farrapos e traziam comovedores sinais de sofrimento. Dando a perceber que desejavam isolar a mente das centenas de revoltados que ali se congregavam em ativo movimento de insurreição, contemplavam o Alto e cantavam hinos de reverência ao Senhor, em regozijo da própria renovação, cânticos esses abafados pela algaravia dos rebeldes agitados. Reparava, pela expressão de quantos iluminados se aproximavam de nós, que se esforçavam por manter o pensamento alheio às objurgatórias dos maus, temendo talvez o interesse mental pelo que emitiam, circunstância criadora de novos laços magnéticos favoráveis à dominação dos verdugos. Intentavam, por isso, alimentar o máximo desprendimento dos apodos que lhes eram lançados pela turba malévola e impenitente. Formavam agrupamentos de formosura singular. Sublimes quadros de paraíso, no inferno de atrozes padecimentos! Vinham, de mãos entrelaçadas, como a permutar energias, a fim de que se lhes aumentasse a força para a salvaçao, no minuto supremo da batalha que mantinham, talvez, desde muito antes. E esse processo de troca instintiva dos valores magnéticos infundia-lhes prodigiosa renovação de poder, porquanto levitavam, sobrepondo-se ao desvairado ajuntamento. Emolduravam-lhes a fronte belos círculos de luz, com brilho mais ou menos uniforme. Enquanto os tipos de semblante sinistro lhes dirigiam insultos, elas cantavam hosanas ao Cristo, entoando louvores, que, decerto, lembravam os júbilos dos primeiros cristãos, perseguidos e flagelados nos circos, quando se retiravam sob os apupos de espectadores perversos.

Mas, para se acolherem ao asilo de Fabiano, necessitavam pousar rente a nós, que lhes abríamos passagem prazerosamente. Entretanto, para alcançarem o átrio da instituição, eram compelidas à quebra da corrente de energias magnéticas recíprocas, mantendo-se de mãos separadas, e os recém-chegados, em sua maioria, desvencilhando-se, involuntariamente uns dos outros, tombavam enfraquecidos após prolongado esforço, logo aos primeiros passos na região interna da Casa Transitória. Semelhavam-se, assim, às aves esgotadas em laboriosa excursão, depois de atingirem o objetivo que as fizera afrontar distâncias e tormentas.

Na qualidade de aprendiz incipiente, angustiava-me a observação. Tudo, no entanto, fora previsto pelas autoridades administrativas do instituto.

Enfermeiros e macas, em grande número, estacionavam, não longe de nós, promovendo socorros imediatos.

Pequenos e admiráveis cordões de entidades, transformadas interiormente pelos dolorosos banhos de pranto santificador, chegavam agora de todos os lados. E as hordas ferozes e irônicas, rodeadas de trevas, multiplicavam-se também, em turbas compactas, ferindo-nos a audição com blasfêmias e injúrias contundentes. Entre os ingratos e rebelados, havia, contudo, criaturas que se mostravam aflitas e, genuflexas, tocavam-nos o coração fraterno com seus brados de socorro e amargurosas queixas, as quais, porém, não podíamos aliviar com qualquer benefício precipitado, em virtude da perigosa condição mental em que se mantinham, condição que lhes impunha sofrimentos reparadores.

Quase quatro horas difíceis se escoaram, exigindo-nos delicada atenção na tarefa. E, agora, a paisagem era mais sufocante, mais terrível... Serpentes de fogo desenovelavam-se dos céus e penetravam o solo, que começou a tremer sob os nossos pés. O calor asfixiava. Sentindo os elementos vacilantes que nos ladeavam, recordei velha descrição do maremoto de Messina, em que, sob o auge do pavor, diante da Natureza perturbada, não sabiam as vítimas como se colocarem a caminho do salvamento, porquanto, em torno, a terra, o mar e o céu se conjugavam num ciclópico e sincrônico arrasamento.

A instituição, através de todos os administradores e auxiliares, operava com indescritível heroísmo. Com franqueza, de minha parte aguardava, ansioso, o sinal de regresso ao interior, tal a impressão desagradável de que me sentia possuído. Fitas inflamadas do firmamento caíam, caíam sempre, em meio de formidáveis explosões, oriundas da desintegração de princípios etéricos...

Quando tudo fazia supor que não havia, nas vizinhanças, entidades em condições de serem socorridas, soou a clarinada equivalente ao toque de recolher.

Enfim! suspirei, aliviado.

Consoante instruções recebidas, abandonamos os aparelhos electromagnéticos da defensiva, em funcionamento indiscriminado, e afastamo-nos apressadamente.

Sorvedouros de chamas surgiam próximos e tamanha gritaria se verificava, em derredor, que tínhamos perante os olhos perfeita imagem de vasta floresta incendiada, a desalojar feras e monstros de furnas desconhecidas.

Atravessamos o pórtico do asilo seguidos de todos os companheiros que ainda se conservavam no exterior. Escutávamos, agora, o ruído leve dos motores. Lá fora, espessos bandos de entidades perversas tentavam ainda romper os obstáculos, invadindo-nos o abrigo prestes a partir. Aflitiva inquietude empolgava-me.

– Que seria de nós, se a multidão assaltasse o reduto? Por outro lado, a queda contínua de faíscas chamejantes, a meu ver, punha em perigo a organização. Por que não desferir vôo imediatamente?

Era forçoso considerar que dentro do asilo reinava absoluta ordem, não obstante o ritmo apressado do trabalho. Acomodações simples, mas confortadoras, recebiam sofredores extenuados. E serena como sempre, como se estivesse habituada às perturbações externas, a Irmã Zenóbia controlava a situação, ultimando providências.

Todas as portas de acesso fácil ao interior foram hermeticamente cerradas.

Logo após, a orientadora chamou-nos à vasta sala consagrada à oração e esclareceu que a Casa Transitória, para movimentar-se com êxito, não necessitava apenas de forças elétricas, baseadas em simples fenômenos da matéria diferenciada, mas, também, de nossas emissões magnético-mentais, que atuariam como reforço no impulso inicial de subida.

Zenóbia fora breve, dadas as circunstâncias do momento. Mantínhamo-nos todos em ansiosa expectativa, concentrados na câmara da prece, com exceção dos companheiros que se achavam em serviço de assistência imediata aos recolhidos das últimas horas e de quantos se conservavam de sentinela, junto à maquinaria em funcionamento.

Funda emoção transparecia em todos os rostos.

Lá fora, rugiam elementos em atrito.

A diretora, após convidar-nos a transfundir vibrações mentais, num só ato de reconhecimento ao Senhor, tomou entre as mãos lindo volume. Reconheci-o imediatamente. Era a Bíblia, nossa conhecida de tantos anos. Abrindo-a, atenciosa, a orientadora começou a ler o Salmo cento e quatro, em voz alta, pausada e solene:

Bendize, ó minhalma, o Senhor...
Senhor, Deus meu, engrandecido
De majestade e de esplendor!
Revestido de luz, como dum manto,
Desdobraste o céu, como sagrada cortina da vida...
Construíste as sublimes câmaras das águas,
Fazes das nuvens o seu carro
E derramas teu hálito criador nas asas do vento.
Enches o Universo de mensageiros
E, por vezes, tomas por teu ministro o fogo devorador.
Fundaste-nos a Casa Terrestre em bases seguras,
Garantindo-nos a vida em séculos de séculos...
Deste-lhe abismos e píncaros por vestidura,
Santificaste as águas para que se elevem sobre os [montes,
Mas, à tua voz de comando, todos os elementos se [transformam,
Porque, se envias a música da manhã, envias igual- [mente o trovão destruidor...
Elevam-se montanhas, descem vales
Ao lugar que lhes marcaste,
Sem que ultrapassem seus limites.
Fazes sair, Senhor, as fontes dos vales
Fertilizando os montes...
Dás de beber aos animais do campo
E sacias a sede às plantações silvestres,
Onde as aves do céu guardam seu ninho,
Louvando-Te, dia e noite...
Irrigas o topo das montanhas, jorrando águas do céu,
Para que a Terra seja farta de frutos.

A leitura do Salmo ia em meio, quando o instituto, qual vigorosa embarcação aérea, principiou a elevar-se.

A devotada orientadora não lia apenas: pronunciava os vocábulos de louvor, compilados há tantos séculos, sentindo-os, intensamente. Oh! maravilha! Tamanha era a comoção com que se dirigia, humilde e reverente, ao Senhor do Universo, que o tórax de Zenóbia parecia misterioso foco resplandecente.

Contagiados pela sua fé ardorosa, uníamo-nos na mesma vibração.

O oratório encheu-se de profusa claridade. Luz irradiante ganhava os compartimentos próximos e deveria espraiar-se, lá fora, no campo de sombras espessas.

Eminentemente comovido, observei que a Casa Transitória, deslocada vagarosamente de início, punha-se agora em movimento rápido.

Não pude examinar particularidades do fenômeno. A atitude recolhida de Zenóbia, em oração vigilante, compelia-nos a sustentar o mesmo tono vibratório ambiencial. Reparava, porém, que a instituição socorrista subia sempre.

Decorrida quase uma hora de vôo vertical, alcançamos uma região clara e brilhante. O sorriso do Sol trouxe-nos alívio.

Levantou-se a diretora e, seguindo-a, erguemo-nos, de novo, compreendendo que a fase perigosa passara.

Desde esse momento, a instituição movimentou-se em sentido horizontal, viajando sobre os elementos do plano. Das pequenas janelas contemplamos as coloridas auréolas do fogo devorador.

Grupos diversos puseram-se em palestra e observação.

A Irmã Zenóbia, cercada de assessores, comentava as próximas medidas referentes aos serviços de readaptação.

Aproximando-me do Assistente Jerônimo e do padre Hipólito, que trocavam idéias entre si, passamos a analisar a grandeza do trabalho sob nossos olhos.

– Oh! – exclamei – se os homens encarnados entendessem a beleza suprema da vida! se apreendessem, antecipadamente, algo dos horizontes sublimes que se nos apresentam depois da morte do corpo, certamente valorizariam, com mais interesse, o tempo, a existência, o aprendizado!

Jerônimo sorriu e ponderou:

– Sim, André. Todavia, importa observar que o plano transitoriamente pisado pelos homens permanece também repleto de mistério e encantamento. Para os que amam a glória de Deus, a Crosta Planetária oferece sublimes revelações, desde os estudos do infinitesimal até a contemplação dos grandes sistemas de mundos que se equilibram na imensidade!

E meditando sobre as horas inolvidáveis que passamos, desde a nossa descida ao abismo, ouvi ambos os companheiros trocarem impressões acerca dos problemas transcendentes da vida, como sejam o aprimoramento do Espírito e da forma, o planejamento dos destinos de orbes e seres, o governo místico da Terra em suas diferentes esferas de atividade e evolução, os vários tipos de criaturas na Humanidade, as leis do progresso e da reencarnação, a extensão das forças condensadas no átomo etérico, a energia dos elementos químicos no campo físico das manifestações planetárias, e o poder criador dos grandes mentores da sabedoria.

Escutava-os, entre o silêncio e a humildade, como aprendiz extasiado diante de mestres benévolos e experientes.

Em breve, porém, após haurir lições que jamais esquecerei, reparamos que a Casa Transitória descia suavemente. Regressávamos ao círculo de substância densa, embora menos pesada e menos escura. Dentro em pouco, pudemos localizar o abrigo de Fabiano em outra zona de serviço fraterno.

Extensa legião de servidores aguardava a nossa chegada, a fim de colaborar conosco no esforço de readaptação. Gastáramos na viagem três horas e trinta e cinco minutos.

Complexas atividades esperavam os obreiros dedicados.

Preliminarmente, porém, a Irmã Zenóbia, radiante, congregou-nos na jubilosa prece de agradecimento, após a qual Jerônimo nos convidou a sair. Cinco irmãos fiéis ao bem, já em vésperas de libertação da carne, aguardavam-nos o auxílio na Crosta da Terra e era necessário partir.

11

Amigos novos

Conduzindo equipamento indispensável ao trabalho, despedimo-nos da instituição socorrista, colocando-nos a caminho da Crosta.

Jerônimo dava-se pressa em auscultar os vários ambientes em que se verificaria nossa atuação.

Programou a tarefa com simplicidade e bom senso. Não nos distrairíamos com quaisquer investigações, além da missão previamente esboçada, e manter-nos-íamos em ligação incessante com a Casa Transitória, para maior eficiência no dever a cumprir.

– Naturalmente – explicou – seremos forçados a diversas atividades de assistência aos amigos prestes a se desfazerem dos elos corporais do plano grosseiro e a fundação de Fabiano será o nosso ponto principal de referência no trabalho. Nos instantes de sono, conduzi-los-emos até lá, para que se habituem lentamente com a idéia de afastamento definitivo.

Intrigado, ao verificar tanta cautela, perguntei:

– Meu caro Assistente, todas as mortes se fazem acompanhar de missões auxiliadoras? cada criatura que parte da Crosta precisa de núcleos de amparo direto?

O amigo sorriu com indulgência, na superioridade legítima dos que ensinam sabiamente, e esclareceu:

– Absolutamente. Reencarnações e desencarnações, de modo geral, obedecem simplesmente à lei. Há princípios biogenéticos orientando o mundo das formas vivas ao ensejo do renascimento físico, e princípios transformadores que presidem aos fenômenos da morte, em obediência aos ciclos da energia vital, em todos os setores de manifestação. Nos múltiplos círculos evolutivos, há trabalhadores para a generalidade, segundo sábios desígnios do Eterno; entretanto, assim como existem cooperadores que se esforçam mais intensamente nas edificações do progresso humano, há missões de ordem particular para atender-lhes as necessidades.

Sentindo-me a estranheza, Jerônimo prosseguiu:

– Não se trata de prerrogativa injustificável, nem de compensações de favor. O fato revela ordenação de serviços e aproveitamento de valores. Se determinado colaborador demonstra qualidades valiosas no curso da obra, merecerá, sem dúvida, a consideração daqueles que a superintendem, examinando-se a extensão do trabalho futuro. No plano espiritual, portanto, muito grande é o carinho que se ministra ao servidor fiel, de modo a preservar-lhe o devotado Espírito da ação maléfica dos elementos destruidores, com o desânimo e a carência de recursos estimulantes, permitindo-se, simultaneamente, que ele possa ir analisando a magnitude de nosso ministério na verdade e no bem, em face do Universo Infinito.

Ouvindo-lhe a elucidação, lembrei-me instintivamente dos tipos apostólicos que conhecera na experiência humana. Não haveria contradição no esclarecimento? Os padres virtuosos, com os quais mantivera contacto no mundo, eram pessoas perseguidas através de todos os flancos. Notava que criaturas de mais subido valor moral eram justamente as escolhidas para o assédio da calúnia constante. Sem relacionar apenas os de minha intimidade, recordava a própria história do Cristianismo. Não era porventura, cheia de exemplos? Os temperamentos, por muitos anos fervorosos na fé, haviam sido pasto de feras. Os continuadores do Mestre foram vítimas de tremendas provações e Ele mesmo alcançara o Calvário em passadas dolorosas...

O Assistente percebeu o jogo de raciocínios que se me desdobrava no íntimo e esclareceu:

– Suas objeções mentais não têm razão de ser. A concepção humana do socorro divino é viciada desde muitos séculos. A criatura pressupõe no amparo de Deus o protecionismo do sátrapa terrestre. Espera perpetuidade de favores materialísticos, injustificável destaque entre os menos felizes, dominação e louvor permanentes. Costuma aguardar serviço, estima e entendimento, mas desdenha servir, estimar e entender, quando não seja em retribuição. O subsídio celeste traduz-se por benditas oportunidades de trabalho e renovação; chega, muitas vezes, ao círculo da criatura, como se foram gloriosas feridas, magníficas dores, abençoados suplícios. Enquanto predominem na Crosta Planetária os impulsos de animalidade primitiva, os agraciados pela bênção divina serão, em sua maior parte, representantes do poder espiritual, os quais, de maneira alguma, ficarão isentos de testemunhos difíceis nas demonstrações imprescindíveis. Não que o Senhor intente transformar discípulos em cobaias, mas pela imposição natural da obra educativa em que a lição do aluno atento e fiel deve interessar à classe inteira. O que quase sempre parece sofrimento e tentação constitui bem-aventurança, transformando situações para o bem e para a felicidade eterna.

O argumento era lógico e incisivo. E porque o Assistente silenciasse, cogitando, talvez, do objetivo fundamental que nos conduzia ao trabalho previsto, procurei reter impulsos indagadores.

Orientados por Jerônimo, atingíramos pequena cidade do interior e dirigimo-nos a certa casa humilde, na qual, em breves minutos, nos apresentava ele determinado companheiro, em lamentáveis condições, atacado de cirrose hipertrófica.

– É Dimas! – exclamou, indicando o enfermo – assíduo colaborador dos nossos serviços de assistência, faz muitos anos. Veio de nossa colônia espiritual, há pouco mais de meio século, consagrando-se a tarefa obscura para melhor atender aos divinos desígnios. Desenvolveu faculdades mediúnicas apreciáveis, colocando-se a serviço dos necessitados e sofredores.

O quarto modesto permanecia cheio de radiosos eflúvios, denunciando a incessante visitação de Espíritos iluminados.

– Nosso amigo – continuou o Assistente – fez-se o credor feliz de inúmeras dedicações pela renúncia com que sempre se conduziu no ministério. Agora, é chegado para ele o tempo do descanso construtivo.

Agradavelmente surpreendido, reparei que o doente se apercebeu da nossa presença. Cerrou os olhos do corpo, enxergou-nos com a visão da alma e animou-se, sorrindo...

O enfraquecimento físico atingira o ápice e Dimas conseguia deixar o aparelho corporal, de certo modo, com extraordinária facilidade.

Vendo-nos, perto do leito, pôs-se em ardente rogativa, pedindo-nos colaboração. Estava exausto, dizia; no entanto, mantinha-se calmo e confiado.

Aconselhado por Jerônimo, acerquei-me do enfermo, aplicando-lhe passes magnéticos de alívio sobre o tecido conjuntivo vascular. O abdômen conservava-se pesado e enorme. Revelaram-se, porém, sensações imediatas de reconforto.

Seguindo-se ao meu auxílio humilde, Jerônimo dirigiu-lhe palavras de encorajamento e prometeu voltar, mais tarde.

Dimas, enlevado, endereçava ao Céu comovedor agradecimento.

Em breves momentos, dois amigos espirituais dele vieram ter ao quarto, saudando-nos atenciosamente.

Nosso dirigente convidou-nos à retirada, explicando-nos, depois que nos havíamos afastado:

– Após rápida visita aos interessados, reuni-los-e-mos em sessão de esclarecimento, na Casa Transitória, de maneira a prepará-los para o fenômeno próximo da libertação definitiva. Esperaremos a noite para esse fim.

Da pequena cidade em que se localizava o primeiro visitado, dirigimo-nos ao Rio de Janeiro.

Utilizávamos a volitação, prazerosos e felizes.

Muito difícil descrever a sensação de leveza e alegria inerente a semelhante estado, após a permanência na escura região de que procedíamos. Fala-se, muitas vezes, entre os encarnados, na possibilidade da criação do aparelho de vôo individual; todavia, ainda que se efetive a nova conquista, o peso do corpo físico, os cuidados exigidos pela máquina de propulsão e os riscos de viagem não podem, de modo algum, substituir a segurança e a tranqüilidade que nos enchem de tamanho bem-estar. Após a excursão normal, entre a Casa Transitória de Fabiano e a Crosta Terrestre, dentro de harmoniosas condições conservávamo-nos descansados e bem-dispostos, operando muito facilmente a volitação, não obstante a densidade atmosférica.

Poucas vezes se me apresentara tão belo o espetáculo da paisagem terrena. Serras e vales, rios e arroios marcando cidades e vilarejos, sob o espelho rutilante do Sol, falavam-me ao coração da misericórdia do Altíssimo congregando as criaturas em ninhos floridos de trabalho pacífico.

Pensamentos de louvor ao Eterno Pai felicitavam-me o espírito.

O casario compacto do Rio achava-se agora à nossa vista.

Não decorreu muito tempo e penetramos singular residência, em bairro menos populoso, e deparamos com enternecedora paisagem doméstica.

Cavalheiro na idade madura, deitado em pequeno divã, apresentando terríveis sinais de tuberculose adiantada, sustentava comovente palestra, dirigindo-se a dois pequeninos que aparentavam seis e oito anos, respectivamente. Formosa expressão de luz aureolava a mente do enfermo, que pousava nas crianças o olhar muito lúcido, falando-lhes paternalmente.

O próprio Jerônimo parou, a ouvi-lo, junto de nós, agradavelmente surpreendido.

– Papai, mas o senhor acredita que ninguém morre? – indagou o filhinho mais velho.

– Sim, Carlindo, ninguém desaparece para sempre e é por isso que desejo aconselhá-los, como pai que sou.

Fez-se-lhe mais terno o olhar e continuou, ante o interesse agudo dos meninos:

– Creio que não me demorarei a partir...

– Para onde papai? – atalhou o menor.

– Para um mundo melhor que este, para lugar, meu filho, onde seu pai possa ajudá-los num corpo são, embora diferente.

As crianças, de olhos úmidos, protestaram, com carinho.

Esforçou-se o genitor, de modo visível, para dominar-se e prosseguiu:

– Não devem manifestar semelhantes receios. Já organizei todos os negócios e a mamãe trabalhará, substituindo-me, até que vocês cresçam e se façam homens. Se eu pudesse, ficaria em casa, mas, como se arranjariam comigo, assim, imprestável como estou? Por essa razão, Deus me concederá outro corpo e eu estarei com vocês, sem que me vejam.

Sorriu, conformado, e ajuntou:

– Possivelmente, seremos até mais felizes... Há muitos dias pretendo falar-lhes, como agora, para que fiquem certos de meu amor constante. Logo após meu afastamento, sei de antemão que muita gente procurará desanimá-los. Dir-se-á que me afastei para nunca mais voltar, que a sepultura me aniquilou; entretanto, previno a vocês de que isso não é verdade. Viveremos sempre e amar-nos-emos uns aos outros, cada vez mais...

Reparei que o genitor doente sentia intenso desejo de afagar os rapazinhos, mas, controlado pela ameaça de contaminá-los, impunha imobilidade às mãos sequiosas de contacto afetivo.

Os meninos enxugavam as lágrimas discretas e, depois de longa pausa, tornou o enfermo, dirigindo-se ao filho mais velho:

– Diga-me, Carlindo, você acredita que seu pai venha a desaparecer? admite, porventura, que nosso amor e nossa união em casa, que nosso carinho e entendimento sejam apenas cinza e nada?

Dominou-se o pequeno, a fim de parecer valente, e respondeu:

– Eu acredito, como o senhor, que a morte não existe.

– Quando eu partir – acentuou o pai amoroso –, se vocês demonstrarem coragem e confiança em Deus, o papai estará mais corajoso e confiante e restaurará, em pouco tempo, as energias...

Houve comovente interregno, que o Assistente Jerônimo não desejou quebrar, tal a significação moral da cena cariciosa.

De olhos fixos nos rapazinhos, o extremoso genitor passou a considerar:

– Vai para três anos, instituímos nosso culto doméstico do Evangelho de Jesus. E vocês sabem hoje que nosso Mestre não morreu. Levado ao suplício e à morte, voltou do sepulcro para orientar os amigos e continuadores. Ele, pois, nos auxiliará para que prossigamos unidos. Quando eu fizer a viagem da renovação, tenham calma e otimismo. Não chorem, nem desfaleçam. Com lágrimas não serão úteis à mamãe, que precisará naturalmente de todos nós. Deus espera que sejamos alegres na luta de cada dia para sermos filhos fiéis ao seu divino amor.

Nesse instante, apareceu a dona da casa, impondo modificações à palestra.

Valeu-se Jerônimo da circunstância para intervir, apresentando:

– Nosso amigo Fábio, em véspera da libertação, sempre colaborou com dedicação nas obras do bem. Não é médium com tarefa, na acepção vulgar do termo. É, porém, homem equilibrado, amante da meditação e da espiritualidade superior e, em razão disso, desde a juventude tornou-se excelente ministrador de energias magnéticas, colaborando conosco em relevantes serviços de assistência oculta. Vários mentores de nossa colônia têm em alta conta o seu concurso. Há muitos anos que se consagra ao estudo das questões transcendentes da alma e formou-se na academia do esforço próprio, a fim de ser-nos útil. Livre de sectarismo, infenso às paixões e amante do dever, nosso Irmão Fábio instituiu, desde os primeiros dias de matrimônio, o culto doméstico da fé viva, preparando a esposa, os filhinhos e outros familiares no esclarecimento dos problemas essenciais da compreensão da vida eterna. Em virtude da perseverança no bem que lhe caracterizou as atitudes, sua libertação ser-lhe-á agradável e natural. Soube viver bem, para bem morrer.

Aproximei-me do enfermo, perscrutando-lhe a situação orgânica.

A tuberculose minara-lhe os pulmões, impressionando-me as formações cavitárias e outros sintomas clássicos da terrível moléstia.

Fábio, a rigor, não precisava apoio para a fé que nutria. Revelava-se tranqüilo e confiante, e, embora o abatimento, natural em seu estado, ia ensinando, aos seus, inesquecíveis lições de coragem e de valor moral.

– Vamo-nos! – chamou-nos o Assistente – nosso companheiro vai bem e dispensa-nos de maior colaboração.

Saímos admirados com o exemplo entrevisto.

Daí a instantes, Jerônimo conduzia-nos a confortável apartamento em moderno arranha-céu de elegante bairro.

Entramos.

No leito, permanecia respeitável senhora de idade avançada, com evidentes sinais de moléstia do coração. Cercavam-na, atenciosas, duas senhoras ainda jovens, que a cumulavam de discretos cuidados.

– É nossa Irmã Albina – explicou-nos o dirigente amigo –, filiada a organizações superiores de nossa colônia espiritual. Tem inúmeros admiradores em nossa esfera de ação, pelo muito que vem fazendo na esfera do Evangelho. Permanece, presentemente, em serviço nos círculos evangélicos protestantes. Fez profissão de fé na

Igreja Presbiteriana e, viúva desde cedo, consagrou-se ao labor educativo, formando a infância e a juventude no ideal cristão.

Mais uma vez, maravilhou-me a grandeza da fraternidade legítima, imperante na vida superior. Não se buscava o rótulo das criaturas, não se cogitava, em sentido particularista, de seus títulos religiosos ou sociais. Procurava-se o coração fiel a Deus, ministrava-se amparo reconfortador, sem qualquer preocupação exclusivista.

O Assistente Jerônimo aproximou-se dela, tocou-lhe a fronte com a destra, e Albina, de semblante iluminado e feliz ao contacto daquela mão bondosa e acariciante, exclamou para uma das companheiras que a assistiam:

– Eunice, dá-me a Bíblia. Desejo meditar um pouco.

– Ó mamãe! – respondeu-lhe a filha – não será melhor descansar? Graças a Jesus, a dispnéia cedeu e a senhora parece tão bem disposta!

– A Palavra do Senhor dá contentamento ao espírito, minha filha!

Suplicante ternura acompanhou-lhe a expressão verbal, e de tal modo que Eunice, vencida, apanhou o volume de sobre vasta cômoda e entregou-lho.

A respeitável anciã assumiu adequada posição para a leitura, recostou-se em travesseiros altos e, tomando os óculos, segurou, firme, o Testamento Divino. O Assistente Jerônimo ajudou-a a abri-lo, em determinado lugar, sem que a interessada lhe percebesse a cooperação. Patenteou-se-lhe o capítulo onze da narrativa de João Evangelista, alusivo à ressurreição de Lázaro.

A simpática velhinha leu-o, pausadamente, em alta voz. Terminando, exclamou comovidamente:

– Agradeço ao nosso Divino Mestre a alentadora leitura que nos mandou. Praza aos céus possamos todas nós encontrar a vida eterna, em Cristo Jesus! Assim seja.

As filhas acompanhavam-na, respeitosas.

Jerônimo recomendou-me aplicar à doente passes de reconforto.

Depois da operação magnética, observei-lhe a insuficiência cardíaca, oriunda de aneurisma em condições ameaçadoras.

Dispunha-se o Assistente a conversar conosco, evidenciando as formosas qualidades da enferma, quando alguém de nosso plano assomou à porta de entrada. Era dedicada amiga que vinha velar à cabeceira. Cumprimentou-nos, bondosa, com encantadora simplicidade.

Jerônimo explicou-lhe nossa missão. A interlocutora sorriu e considerou:

– Reconforta-nos a proteção de que nossa irmã é objeto. No entanto, creio que há forte pedido de prorrogação em favor dela. Todos somos de parecer que deva ser chamada à nossa esfera com urgência, para receber o prêmio a que fez jus. Todavia, há razões ponderosas para que seja amparada convenientemente, a fim de que permaneça com a família consangüínea, na Crosta, por mais alguns meses.

– Teremos prazer em todo serviço fraterno – acentuou Jerônimo, com afabilidade. Passaremos por aqui diariamente, até que a tarefa termine. Do que houver de novo, seremos informados.

A simpática visitante de Albina agradeceu e partimos.

Muito significativa para mim foi a ponderação ouvida, mas, reparando que o Assistente seguia atento ao trabalho que nos cabia desenvolver, abstive-me de qualquer interrogação.

Varávamos, em breve, larga porta de movimentado hospital, defendido por grandes turmas de trabalhadores espirituais. Havia aí tanta atividade por parte dos encarnados, como por parte dos desencarnados. Seguindo, porém, as pegadas de nosso dirigente, não dispensávamos maior atenção aos desconhecidos.

Após atravessarmos corredores e salas, alcançamos grande enfermaria de amparo gratuito. A maioria dos leitos ocupados mostrava o doente e as entidades espirituais que o rodeavam, umas em caráter de assistência defensiva, outras em acirrada perseguição.

Desdobravam-se-nos as mais diversas cenas.

Prevenindo, talvez, mais a mim que aos demais companheiros, o dirigente de nosso grupo recomendou:

– Não dispersem a atenção.

Decorridos alguns segundos, estávamos à frente dum cavalheiro maduro, rosto profusamente enrugado e cabelos brancos, a cuja cabeceira vigiava excelente companheiro espiritual.

Apresentou-nos Jerônimo a esse último. Tratava-se do Irmão Bonifácio, que ajudava o doente.

Em seguida, indicou-nos o doente mergulhado em lençóis alvos e esclareceu:

– Aqui temos nosso velho Cavalcante. É virtuoso católico-romano, espírito abnegado e valoroso nos serviços do bem ao próximo. Veio de nossa colônia, há mais de sessenta anos, e possui grande círculo de amigos pelos seus dotes morais. Sua existência, cheia de belos sacrifícios, fala ao coração. Aqui se encontra, junto dos filhos da indigência, abandonado da parentela, em virtude de suas idéias de renúncia às riquezas materiais. Mas não se acha desamparado pela Divina Misericórdia.

Findo ligeiro intervalo, adiantou-se Bonifácio, informando:

– A intervenção no duodeno foi marcada para amanhã.

Nosso dirigente, deixando perceber que já conhecia o caso, comunicou:

– Assisti-lo-emos no instante oportuno.

Obedecendo-lhe as recomendações, fiz aplicações magnéticas, detendo-me em particular sobre o aparelho digestivo, da glândula parótida ao reto, observando, além da ulceração duodenal, a inflamação adiantada do apêndice, quase a romper-se.

Notei, todavia, que Cavalcante era absolutamente alheio à nossa influenciação. Nada percebia de nossa presença ali, verificando que ele, apesar das elevadas qualidades morais que lhe exornavam o caráter, não possuía bastante educação religiosa para o intercâmbio desejável.

Dos quadros que havíamos observado naquele dia, esse era, sem dúvida, o mais triste. Além das vibrações do ambiente perturbado, o operando não oferecia fácil ensejo à nossa atuação.

– Tenho tido dificuldade para mantê-lo tranqüilo – dizia Bonifácio, inclinando-se para o Assistente – em vista dos parentes desencarnados que o assediam de modo incessante. Não obstante os trabalhos de vigilância que garantem o estabelecimento, muitos deles conseguem acesso e incomodam-no. O pobrezinho não se preparou, convenientemente, para libertar-se do jugo da carne e sofre muito pelos exageros da sensibilidade. E muito embora o abandono a que foi votado, tem o pensamento afetuoso em excessiva ligação com aqueles que ama. Semelhante situação dificulta-nos sobremaneira os esforços.

– Sim – concordou Jerônimo –, entendemos a luta. A deficiência de educação da fé, ainda mesmo nos caracteres mais admiráveis, origina deploráveis desequilíbrios da alma, em circunstâncias como esta. Conservar-nos-emos, porém, a postos, como retribuição ao devotado amigo pelos obséquios inúmeros que dele recebemos.

Quando nos despedimos, Bonifácio mostrou-se comovido e grato.

Transcorridos escassos minutos, ganhávamos o pórtico de notável, simples e confortável edifício, em que se asilavam numerosas criancinhas, em nome de Jesus. Tratava-se de louvável instituição espiritista-cristã, onde se sediava compacta legião de trabalhadores de nosso plano.

Bondoso ancião recebeu-nos afavelmente. Reconheci-o, jubiloso. Achava-se, ali, Bezerra de Menezes, o dedicado irmão dos que sofrem.

Abraçou-nos, um a um, com espontânea jovialidade.

Ouviu as explicações de Jerônimo, com interesse, e falou, sorridente:

– Já esperávamos a comissão. Felizmente, porém, nossa querida Adelaide não dará trabalho. O ministério mediúnico, o serviço incessante em benefício dos enfermos, o amparo materno aos órfãos nesta casa de paz, aliados aos profundos desgostos e duras pedradas que constituem abençoado ônus das missões do bem, prepararam-lhe a alma para esta hora...

Ele mesmo tomou-nos a dianteira, conduzindo-nos a compartimento modesto, onde a médium repousava.

Na câmara solitária, não se via nenhum irmão encarnado; contudo, duas jovens cercadas de prateada luz permaneciam ali, acariciando-a.

Acercamo-nos da enferma, respeitosamente. Seus cabelos grisalhos semelhavam-se a formosos fios de neve. Indicando-a, falou Bezerra, contente:

– Adelaide sempre foi leal discípula do Mestre dos Mestres. Apesar das dificuldades, dos espinhos e aflições, perseverou até ao fim.

A digna senhora, após olhar demoradamente delicados ramos de rosas que lhe ornavam o quarto, entrou em oração. De sua mente equilibrada, emanavam raios brilhantes. Não nos enxergou ao seu lado, exceção do devotado Bezerra de Menezes, a quem se unia por sublimes cadeias do coração. Ele saudou-a, afável e bondoso, endereçando-lhe palavras reconfortantes e carinhosas.

– Sei que é o termo da jornada, meu venerável amigo – disse a médium, em tom comovedor –, e estou pronta. – Desde muitos anos, rogo ao Divino Senhor me revele o caminho. Não desejo adotar outros desígnios que não pertençam a Ele, nosso Salvador. Todavia...

Não pôde continuar. Emoção profunda estrangulara-lhe a voz e, logo após a reticência dolorida, copioso pranto começou a brotar-lhe dos olhos encovados.

Bezerra acomodou-se junto dela, com intimidade paternal, afagou-lhe com a luminosa destra a fronte abatida e falou otimista:

– Já sei. Você pensa nos parentes, nos amigos, nos órfãozinhos e nos trabalhos que ficarão. Ó Adelaide! compreendo seu devotamento materno à obra de amor que lhe consumiu a vida. Entretanto, você está cansada, muito cansada e Jesus, Médico Divino de nossa alma, autorizou o seu repouso. Confie a Ele as penas que lhe oprimem o espírito afetuoso. Deponha o precioso fardo de suas responsabilidades em outras mãos, esvazie o cálice de sua alma, alijando amarguras e preocupações. Converta saudades em esperanças e desate os elos mais fortes, atendendo a ordem divina.

Adelaide pousou no benfeitor os olhos muito lúcidos, revelando-se confortada e, após breve pausa, Bezerra prosseguiu:

– Sua grande batalha está terminando. Você é feliz, minha amiga, muito feliz, porque seu Espírito virá condecorado de cicatrizes, depois de resistir ao mal durante muitos anos, como sentinela fiel, na fortaleza da fé viva... Ensinou aos que lhe cercaram o caminho todas as lições do bem e da verdade possíveis ao seu esforço... Entregue parentes e afeições a Jesus e medite, agora, na Humanidade, nossa abençoada e grande família. Quanto aos serviços confiados por algum tempo à sua guarda, estão fundamentalmente afetos ao Cristo, que providenciará as modificações que julgue oportunas e necessárias. Baste a você o júbilo do dever bem cumprido. Arregimente, pois, as suas forças e não se entristeça, porque é chegado para seu coração o prélio final... Coragem, muita coragem e fé!

A respeitável irmã sorriu, quase feliz.

Logo em seguida, pequena auxiliar do instituto quebrou o colóquio espiritual, abrindo a porta inesperadamente e anunciando visitas.

Dona Adelaide, em face das circunstâncias, centralizou a mente no círculo dos encarnados e perdeu o benfeitor de vista.

O venerando médico dos infortunados passou a entender-se com Jerônimo, acerca de vários problemas que diziam respeito à nossa missão, enquanto nos retirávamos, discretamente, proporcionando-lhes maior liberdade à permuta de idéias.

12

Excursão de adestramento

Nosso orientador sediara-nos a tarefa na Casa Transitória de Fabiano, deliberando, porém, que as nossas atividades na Crosta tomassem como ponto de referência o lar coletivo de Adelaide, onde, realmente, os fatores espirituais eram mais valiosos.

– Aqui – esclarecera-nos de início – nos sentiremos à vontade. A organização é campo propício às melhores semeaduras do espírito e oferece-nos tranqüilidade e segurança. Permaneceremos em comunicação contínua com o abrigo de Fabiano, para onde conduziremos os recém-desencarnados e condensaremos todas as atividades possíveis, concernentes aos outros amigos, nesta amorosa fundação.

De fato, aquele refúgio de fraternidade legítima era, sem dúvida, vasto celeiro de bênçãos.

Diversas entidades amigas operavam na instituição, prestando assistência e cuidados. Encontrava ali um dos raros edifícios da Crosta, de tão largas proporções, sem criaturas perversas da esfera invisível.

Semelhando-se à Casa Transitória, de onde vínhamos, a vigilância funcionava severa.

Fôramos defrontados por vários sofredores, criaturas de bons sentimentos, que penetravam o asilo com prévia autorização.

Enquanto o Assistente se demorava em palestra com o dedicado Bezerra, tivemos permissão para visitar as dependências.

O padre Hipólito, Luciana e eu, em companhia de Irene, jovem colaboradora espiritual da Casa, pusemo-nos em ação.

Em todos os compartimentos havia luz de nosso plano, indicando a abundância dos pensamentos salutares e construtivos de todas as mentes que ali se entrelaçavam na mesma comunhão de ideal.

Chegados à sala das reuniões populares, nossa nova amiguinha explicou:

– Esta é a região do abrigo que nos força a serviço mais árduo. Receptáculo das emanações mentais e dos pedidos silenciosos de toda gente que nos visita, em assembléias públicas, somos obrigados, depois de cada sessão, a minuciosas atividades de limpeza. Como sabem, os pensamentos exercem vigoroso contágio e faz-se imprescindível isolar os prestimosos colaboradores de nossa tarefa, livrando-os de certos princípios destruidores ou dissolventes.

Tentando intensificar a conversação esclarecedora, aduzi:

– Imagino a extensão dos afazeres... Há suficiente pessoal na cooperação?

– Sim – respondeu –, a legião dos colaboradores não é pequena. Somos levados a servir, dia e noite, em turmas alternadas. Temos seções de assistência aos adultos e às criancinhas.

Vislumbrava ali, porém, tão grande número de trabalhadores de nosso plano que, por momentos, graves reflexões me afloraram ao cérebro. Tanta gente a contribuir, apenas no sentido de amparar algumas dezenas de crianças desfavorecidas no campo material? Estabelecia paralelo entre a fundação de Adelaide e a Casa Transitória de Fabiano, notando singular diferença. Lá, os rigorosos serviços de sentinela, o gesto de energia, a atenção do pessoal, verificavam-se em virtude das necessidades inadiáveis de certa quantidade de infelizes desencarnados, para os quais a caridade constituía lâmpada acesa, indispensável à transformação interior. Aqui, porém, via somente criaturinhas tenras que reclamavam de imediato, acima de qualquer outra medida, leite e pão, primeiras letras e bons conselhos. Valeria, assim, o dispêndio de tanta energia de nossa esfera?

Mesmo assim, a delicada colaboradora, apreendendo-me as indagações íntimas, ponderou:

– Cumpre-nos reconhecer, todavia, que esta obra não se dedica exclusivamente às necessidades do estômago e do intelecto da infância desamparada. Os imperativos da evangelização preponderam aqui sobre os demais. Para infundir espiritualidade superior à mente humana urge aproveitar realizações como esta, já que é muito difícil obter espontâneo arejamento da esfera sentimental. Valemo-nos da Casa, venerável em seus fundamentos de solidariedade cristã, como núcleo difusor de idéias salutares. A fundação é muito mais de almas que de corpos, muito mais de pensamentos eternos que de coisas transitórias. O diretor, o cooperador e o abrigado, recebendo as responsabilidades inerentes ao programa de Jesus, instintivamente se convertem nos instrumentos vivos da Luz de Mais Alto. Satisfazendo necessidades corporais, solucionamos problemas espirituais. Entrelaçando deveres e dividindo-os com os nossos irmãos encarnados, no setor de assistência, conseguimos criar bases mais sólidas à semeadura das verdades imorredouras. Realmente, as outras escolas religiosas não se esqueceram de materializar a bondade em obras de alvenaria. A Igreja Católica Romana dispõe de institutos avançados, sob o ponto de vista material, abrigando a infância desfavorecida; entretanto, aí, as concepções espirituais não se desenvolvem, acanhadas que ficam nos moldes tirânicos dos dogmas obsoletos. O trabalho, pois, na maioria dos casos, circunscreve-se ao simples armazenamento de pão efêmero. As Igrejas Protestantes possuem, por sua vez, grandes colégios e congregações, distribuindo valores educativos com a juventude; todavia, suas organizações se baseiam, quase sempre, mais na letra dos conceitos evangélicos que nos conceitos evangélicos da letra...

Irene sorriu, fez ligeiro intervalo e continuou:

– Não desejamos menosprezar os serviços admiráveis dos aprendizes do Evangelho nos variados campos religiosos. Todos são respeitáveis, se levados a efeito pelo devotamento do coração. Desejamos apenas destacar os valores iluminativos. Nos primórdios da obra cristã, não faltavam prestigiosas providências da política imperial de Roma, a fim de que os famintos e esfarrapados recebessem trigo e agasalho e até mesmo preceptores seletos, filiados a famosos centros culturais de gregos e egípcios. Porém, no intuito de incentivar a obra de legítima iluminação do espírito, Simão Pedro e os companheiros de apostolado obrigaram-se a longo programa de socorro aos infortunados de toda sorte. Nem todos os seguidores do Evangelho procediam das altas camadas sociais do Judaísmo, como Gamaliel, o venerando rabino cujo intelecto desenvolvido encontrou o Mestre. A maioria dos necessitados entraria em contacto com Jesus através da sopa humilde ou do teto acolhedor. Lavando leprosos, tratando loucos, assistindo órfãos e velhinhos desamparados, os continuadores do Cristo davam trabalho a si próprios, dedicavam-se aos infelizes, esclarecendo-lhes a mente, e ofereciam lições de substancial interesse aos leigos da fé viva. Como não ignoram, estamos fazendo no Espiritismo evangélico a recapitulação do Cristianismo.

O padre Hipólito aprovou, benévolo:

– Sim, inegavelmente; precisamos estimular a formação de serviços que libertem o raciocínio para vôos mais altos.

– Dentro de nosso esforço – prosseguiu Irene, com lhaneza –, o imperativo primordial consiste na iluminação do espírito humano com vistas à eternidade. Urge, no entanto, compreender que, para a obtenção do desiderato, é imprescindível "fazer alguma coisa". Onde todos analisam, admiram ou discutem não se levantam obras úteis para atestar a superioridade das idéias. Por isso, nossos Mentores da Vida Divina apreciam o servo pela dedicação que manifeste à responsabilidade. O necessitado, o beneficiário, o crente e o investigador virão sempre aos nossos centros de organização da doutrina. E toda vez que exercitem o serviço cristão pela mediunidade ativa, pela assistência fraterna, pelos trabalhos de solidariedade comum, quaisquer que sejam, apresentam caracteres mais positivos de renovação, porque a responsabilidade na realização do bem, voluntariamente aceita, transforma-os em traços animados entre dois mundos – o que dá e o que recebe. Como vêem, a luz divina prevalece sobre a benemerência humana, porque esta, sem aquela, pode muitas vezes degenerar em personalismo devastador, compreendendo-se, todavia, em qualquer tempo, que a fé sem obras é irmã das obras sem fé.

Continuou Irene, em sua brilhante argumentação, ensinando-nos, vivaz, a ciência da fraternidade e do entendimento construtivo. Ouvindo-a, percebi, acima de toda preocupação individualista, que a difusão da luz espiritual na Crosta Terrestre não é ação milagrosa, mas edificação paciente e progressiva.

As casas de benemerência social, sobre as águas pesadas do pensamento humano, funcionam como grandes navios de abastecimento à coletividade faminta de luz e necessitada de princípios renovadores. Passei a ver o estômago dos pequeninos em plano secundário, porque era a claridade positiva do Evangelho que inundava agora minhalma, convidando-me à contemplação feliz do futuro maior.

Caíra a noite e continuávamos em companhia da estimada irmã que nos apresentava a instituição, comentando-lhe, com oportunidade e sabedoria, o salutar programa.

Observamos os serviços espirituais que se preparavam, ante a noite próxima.

Aqui, eram cuidadosas preceptoras desencarnadas que reuniriam as crianças nos momentos de sono físico, em ensinos benéficos; acolá, eram benfeitores diversos a buscarem irmãos para experiências e dádivas preciosas, nos círculos de nossa movimentação.

Refundi minha apreciação inicial, enxergando mais uma vez, naquele instituto, abençoada escola de espiritualidade superior, pelo ensejo de semeadura divina que proporcionava aos missionários da luz.

Decorrido longo tempo, já noite fechada, o Assistente Jerônimo convocou-nos ao serviço.

Irene acompanhou-nos à câmara de Adelaide, onde o nosso dirigente se encontrava em conversação com outros amigos.

Foi breve nas determinações.

Após ouvir a nova amiguinha, que se colocava à nossa disposição para qualquer concurso fraterno, recomendou a Luciana e a Irene trouxessem a Irmã Albina, ao passo que o padre Hipólito e eu deveríamos conduzir Dimas, Fábio e Cavalcante àquele compartimento, de onde seguiríamos para a Casa Transitória de Fabiano, em excursão de aprendizado e adestramento.

Ambos os grupos partimos em direção diversa.

Utilizando a volitação, com maestria, Hipólito interrogou-me, bem-humorado:

– Já participara você de serviço igual ao de hoje?

Confessei que não, rogando-lhe esclarecimento.

– É fácil – tornou. Os que se aproximam da desencarnação, nas moléstias prolongadas, comumente se ausentam do corpo, em ação quase mecânica. Os familiares terrestres, por sua vez, cansados de vigílias, tudo fazem por rodear os enfermos de silêncio e cuidado. Desse modo, não é difícil afastá-los para a tarefa de preparação. Geralmente, estão hesitantes, enfraquecidos, semi-inconscientes, mas nosso auxílio magnético resolverá o problema. Conservar-nos-emos nas extremidades, segurando-lhes as mãos e, impulsionados por nossa energia, volitarão conosco, sem maiores impedimentos.

Recebi a explicação com interesse e, em breve, penetrávamos a modesta residencia de Dimas. Aliviado por injeção repousante, não encontramos dificuldade para subtraí-lo à atenção dos parentes.

Notando-nos a presença, sondou-nos a disposição fraterna e perguntou:

– Ó meus amigos! será hoje o fim? como tenho suspirado pela libertação!...

– Não, meu caro – acentuou Hipólito, sorrindo – é preciso tolerar mais um pouco... O descanso, porém, não tardará muito. Venha conosco. Não temos tempo a perder.

O ex-sacerdote recomendou-me tomar a dianteira e, de mãos dadas os três, rumamos para o Rio, em busca da moradia de Fábio.

Não se registraram obstáculos e, em reduzidos instantes, tomamo-lo à nossa conta.

O companheiro ligou-se, prazeroso, à pequenina caravana.

Ia tomar o caminho do hospital, de modo a procurar o terceiro, quando Hipólito ponderou:

– Não convém conduzir todos de uma vez. Cavalcante permanece em grave desequilíbrio, exigindo cooperação mais substancial. Em vista disso, buscá-lo-emos na segunda viagem.

Lembrando-lhe os desvarios, não tive recurso senão concordar.

De regresso à câmara de Adelaide, encontramos os demais à nossa espera. Irene e Luciana haviam trazido Albina para os trabalhos preparatórios.

Sem perda de tempo, demandamos a grande casa de saúde, em busca de Cavalcante.

Hipólito adivinhara.

O doente mostrava-se muito aflito. Bonifácio, ao lado dele, cooperava devotadamente conosco, para desprende-lo temporariamente do corpo oprimido. O enfermo, no entanto, se deixara tomar por horríveis impressões de medo, dificultando os nossos melhores esforços.

Após trabalho ingente de magnetização do vago e em seguida à ministração de certos agentes anestesiantes, destinados a propiciar-lhe brando sono, retiramo-lo do corpo, que permaneceu sob os cuidados de Bonifácio.

Em minutos rápidos, púnhamo-nos de regresso.

Com aquiescência de Jerônimo, alguns amigos dos enfermos acompanhar-nos-iam à Casa Transitória. Dos cinco doentes, Adelaide e Fábio eram os únicos que revelavam consciência mais nítida da situação. Os demais titubeavam, enfraquecidos, baldos de noção clara do que ocorria.

O Assistente organizou a corrente magnética, tomando posição guiadora. Cada irmão encarnado localizava-se entre dois de nós outros, almas libertas do plano físico, mais experimentadas no campo espiritual. De mãos entrelaçadas, para permutar energias em assistência mútua, utilizamos intensivamente a volitação, ganhando alturas. Adelaide e Fábio, algo habituados ao desdobramento, assumiram discreta atitude de observação e silêncio. Os outros, porém, comentavam o acontecimento em altos brados.

– Ó grande Deus! – exclamava Albina, rememorando passagens bíblicas – estaremos nós no glorioso carro de Elias?

– Dai-me forças, ó Pai de Misericórdia! – expressava-se Cavalcante, de alma opressa – falta-me a confissão geral! Ainda não recebi o Viático! Oh! não me deixeis enfrentar os vossos juízos com a consciência mergulhada no mal!...

Suas rogativas sensibilizavam-nos os corações.

Dimas, por sua vez, balbuciava exclamações ininteligíveis, entre assombrado e inquieto.

Atravessada a região estratosférica, a ionosfera surgia-nos à vista, apresentando enorme diferença, por causa do afluxo intenso dos raios cósmicos em combinação com as emanações lunares.

Espantado, Dimas perguntou em voz alta:

– Que rio é este? Ah! tenho medo! não posso atravessá-lo, não posso, não posso!...

O impulso magnético inicial fornecido por Jerônimo era, no entanto, excessivamente forte para sofrer solução de continuidade, ante tão débil resistência; e o grupo avançou, avançou sem recuos, até que, muito além, alcançamos o asilo de Fabiano, onde a Irmã Zenóbia nos acolheu de braços carinhosos.

Congregávamo-nos todos nós os componentes da missão socorrista – os enfermos e mais seis amigos desses últimos, detentores de elevados conhecimentos.

Em pequena sala posta à nossa disposição, Gotuzo, por gentileza, aplicou vigorosos recursos fluídicos em nossos tutelados, que os receberam como crianças incapacitadas de imediato julgamento, exceção de Adelaide e Fábio, que se mantinham cônscios do fenômeno.

Em seguida, o prestimoso Jerônimo tomou a palavra e dirigiu-se a eles, comentando:

– Amigos, o concurso desta noite não se destina à cura do corpo grosseiro, posto agora a distância pelas necessidades do momento. Tentamos revigorar-vos o organismo espiritual, preparando-vos o desligamento definitivo, sem alarmes de dor alucinatória. Devo confessar-vos que, retomando o vaso físico, experimentareis natural piora de vossas sensações, agravando-se-vos a tortura, porque os remédios para a alma, na presente situação, intensificam os males da carne. Certificai-vos, portanto, de que as providências desta hora constituem ajuda efetiva à libertação. De retorno ao antigo ninho doméstico, encerrada esta primeira excursão de adestramento, encontrareis mais tristeza no terreno da Crosta, mais angústia nas células físicas, mais inquietude no coração, porque a vossa mente, no processo das recordações instintivas, terá fixado, com maior ou menor intensidade, o contentamento sublime deste instante. Preparai-vos, pois, para vir até nós; solucionai os derradeiros problemas terrestres e confiai na Proteção Divina!

Logo após, verificou-se breve intervalo, durante o qual permaneceríamos à vontade.

O Assistente fora rápido nas explicações, esclarecendo-nos que condensava os assuntos em curtas sentenças, atendendo à incapacidade mental dos beneficiários, impotentes ainda para penetrar o sentido das longas dissertações. Com efeito, os companheiros recebiam parcialmente o alentador aviso. Eram atingidos pelo socorro magnético positivo, mas as idéias que faziam do acontecimento eram muito diversas entre si.

Cavalcante, com a expressão ingênua dum menino, chamou-me, em particular, indagando se estávamos no paraíso. Sentia-se aliviado, feliz. Alegria enorme banhava-lhe o coração. E, contente, reconfortado, acentuava:

– Não será aqui o céu?

Não consegui fazer-lhe sentir o contrário.

Albina lembrava cenas bíblicas, em suas interpretações literais do texto sagrado. Depois de observar o nevoeiro exterior, circunspecta, perguntou a Luciana se aquela era a casa do Senhor, mencionada no capítulo oitavo do primeiro livro dos Reis, em vista da nuvem de matéria densa que cercava a paisagem.

Dentre os espiritistas, Adelaide e Fábio entregavam-se à reserva feliz da oração, mas Dimas, embriagado de felicidade pelo provisório alívio, abeirou-se, curioso, do padre Hipólito e inquiriu se a zona representava alguma dependência venturosa de Marte. O ex-sacerdote esboçou largo sorriso e respondeu, complacente:

– Não, meu amigo, isto aqui ainda é a Terra mesma. Estamos muito longe dos outros planetas...

Trocamos inteligente olhar, que traduzia bom humor. Antes de nossas considerações, talvez desnecessárias, Jerônimo interveio, acrescentando:

– O plano impressivo da mente grava as imagens dos preconceitos e dogmas religiosos com singular consistência. A transformação compulsória, pelo decesso, reintegrará a criatura no patrimônio de suas faculdades superiores. O trabalho, porém, não pode ser brusco, sob pena de ocasionar desastres emocionais de graves conseqüências. Urge considerar a necessidade da medida, isto é, da gradação.

E, fitando-nos mais agudamente, prosseguiu:

– Há, contudo, observação valiosa a destacar. Como vemos, não é a rotulagem externa que socorre o crente nas supremas horas evolutivas. É justamente a sementeira do esforço próprio, nos serviços da sabedoria e do amor, que frutifica, no instante oportuno, através de providências intercessórias ou de compensações espontâneas da lei que manda entregar as respostas do Céu "a cada um por suas obras". Todo lugar do Universo, portanto, pode ser convertido em santuário de luz eterna, desde que a execução dos Divinos Desígnios seja a alegria de nossa própria vontade.

Finda a colheita de preciosos ensinamentos, começamos a regressar, terminando, assim, a nossa feliz excursão.

Devolvendo os enfermos aos leitos de origem, verificamos as impressões diferentes de cada um. Fábio demonstrava infinito conforto no campo íntimo. Cavalcante acordou, no organismo de carne, pensando em recorrer à eucaristia pela manhã, e Dimas, ao despertar, junto de nós, chamou a esposa e afirmou em voz fraca:

– Oh! como foi maravilhoso meu sonho de agora! Vi-me à beira de rio caudaloso e brilhante, que atravessei com o auxílio de benfeitores invisíveis, chegando, em seguida, a grande casa, cheia de luz!

Pousou a descarnada mão na testa úmida, e exclamou:

– Ah! como desejaria lembrar-me de tudo! Tenho a impressão de que visitei um mundo feliz, recebendo ensinamentos de grande significação, mas... a cabeça falha!...

A companheira tranqüilizou-o, exortando-o a dormir.

Realizara-se a primeira excursão de adestramento com os amigos, que, dentro em breve, viriam ter conosco.

Congregados, de novo, na abençoada instituição de Adelaide, deliberou Jerônimo nosso retorno à Casa Transitória de Fabiano, para descansar e servir em outros setores, toda vez que a oportunidade de trabalho útil nos bafejasse com a sua bênção.

13

COMPANHEIRO LIBERTADO

Depois de vários preparativos, principalmente ao lado de Cavalcante, que piorara após a intervenção cirúrgica, Jerônimo articulou providências referentes à desencarnação de Dimas, cuja posição era das mais precárias.

De manhãzinha, após entender-se com a Irmã Zenóbia, quanto à localização do primeiro amigo a libertar-se dos laços físicos, o Assistente convidou-nos ao trabalho.

Compreendia, mais uma vez, que há tempo de morrer, como há tempo de nascer. Dimas alcançara o período de renovação e, por isso, seria subtraído à forma grosseira, de modo a transformar-se para o novo aprendizado. Não fora determinado dia exato. Atingira-se o tempo próprio. Recordando, contudo, meu caso particular e sequioso de elucidações construtivas, ousei interrogar nosso orientador, enquanto regressávamos ao círculo carnal, pela manhã.

– Prezado Assistente – indaguei –, releve-me o desejo de saber particularidades do serviço... Poderá, todavia, informar-me se Dimas desencarnará em ocasião adequada? Viveu ele toda a cota de tempo suscetível de ser aproveitada por seu Espírito na Crosta da Terra? Completou a relação de serviços que o trouxera ao renascimento?

– Não – respondeu o interpelado, com firmeza –, não chegou a aproveitar todo o tempo prefixado.

– Oh! – considerei, levianamente – terá sido, como fui, suicida inconsciente? Penetrei nossa colônia nessa condição e, antes de obter a graça do refúgio renovador, experimentei acerbos padecimentos.

Enunciando tal apreciação, ponderava sobre a tarefa especial de socorrê-lo. Razões fortes, decerto, motivariam o esforço que se levava a efeito, mas a informação do orientador desconcertava-me. Se o irmão referido não completara o tempo previsto ao roteiro de obrigações que lhe fora traçado, por que tamanha consideração? Mereceria o movimento excepcional de assistência individualizada? Que motivo impeliria a esfera superior a prestar-lhe tanta atenção?

Jerônimo compreendeu, sem dúvida, a venenosa preocupação que me dominava o pensamento, mas absteve-se de longas explicações, confirmando, simplesmente:

– Não, André, nosso amigo não é suicida.

Mais acertado seria silenciar raciocínios suspeitos; entretanto, meu inveterado instinto de pesquisa intelectual era demasiado forte para que eu me dominasse.

Fixando-o, algo confundido, tornei a perguntar:

– Mas se Dimas não aproveitou todo o tempo de que dispunha, não terá também desperdiçado a oportunidade, como aconteceu a mim mesmo?

Meu interlocutor estampou no semblante leve sorriso e acentuou, compassivo:

– Não conheço seu passado, André, e acredito que as melhores intenções terão movido suas atividades no pretérito. A situação do amigo a que nos referimos, porém, é muito clara. Dimas não conseguiu preencher toda a cota de tempo que lhe era lícito utilizar, em virtude do ambiente de sacrifício que lhe dominou os dias, na existência a termo. Acostumado, desde a infância, à luta sem mimos, desenvolveu o corpo, entre deveres e abnegações incessantes. Desfavorecido de qualquer vantagem material no princípio, conheceu ásperas obrigações para ganhar a intimidade com as leituras mais simples. Entregue ao serviço rude, no verdor da mocidade, constituiu a família, pingando suor no sacrifício diário. Passou a vida em submissão a regulamentos, conquistando a subsistência com enorme despesa de energia. Mesmo assim, encontrou recursos para dedicar-se aos que gemem e sofrem nos planos mais baixos que o dele. Recebendo a mediunidade, colocou-a a serviço do bem coletivo. Conviveu com os desalentados e aflitos de toda sorte. E porque seu espírito sensível encontrava prazer em ser útil e em razão dos necessitados guardarem raramente a noção do equilíbrio, sua existência converteu-se em refúgio de enfermos do corpo e da alma. Perdeu, quase integralmente, o conforto da vida social, privou-se de estudos edificantes que lhe poderiam prodigalizar mais amplas realizações ao idealismo de homem de bem e prejudicou as células físicas, no acúmulo de serviço obrigatório e acelerado na causa do sofrimento humano. Pelas vigílias compulsórias, noite adentro, atenuou-se-lhe a resistência nervosa; pela inevitável irregularidade das refeições, distanciou-se da saúde harmoniosa do estômago; pelas perseguições gratuitas de que foi objeto, gastou fosfato excessivamente e, pelos choques reiterados com a dor alheia, que sempre lhe repercutiu amargamente no coração, alojou destruidoras vibrações no fígado, criando afecções morais que o incapacitaram para as funções regeneradoras do sangue. É verdade que não podemos louvar o trabalhador que perde qualquer órgão fundamental da vida física em atrito com as perturbações que companheiros encarnados criam e incentivam para si mesmos; no entanto, faz-se preciso considerar as circunstâncias em jogo. Dimas poderia receber, com naturalidade, semelhantes emissões destrutivas, mantendo-se na serenidade intangível do legítimo apóstolo do Evangelho. Todavia, não se organiza de um dia para outro o anteparo psíquico contra o bombardeio dos raios perturbadores da mente alheia, como não é fácil improvisar cais seguro ante o oceano em ressaca. Cercado de exigências sentimentais, subalimentado, maldormido, teve as reiteradas congestões hepáticas convertidas na cirrose hipertrófica, portadora da desintegração do corpo.

Interrompeu-se o orientador, e, como me sentisse fundamente envergonhado pelo paralelo que inadvertidamente estabelecera, Jerônimo acentuou:

– Segundo observamos, há existências que perdem pela extensão, ganhando, porém, pela intensidade. A visão imperfeita dos homens encarnados reclama o exame acurado dos efeitos, mas a visão divina jamais despreza minuciosas investigações sobre as causas...

Calei-me, humilhado. O hábito de analisar pessoas e ocorrências, unilateralmente, mais uma vez me impunha proveitosa decepção. Naturalmente, o Assistente conhecia-me a antiga posição, estaria informado de meus desvios anteriores, mas dignava-se evitar-me desapontamento mais fundo com referências comparativas. Assomaram-me recordações do passado, mais nítidas e esclarecedoras. Inegavelmente, conduzira minha última experiência como melhor me pareceu. Tomava refeições calmas e substanciosas, a horas certas; dera-me a estudos prediletos; dispunha de meu tempo com rigorosa independência nas decisões; cerrava a porta aos clientes antipáticos, quando me faltava disposição para suportá-los; nunca molestara o fígado por sofrimentos alheios, porque era ele pequeno para conter as vibrações destruidoras de minhas próprias irritações, ao sentir-me contrariado nos pontos de vista pessoais, e, sobretudo, aniquilara o aparelho gastrintestinal pelo excesso de comestíveis e bebedices aliados à sífilis a que eu mesmo dera guarida, levianamente. Havia, portanto, muita diversidade entre o caso Dimas e o meu. O dedicado servidor do bem empregara as possibilidades que o Céu lhe confiara em benefício de outrem. Quanto a mim, centralizado em mim mesmo, gozara essas possibilidades até ao clímax, perdendo-me pela abusiva saciedade.

Jerônimo era, porém, suficientemente bom para não comentar realidades tão duras. Reafirmando a generosidade espontânea que o caracterizava, desarticulou minhas impressões desagradáveis, tangendo assuntos novos.

Em breve, chegávamos à residência do enfermo, cujo estado era gravíssimo.

Alguns amigos desencarnados velavam, atentos.

Iluminada entidade que evidenciava grande interesse pelo agonizante, acercou-se do Assistente, indagando se o decesso fora marcado para aquele dia.

– Sim – esclareceu o interpelado –, a resistência orgânica terminou. Estamos autorizados a aliviá-lo, o que faremos hoje, alijando-lhe o fardo pesado de matéria densa.

A interlocutora consultou-o, ainda, sobre a oportunidade de reunir ali alguns beneficiados da missão cumprida pelo moribundo, que lhe desejavam testemunhar carinhoso apreço, no derradeiro dia carnal.

– Minha amiga compreende as dificuldades inerentes ao assunto – respondeu o nosso dirigente com gentileza. – Se Dimas estivesse plenamente senhor das emoções, não surgiria inconveniente algum. Entretanto, ele permanece agora sob agitações psíquicas muito fortes. Conhece o fim próximo do aparelho carnal, mas não pode esquivar-se, de súbito, às algemas domésticas. Teme o futuro dos seus, conserva-se em total descontrole dos nervos e enlaça-se nas emissões de inquietude da esposa e dos filhos. Cremos ser inoportuna essa visita compacta, no decorrer das atividades da desencarnação, mesmo em se tratando dos melhores amigos do doente, para que se lhe não agrave o descontrole mental. Dimas poderá, não obstante, ser amparado pelo afeto dos que por ele têm afeição, logo se desfaça do corpo grosseiro. Além disso, sugiro que manifestação de carinho, merecida e justa, lhe seja prestada por quantos o estimam, no dia em que nos deslocarmos da Casa Transitória de Fabiano para as regiões mais altas. Nosso irmão e cooperador descansará, ali, sob atencioso cuidado, junto de outros amigos em condições análogas. Não faltaremos com o aviso prévio sobre sua partida, para que se congreguem conosco os seus afeiçoados, na prece de reconhecimento que elevaremos ao Todo-Poderoso.

A consulente manifestou sincera satisfação e acentuou:

– Bem lembrado! Esperaremos a comunicação no instante oportuno.

Logo após, despediu-se, afastando-se ao lado de outros visitantes de nossa esfera, que nos deixavam, agora, campo livre para a nossa necessária atuação.

O transe era, sem dúvida, melindroso.

A esposa do médium, ao pé dele, não obstante prolongadas vigílias e sacrifícios estafantes, que a expressão fisionômica denunciava, mantinha-se firme a seu lado, olhos vermelhos de chorar, emitindo forças de retenção amorosa que prendiam o moribundo em vasto emaranhado de fios cinzentos, dando-nos a impressão de peixe encarcerado em rede caprichosa.

Jerônimo apontou-a, bondoso, e explicou:

– Nossa pobre amiga é o primeiro empecilho a remover. Improvisemos temporária melhora para o agonizante, a fim de sossegar-lhe a mente aflita. Somente depois de semelhante medida conseguiremos retirá-lo, sem maior impedimento. As correntes de força, exteriorizadas por ela, infundem vida aparente aos centros de energia vital, já em adiantado processo de desintegração.

Recomendou o Assistente que Luciana e Hipólito se mantivessem ao lado da senhora, modificando-lhe as vibrações mentais, e instruindo-me para coadjuvar-lhe a influenciação, como se fazia mister.

Enquanto mantinha as mãos coladas ao cérebro de Dimas, propiciando-lhe a renovação das forças gerais, Jerônimo aplicava-lhe passes longitudinais, desfazendo os fios magnéticos que se entrecruzavam sobre o corpo abatido.

Reparei que o moribundo se encontrava já em dolorosas condições. Plenamente desorganizado, o fígado começava definitivamente a paralisar suas funções. O estômago, o pâncreas e o duodeno apresentavam anomalias estranhas. Os rins pareciam praticamente mortos. Os glomérulos prendiam-se aos ramos arteriais como pequeninos botões arroxeados; os tubos coletores, enrijecidos, prenunciavam o fim do corpo. Sintomas de gangrena pesavam em toda a atmosfera orgânica.

O que mais impressionava, porém, era a movimentação da fauna microscópica. Corpúsculos das mais variadas espécies nadavam nos líquidos acumulados no ventre, concentrando-se particularmente no ângulo hepático, como a buscarem alguma coisa, com avidez, nas vizinhanças da vesícula.

O coração trabalhava com dificuldade. Enfim, o enfraquecimento atingira o auge.

– Precisamos fornecer-lhe melhoras fictícias – asseverou o dirigente de nossas atividades –, tranqüilizando-lhe os parentes aflitos. A câmara está repleta de substâncias mentais torturantes.

O Assistente principiou, então, a exercer intensivamente sua influência.

Dimas, de raciocínio obnubilado pela dor, não divisava a nossa presença. Os atritos celulares, pelo rápido desenvolvimento dos vírus portadores do coma, impediam-lhe percepções claras. As proveitosas faculdades mediúnicas que ele possuía haviam caído em temporário eclipse, ante os choques do sofrimento. Era, porém, extremamente sensível à atuação magnética.

Pouco a pouco, com a interferência de Jerônimo, o amigo acalmou-se, respirou em ritmo quase normal, abriu os olhos fundos e exclamou, reconfortado:

– Graças a Deus! Louvado seja Deus!

Um dos filhos, a contemplá-lo, de olhos súplices, seguiu-lhe as palavras, ansioso, indagando num gesto de alívio:

– Melhorou, papai?

– Oh! sim, meu filho, agora respiro mais livremente...

– Sente os amigos espirituais ao seu lado? – tornou o rapaz, cheio de fé.

O enfermo sorriu, algo triste, e retrucou:

– Não. Quero crer que o sofrimento físico cerrou a porta que me comunicava com a esfera invisível. Mesmo assim, estou muito confiante. Jesus não nos desampara.

Fixou a companheira em lágrimas e aduziu:

– Todos nós experimentaremos a solidão nos grandes momentos de aferir valores espirituais. Estou convencido de que os nossos Guias do Plano Superior não me olvidarão as necessidades... entretanto... não devo esperar que tomem cuidado permanente comigo...

Falava em voz quase imperceptível, em virtude do abatimento, entrecortando as palavras na respiração opressa.

A senhora, vacilante, estava inteiramente amparada por Luciana, que a abraçava, afetuosa. Viam-se-lhe os sinais de angustioso cansaço. Lágrimas espessas corriam-lhe dos olhos congestionados.

Jerônimo, agora, pousava a destra na fronte do moribundo, proporcionando-lhe força, inspiração e idéias favoráveis ao desdobramento de nossos serviços. Dimas mostrou novo brilho no olhar, encarou a companheira, esforçando-se por parecer tranqüilo, e rogou:

– Querida, vá descansar!... Peço-lhe... Tantas noites a fio, de sentinela, acabarão por aniquilá-la. Que será de mim, doente e exausto, se o desânimo surpreender-nos a todos?!

Fez mais longo intervalo e prosseguiu:

– Repouse a meu pedido. Ficaria tão satisfeito se a visse mais forte... Não se retarde. Sinto-me muito melhor e sei que o dia será de calma e reconforto.

Cedendo às instâncias do esposo e docemente constrangida pela influência de Luciana e Hipólito, a matrona recolheu-se ao quarto.

Em vista das melhoras obtidas, houve expansão de júbilo familiar. O médico foi chamado. Radiante, o clínico asseverou que os prognósticos contrariavam suposições anteriores. Renovou as indicações, dispensou os anestésicos e recomendou ao pessoal doméstico que entregasse o doente ao repouso absoluto. Dimas acusava melhoras surpreendentes. Era razoável, portanto, que a câmara fosse deixada em silêncio para que ele tivesse um sono reparador.

O esculápio atendia-nos ao desejo.

Em breves minutos, o compartimento ficou solitário, facilitando-nos o serviço.

O Assistente distribuiu trabalho a todos nós.

Hipólito e Luciana, depois de tecerem uma rede fluídica de defesa, em torno do leito, para que as vibrações mentais inferiores fossem absorvidas, permaneceram em prece ao lado, enquanto eu mantinha a destra sobre o plexo solar do agonizante.

– Iniciaremos, agora, as operações decisivas – declarou-nos Jerônimo, resoluto –, antes, porém, forneçamos ao nosso amigo a oportunidade da oração final.

O Assistente tocou-o, demoradamente, na parte posterior do cérebro. Vimos que o agonizante passou a emitir pensamentos luminosos e belos. Não nos via, nem nos ouvia, de maneira direta, mas conservava a intuição clara e ativa. Sob o controle de Jerônimo, experimentou imperiosa necessidade de orar e, embora os lábios cansados prosseguissem imóveis, assinalamos a rogativa mental que endereçava ao Divino Mestre:

– Meu Senhor Jesus-Cristo, creio que atingi o fim de meu corpo, do corpo que me deste, por algum tempo, como dádiva preciosa e bendita. Eu não sei, Senhor, quantas vezes feri a máquina fisiológica que me confiaste. Inconscientemente, quebrei-lhe as peças com o meu descaso, menosprezando patrimônios sagrados, cujo valor estou reconhecendo em mais de doze meses de sofrimento carnal incessante. Não te posso implorar a bênção da morte pacífica, porque nada fiz de bom ou de útil por merecê-la. Mas se é possível, Amado Médico, socorre-me com o teu compassivo e desvelado amor! Curaste paralíticos, cegos e leprosos... Por que te não compadecerás de mim, miserável peregrino da Terra?...

Seus olhos deixaram escapar lágrimas abundantes.

Após breves minutos, observamos que o agonizante recordava a meninice distante. Na tela miraculosa da memória, revia o colo materno e sentia sede do carinho de mãe. Oh! se pudesse contar com o socorro da abençoada velhinha que a morte arrebatara há tantos anos! – refletia. Premido pelas doces reminiscências, modificou o quadro da súplica, lembrou a cena da crucificação de Jesus, insistiu mentalmente por vislumbrar o vulto sublime de Maria e, sentindo-se de joelhos, diante dela, implorou:

– Mãe dos céus, mãe das mães humanas, refúgio dos órfãos da Terra, sou agora, também, o menino frágil com fome do afeto maternal nesta hora suprema! Oh! Senhora Divina, mãe de meu Mestre e de meu Senhor, digna-te abençoar-me! Lembra que teu filho divino pôde ver-te no derradeiro instante e intercede por mim, mísero servo, para que eu tenha minha santa mãe ao meu lado no minuto de partir!... Socorre-me! não me abandones, anjo tutelar da Humanidade, bendita entre as mulheres!

Oh! providência maravilhosa do Céu! Convertera-se o coração do moribundo em foco radioso e a porta de acesso deu entrada a venerável anciã, coroada de luz semelhando neve luminosa. Ela se aproximou de Jerônimo e informou, após desejar-nos a paz divina:

– Sou a mãe dele...

O Assistente comentou a urgência da tarefa que nos aguardava e confiou-lhe o depósito querido.

Em breves instantes, tínhamos perante os olhos inolvidável quadro afetivo. Sentara-se a velhinha no leito, depondo a cabeça do moribundo no regaço acolhedor, afagando-a com as mãos cariciosas.

Em virtude do reforço valioso no setor da colaboração, Hipólito e Luciana, atendendo ao nosso dirigente, foram velar pelo sono da esposa, para que as suas emissões mentais não nos alterassem o esforço.

No recinto, permanecemos os três apenas.

Dimas, experimentando indefinível bem-estar no regaço materno, parecia esquecer, agora, todas as mágoas, sentindo-se amparado como criança semi-inconsciente, quase feliz. Ordenou Jerônimo que me conservasse vigilante, de mãos coladas à fronte do enfermo, passando, logo após, ao serviço complexo e silencioso de magnetização. Em primeiro lugar, insensibilizou inteiramente o vago, para facilitar o desligamento nas vísceras. A seguir, utilizando passes longitudinais, isolou todo o sistema nervoso simpático, neutralizando, mais tarde, as fibras inibidoras no cérebro. Descansando alguns segundos, asseverou:

– Não convém que Dimas fale, agora, aos parentes. Formularia, talvez, solicitações descabidas.

Indicou o desencarnante e comentou, sorrindo:

– Noutro tempo, André, os antigos acreditavam que entidades mitológicas cortavam os fios da vida humana. Nós somos Parcas autênticas, efetuando semelhante operação...

E porque eu indagasse, tímido, por onde iríamos começar, explicou-me o orientador:

– Segundo você sabe, há três regiões orgânicas fundamentais que demandam extremo cuidado nos serviços de liberação da alma: o centro vegetativo, ligado ao ventre, como sede das manifestações fisiológicas; o centro emocional, zona dos sentimentos e desejos, sediado no tórax, e o centro mental, mais importante por excelência, situado no cérebro.

Minha curiosidade intelectual era enorme. Entendendo, porém, que a hora não comportava longos esclarecimentos, abstive-me de indagações.

Jerônimo, todavia, gentil como sempre, percebeu-me o propósito de pesquisa e acrescentou:

– Noutro ensejo, André, você estudará o problema transcendente das várias zonas vitais da individualidade.

Aconselhando-me cautela na ministração de energias magnéticas à mente do moribundo, começou a operar sobre o plexo solar, desatando laços que localizavam forças físicas. Com espanto, notei que certa porção de substância leitosa extravasava do umbigo, pairando em torno. Esticaram-se os membros inferiores, com sintomas de esfriamento.

Dimas gemeu, em voz alta, semi-inconsciente.

Acorreram amigos, assustados. Sacos de água quente foram-lhe apostos nos pés. Mas, antes que os familiares entrassem em cena, Jerônimo, com passes concentrados sobre o tórax, relaxou os elos que mantinham a coesão celular no centro emotivo, operando sobre determinado ponto do coração, que passou a funcionar como bomba mecânica, desreguladamente. Nova cota de substância desprendia-se do corpo, do epigastro à garganta, mas reparei que todos os músculos trabalhavam fortemente contra a partida da alma, opondo-se à libertação das forças motrizes, em esforço desesperado, ocasionando angustiosa aflição ao paciente. O campo físico oferecia-nos resistência, insistindo pela retenção do senhor espiritual.

Com a fuga do pulso, foram chamados os parentes e o médico, que acorreram, pressurosos. No regaço maternal, todavia, e sob nossa influenciação direta, Dimas não conseguiu articular palavras ou concatenar raciocínios.

Alcançáramos o coma, em boas condições.

O Assistente estabeleceu reduzido tempo de descanso, mas volveu a intervir no cérebro. Era a última etapa. Concentrando todo o seu potencial de energia na fossa romboidal, Jerônimo quebrou alguma coisa que não pude perceber com minúcias, e brilhante chama violeta-dourada desligou-se da região craniana, absorvendo, instantaneamente, a vasta porção de substância leitosa já exteriorizada. Quis fitar a brilhante luz, mas confesso que era difícil fixá-la, com rigor. Em breves instantes, porém, notei que as forças em exame eram dotadas de movimento plasticizante. A chama mencionada transformou-se em maravilhosa cabeça, em tudo idêntica à do nosso amigo em desencarnação, constituindo-se, após ela, todo o corpo perispiritual de Dimas, membro a membro, traço a traço. E, à medida que o novo organismo ressurgia ao nosso olhar, a luz violeta-dourada, fulgurante no cérebro, empalidecia gradualmente, até desaparecer, de todo, como se representasse o conjunto dos princípios superiores da personalidade, momentaneamente recolhidos a um único ponto, espraiando-se, em seguida, através de todos os escaninhos do organismo perispirítico, assegurando, desse modo, a coesão dos diferentes átomos, das novas dimensões vibratórias.

Dimas-desencarnado elevou-se alguns palmos acima de Dimas-cadáver, apenas ligado ao corpo através de leve cordão prateado, semelhante a sutil elástico, entre o cérebro de matéria densa, abandonado, e o cérebro de matéria rarefeita do organismo liberto.

A genitora abandonou o corpo grosseiro, rapidamente, e recolheu a nova forma, envolvendo-a em túnica de tecido muito branco, que trazia consigo.

Para os nossos amigos encarnados, Dimas morrera, inteiramente. Para nós outros, porém, a operação era ainda incompleta. O Assistente deliberou que o cordão fluídico deveria permanecer até ao dia imediato, considerando as necessidades do "morto", ainda imperfeitamente preparado para desenlace mais rápido.

E, enquanto o médico fornecia explicações técnicas aos parentes em pranto, Jerônimo convidou-nos à retirada, confiando, porém, o recém-desencarnado àquela que lhe fora desvelada mãezinha no mundo físico:

– Minha irmã pode conservar o filho à vontade até amanhã, quando cortaremos o fio derradeiro que o liga aos despojos, antes de conduzi-lo a abrigo conveniente. Por enquanto, repousará ele na contemplação do passado, que se lhe descortina em visão panorâmica no campo interior. Além disso, acusa debilidade extrema após o laborioso esforço do momento. Por essa razão, somente poderá partir, em nossa companhia, findo o enterramento dos envoltórios pesados, aos quais se une ainda pelos últimos resíduos.

A anciã agradeceu com emoção e, dando a entender que lhe respondia às arguições mentais, o Assistente concluiu:

– Convém montar guarda aqui, vigilante, para que os amigos apaixonados e os inimigos gratuitos não lhe perturbem o repouso forçado de algumas horas.

A mãe de Dimas revelou-se muito grata e partimos, em grupo, a caminho da fundação de Fabiano, de onde nossa expedição socorrista regressaria à Crosta, no dia seguinte.

14

Prestando assistência

Meus companheiros de missão pareciam menos interessados em seguir o caso Dimas, durante a noite, inclusive Jerônimo, reservando-se para a continuidade do esforço no dia imediato, quando nos caberia transportá-lo até ao abençoado abrigo de Fabiano.

Não se verificava o mesmo quanto a mim.

Desembaraçando-me dos laços físicos, noutro tempo, não conseguira efetuar observações educativas para o meu acervo de conhecimentos. O choque sensorial no transe, para a minha personalidade ainda desatenta ante as questões do espírito eterno, impedira-me a análise minuciosa do assunto. Agora, porém, a oportunidade poderia fazer mais luz em minhalma, quanto à posição dos recém-desencarnados, antes da inumação do envoltório grosseiro.

Expondo ao Assistente o meu propósito de aprender, recebi dele a mais ampla permissão. Poderia visitar a residência de Dimas, à vontade, lá permanecendo durante as horas que desejasse.

A aquiescência de Jerônimo enchia-me de prazer. Não só pela ocasião de enriquecer-me na esfera prática, mas também porque o fato, em si, era bastante expressivo. Pela primeira vez, um companheiro de trabalho, com autoridade suficiente, concordava com o meu desejo de humílimo operário. O consentimento, portanto, representava preciosa conquista. Constituía a liberdade instrutiva, com a responsabilidade de minha consciência e a confiança de meus superiores hierárquicos.

Deixando a Casa Transitória, em plena noite, vi-me, em breve, no ambiente doméstico onde o amigo se desfizera dos elos da matéria mais espessa.

Entrei. A casa enchia-se de amigos e simpatizantes, encarnados e desencarnados. Não se articulavam quaisquer serviços de defesa. Notei que havia trânsito livre pelos grupos de variadas procedências.

Em recuado recanto, ainda ligado às vísceras inertes pelo cordão fluídico-prateado, permanecia Dimas no regaço da genitora, ao pé de dois amigos que, cuidadosos, o assistiam.

A nobre matrona reconheceu-me, comovida, apresentando-me aos companheiros presentes.

Um deles, Fabriciano, acolheu-me, prestativo, interessando-se pelos informes atinentes ao desenlace. Relatei-lhe os trabalhos, pormenorizadamente. Em seguida, o interlocutor passou a explicar-se:

– Sempre tive por Dimas sincera admiração, pelo proveitoso concurso que soube oferecer-nos. Integro a comissão espiritual de serviço que vem atendendo aos necessitados, por intermédio dele, nos últimos seis anos. Foi sempre assíduo nas obrigações, bom companheiro, leal irmão.

Surpreso com as referências, indaguei:

– Há, desse modo, comissões de colaboração permanente para os médiuns em geral?

– Não me reporto à generalidade – redarguiu o interlocutor –, porque a mediunidade é título de serviço como qualquer outro. E há pessoas que pugnam pela obtenção dos títulos, mas desestimam as obrigações que lhes correspondem. Gostariam, por certo, do intercâmbio com o nosso plano, mas, não cogitam de finalidades e responsabilidades. Em vista disso não se estabelecem conjuntos de cooperação para os médiuns em geral, mas apenas para aqueles que estejam dispostos ao trabalho ativo. Há muitos aprendizes que não ultrapassam a fronteira da tentativa, da observação. Desejariam o caminho bem aplainado, exigindo a convivência exclusiva dos Espíritos genuinamente bondosos. Experimentam a luta construtiva, através de sondagens superficiais e, à primeira dificuldade, abandonam compromissos assumidos. A aquisição da fortaleza moral não prescinde das provas arriscadas e angustiosas. Entretanto, em face das exigências naturais do aprendizado, dizem-se feridos na dignidade pessoal. Não suportam a aproximação de infelizes encarnados ou desencarnados, estacionando à menor picada de dor. Para semelhantes experimentadores, seria extremamente difícil a formação de equipes eficientes, representativas de nosso plano. Não se sabe quando estão dispostos a servir. Se recebem faculdades intuitivas, pedem a incorporação; se contam com a vidência, querem a possibilidade de exteriorizar fluidos vitais para os fenômenos de materialização.

Escutei as observações sensatas do novo amigo e, registando-lhe a nobreza dalma, passei a considerações íntimas em torno da tarefa que nos levara até ali.

Por que se formara expedição destinada a socorro de servidor que dispunha de amigos de tamanha competência moral? Fabriciano demonstrava conhecimentos elevados e condição superior. O obsequioso amigo, porém, evidenciando extrema acuidade perceptiva, antes que eu fizesse qualquer pergunta inoportuna, acrescentou:

– Não obstante nossa amizade ao médium, não nos foi possível acompanhar-lhe o transe. Temos delegação de trabalho, mas, no assunto, entrou em jogo a autoridade de superiores nossos, que resolveram proporcionar-lhe repouso, o que não nos seria possível prodigalizar-lhe, caso viesse diretamente para a nossa companhia.

A palestra conduzia-se a interessantes ângulos do problema da morte. Seduzido pelas considerações, interroguei sobre o que já sabia, mais ou menos, a fim de poder penetrar particularidades mais significantes:

– Nem todas as desencarnações de pessoas dignas contam com o amparo de grupos socorristas?

– Nem todas – confirmou o interlocutor, e acentuou –, todos os fenômenos do decesso contam com o amparo da caridade afeta às organizações de assistência indiscriminada; no entanto, a missão especialista não pode ser concedida a quem não se distinguiu no esforço perseverante do bem.

– Todavia – objetei, curioso, tangendo a corda que mais me interessava no assunto –, não há casos de criaturas, essencialmente bondosas, que se libertam dos laços físicos – mais ou menos entrosados em comissões de serviço espiritual de natureza superior – sem que haja missões salvacionistas, previamente designadas para socorrê-las?

Após breve pausa, acrescentei para fazer-me mais claro:

– Vamos que Dimas estivesse em ligação recente com a sua comissão de trabalho e desencarnasse sem o cuidado dum grupo socorrista: seria deixado à mercê das circunstâncias?

Riu-se Fabriciano, com franqueza, e retrucou:

– Isso poderia acontecer. Temos precedentes. De maneira geral, ocorrem semelhantes casos com os trabalhadores aflitos por conseguir de qualquer modo a desencarnação, alegando necessidades de repouso. Muitas vezes, no fundo, são criaturas bondosas, mas menos lógicas e pouco inteligentes. Na semana finda, por exemplo, observamos um caso dessa natureza. Respeitável senhora, jovem ainda, pelas disposições sadias que demonstrou no campo da benemerência social, foi ligada a dedicada corrente de serviço, organizada por amigos nossos. Verificando-se, contudo, pequenas rusgas entre ela e o esposo, e tendo conhecimento da imortalidade da vida, além do sepulcro, desejou a pobre criatura ardentemente morrer. Tolas leviandades do marido bastaram para que maldissesse o mundo e a Humanidade. Não soube quebrar a concha do personalismo inferior e colocar-se a caminho da vida maior. Pela cólera, pela intemperança mental, criou a idéia fixa de libertar-se do corpo de qualquer maneira, embora sem utilizar o suicídio direto. Conhecia os amigos espirituais a que se havia unido, mas, longe de assimilar-lhes ajuizadamente os conselhos, repelia-lhes as advertências fraternas para aceitar tão-somente as palavras de consolaçao que lhe eram agradáveis, dentre as admoestações salutares que lhe endereçavam. E tanto pediu a morte, insistindo por ela, entre a mágoa e a irritação persistentes, que veio a desencarnar em manifestação de icterícia complicada com simples surto gripal. Tratava-se de verdadeiro suicídio inconsciente, mas a senhora, no fundo, era extraordinariamente caridosa e ingênua. Não se recebeu qualquer autorização para conceder-lhe descanso e muito menos auxílio especial. Os benfeitores de nossa esfera, apesar de eficiente intercessão em benefício da infeliz, somente puderam afastá-la das vísceras cadavéricas, há dois dias, em condições impressionantes e tristes. Não havendo qualquer determinação de assistência particularizada, por parte das autoridades superiores, e porque não seria aconselhável entregá-la ao sabor da própria sorte, em face das virtudes potenciais de que era portadora, o diretor da comissão de serviço, a que se filiara a imprevidente amiga, recolheu-a, por espírito de compaixão, em plena luta, e ela se foi, de roldão, a trabalhar por aí, ativamente, em condições muito mais sérias e complicadas.

A elucidação atingira-me, fundo.

Informara-me sobre o que desejava. A lei divina, de fato, perfeita em seus fundamentos, é igualmente harmoniosa em suas aplicações.

Fabriciano, estampando belo sorriso, aduziu:

– Não frutifica a paz legítima sem a semeadura necessária. Alguém, para gozar o descanso, precisa, antes de tudo, merecê-lo. As almas inquietas entregam-se facilmente ao desespero, gerando causas de sofrimento cruel.

Logo após, contemplando o recém-desencarnado, como a indicar que deveríamos centralizar todo o interesse da hora no bem-estar dele, considerou, acariciando-lhe a fronte:

– Nosso amigo repousa agora, terminada a tormenta das provas incessantes. Está enfraquecido, o pobrezinho. A sensibilidade, posta a serviço da obrigação bem cumprida, castigou-lhe a alma, até ao fim; todavia, plantou a fé, a serenidade, o otimismo e a alegria em milhares de corações, estabelecendo sólidas causas de felicidade futura. Por enquanto, permanecerá na posição de ave frágil, incapaz de voar longe do ninho.

– Felizmente – aventou a genitora, satisfeita –, vem melhorando de modo visível. Os resíduos que o ligam ao cadáver estão quase extintos.

Relanceou o olhar pelos ângulos da modesta residência e acrescentou:

– Se fosse possível receber maior cooperação dos amigos encarnados, ser-lhe-ia muito mais fácil o restabelecimento integral. No entanto, cada vez que os parentes se debruçam, em pranto, sobre os despojos, é chamado ao cadáver, com prejuízo para a restauração mais rápida.

– Lamentavelmente, porém – tornou Fabriciano –, nossos irmãos encarnados não possuem a chave de reais conhecimentos para organizar ação adequada a esta hora.

– Em vista disso – revidou a genitora, conformada –, insisto para que Dimas durma, embora o sono, que poderia ser calmo e doce, esteja povoado de pesadelos.

Diante da surpresa que me absorvia, o companheiro apressou-se a esclarecer-me:

– As imagens contidas nas evocações das palestras incidem sobre a mente do desencarnado, mantido em repouso depois de rápido mergulho na contemplação dos fatos alusivos à existência finda. Não somente as imagens. Por vezes, nossos amigos presentes, fecundos nas conversações sem proveito, exumem, com tamanho calor, a lembrança de certos fatos, que trazem até aqui alguns dos protagonistas já desencarnados.

As afirmações ouvidas incitaram-me a curiosidade. Fabriciano, entretanto, desejando prodigalizar-me experiência direta, aconselhou:

– Espere alguns minutos na sala contígua, onde os despojos recebem a visitação.

Obedeci.

O velório apresentava o aspecto usual. Flores perfumadas, semblantes sisudos e conversações discretas.

Ao pé do cadáver, propriamente considerado, os amigos sustentavam reserva e circunspecção. A poucos passos, todavia, davam-se asas ao anedotário vibrante, em torno do amigo em trânsito para o "outro mundo". Pequenas e grandes ocorrências da vida do "morto" eram lembradas com graça e vivacidade.

Acerquei-me de roda compacta, em que se falava a respeito dele.

Certo rapaz dirigiu-se a cavalheiro muito idoso, perguntando:

– Coronel, recebeu a conta?

– Por enquanto, não – respondeu o velhote interpelado, preparando fumo de rolo para cigarro à moda antiga –, mas não me preocupo pela demora. Dimas foi sempre bom camarada e os filhos não olvidarão o compromisso paterno. Questão de tempo...

Interessado em ressaltar as qualidades distintas do "falecido" e revelando suas boas disposições de historiador municipal, prosseguiu:

– Dimas era um homem interessante e excepcional. Sempre lhe invejei a serenidade. Em matéria de prudência, raras pessoas conheci semelhantes a ele. É verdade que nunca me dei a estudos espiritistas, mas confesso que, ao lhe observar a maneira de proceder, sempre desejei conhecer a doutrina que lhe formava o caráter.

Até aí, tudo muito bem. Embora a invocação dos débitos do "morto", o credor apenas pronunciava palavras de estímulo e paz.

Todavia, no estado atual da educação humana, é muito difícil alimentar, por mais de cinco minutos, conversação digna e cristalina, numa assembléia superior a três criaturas encarnadas.

O comentarista modificou o diapasão de voz, olhou na direção do cadáver e observou, em tom confidencial:

– Poucos homens foram de boca segura como este. Conheci Dimas, faz muitos anos, e estou certo de que foi testemunha ocular de pavoroso crime, que nunca se desvendou para os juízes da Terra.

Após ligeira pausa, acendeu o cigarro e perguntou, reaguçando a curiosidade dos ouvintes:

– Nunca souberam?

Os presentes mostraram silenciosa negativa.

– Vai para trinta anos – continuou o narrador –, Dimas residia ao lado de nobre família, que guardava consigo valiosos patrimônios da coletividade, relativamente à orientação pública. Desse agrupamento doméstico, superiormente conceituado na apreciação geral, emanavam ordens e benefícios da mais elevada expressão para o bem-estar de todos. Como não ignoram, há três decênios a vida no interior ainda conservava expressiva herança do Brasil imperial. A economia centralizada mantinha a "casa-grande" símbólica, onde se traçavam roteiros para o serviço popular. Situado na vizinhança de residência feudal como essa, nosso amigo levava existência humilde de trabalhador, organizando o futuro de homem de bem.

O cavalheiro, insciente dos problemas do espírito, enunciou nomes, relacionou datas e lembrou brejeiramente certos pormenores, prosseguindo com maliciosa jocosidade:

– Certa noite, pela madrugada, conhecido chefe político saía do palacete residencial pelos fundos, acompanhado de uma senhora que aparentava excessiva despreocupação consigo mesma, ao despedir-se com intempestiva manifestação de afeto. Terminado o estranho adeus e, vendo-se sozinho, o "Dom Juan" deu alguns passos para a retirada, espiou, cauteloso, em torno, e ia continuar a marcha, quando reparou que alguém lhe observara a intimidade com a esposa de respeitável amigo. Era modestíssimo operário, que talvez estivesse ali por força de circunstâncias inapreciáveis. O político alcançou-o, dum salto. Homem de compleição robusta e paixões violentas, aproximou-se do espectador inesperado e interpelou-o, brutalmente, ao que o mísero respondeu, humilde:

– Doutor – não estou espreitando, juro-lhe!

– Pois morrerá, de qualquer modo – adiantou o atlético agressor, em voz sumida de cólera.

Agarrou-o pelo paletó e acentuou, de dentes cerrados:

– Vermes que perturbam, devem morrer.

– Não me mate, doutor! não me mate! – rogou o infeliz – tenho mulher e filhos! saberei respeitá-lo!...

Não valeu à vítima dobrar-se de joelhos, na súplica, porque o homem terrível, cego de fúria, tomou a arma e desfechou-lhe certeiro tiro no coração, afastando-se precípite.

Dimas, tendo observado os fatos a curta distância, gritou, fazendo-se ouvir pelo assassino, que o reconheceu pelas exclamações. Em seguida, correu no sentido de amparar o ferido, que, entretanto, nem chegou a gemer. Tendo-se aproximado do assassinado, quando outras pessoas, em roupas brancas, acorriam igualmente à pressa, para verificar o ocorrido, manteve-se a cavaleiro de qualquer atitude suspeitosa; no entanto, chamado a esclarecimento pelas autoridades, ele, que tudo sabia, nada revelou. Protegeu o morto nos funerais, dispensou-lhe extremos cuidados, extensivos à família, portou-se como cristão fiel, esquivando-se, contudo, ao fornecimento de quaisquer indícios para que o criminoso fosse capturado, alegando desconhecer qualquer minúcia dos fatos que deram motivo ao acontecimento. E o caso policial foi encerrado, na suposição de latrocínio. A única testemunha, que era ele, considerava preferível o silêncio ao escândalo que traria enormes dissidências domésticas e sociais.

O narrador fixava os despojos e acentuava:

– Boca segura! não conheci homem mais discreto...

Certo ouvinte indagou, brejeiro:

– Mas, coronel, como veio a saber das particularidades, se Dimas não chegou a denunciar?

O interpelado fez um gesto de franca satisfação e acrescentou:

– Vantagem da boa amizade com os sacerdotes. Meu velho amigo, o padre F..., que Deus guarde, contou-me o fato, sumamente impressionado. Ouviu o assassino, em confissão, antes da morte dele e obteve todos os pormenores da obscura ocorrência. O homicida, cuidadoso na exposição das faltas, não se esqueceu de nomear Dimas ao vigário, como exclusiva testemunha do pecado mortal cometido. O padre, contudo, excelente amigo, cheio de experiência do mundo, não trouxe o caso a público. As pessoas envolvidas no drama deixaram descendência distinta e seria crueldade rememorar acontecimento tão triste.

O narrador estampou curiosa expressão no rosto e rematou, apagando o cigarro:

– Tudo passa... Morreram a vítima, a adúltera, o assassino, o confessor e, agora, a testemunha. Certo, haverá lugar, fora deste mundo, para fazer-se a justiça.

Nesse momento, horrível figura, seguida de outras, não menos monstruosas, surgiu de inesperado. Acercando-se do leviano comentador, ouviu-lhe, ainda, as últimas palavras, sacudiu-o e gritou:

– Sou eu o assassino! que quer você de mim? por que me chama? é juiz?!

O narrador não enxergara o que eu via, mas seu corpo foi atingido por involuntário estremeção, que arrancou abafado riso dos presentes.

Logo após, o homicida desencarnado, atraído talvez pelo cheiro forte das flores reunidas na eça improvisada, teve a perfeita noção do velório. Abalou-se, precipitado, pondo-se na contemplação do morto.

Reconheceu-o, estampou um gesto de profunda surpresa, ajoelhou-se e gritou:

– Dimas, Dimas, pois também tu vens para a verdade?! Onde estás, bom amigo, que me velaste a falta com o véu da caridade sem limites? Socorre-me! estou desesperado! Onde encontrarei minha vítima para suplicar o perdão de que necessito? Ajuda-me, ainda! Tem compaixão! Deves saber o que ignoro! socorre-me, socorre-me!...

Ao lado do infeliz, em rogativa, diversas entidades sofredoras permaneciam extáticas.

Mas Fabriciano surgiu inesperadamente e ordenou aos invasores afastamento imediato.

Limpa a câmara, o novo amigo dirigiu-se a mim, observando:

– Garanto que este grupo entrou nesta casa por invocação direta.

Narrei-lhe, impressionado, o que vira.

Ouviu-me calmamente e ponderou:

– A observação, feita por nós mesmos, é sempre mais valiosa. Dimas, não obstante dedicado à causa do bem e compelido a grande esforço de cooperação na obra coletiva, descuidou-se de incentivar a prática metódica da oração em família, no santuário doméstico. Por isso tem defesas pessoais, mas a residência conserva-se à mercê da visitação de qualquer classe.

A elucidação era significativa. Comecei a compreender a razão do sentimentalismo prejudicial da família inconformada. Desejando, porém, fixar o aprendizado da noite sobre assunto atinente à desencarnação, perguntei:

– Nosso amigo recém-liberto terá ouvido a súplica do irmão desventurado?

– Geme sob terrível pesadelo, nos braços maternos – explicou Fabriciano, solícito –, ao recordar o fato relatado. Desde alguns minutos acompanhamos a agitação dele, reparando que recebia choques desagradáveis, através do cordão final.

– Ouvindo e vendo os quadros invocados? – insisti, perguntando.

– Não chegou a ver, nem a ouvir, integralmente, em face da perturbação espontânea, mas vislumbrou, sentiu, oprimiu-se e torturou-se, prejudicando a reconquista de si mesmo. As forças mentais estão revestidas de maravilhoso poder.

Indicando os grupos que continuavam conversando, acentuou, sem aspereza:

– Nossos amigos da esfera carnal são ainda muito ignorantes para o trato com a morte. Ao invés de trazerem pensamentos amigos e reconfortadores, preces de auxílio e vibrações fraternais, atiram aos recém-desencarnados as pedras e os espinhos que deixaram nas estradas percorridas. É por isso que, por enquanto, os mortos que entregam despojos aos solitários necrotérios da indigência são muito mais felizes.

Ainda não havia terminado, de todo, as considerações, quando a esposa de Dimas, num acesso de pranto, levantou-se do leito em que repousava e adiantou-se para o cadáver, repetindo-lhe o nome, comovedoramente:

– Dimas! Dimas! como ficarei?! Estaremos separados, então, para sempre?...

Como Fabriciano se dirigisse apressado para o quarto humilde em que permanecia o desencarnado, acompanhei-o. A genitora do médium fazia esforços para contê-lo, mas debalde. Pelo fio prateado, estabelecera-se vigoroso contacto entre ele e a companheira, porque Dimas se ergueu, cambaleante, apesar do carinho materno.

Estava lívido, semilouco. Avançou para a sala mortuária, rogando paz, mas antes que pudesse aproximar-se muito dos despojos, Fabriciano aplicou energias de prostração na esposa imprudente, que foi novamente conduzida ao leito, agora sem sentidos, enquanto Dimas voltava ao regaço maternal, menos aflito.

O amigo esclareceu-me, sereno:

– Há situações em que o drástico deve ser medida inicial. Nosso irmão muito fez pela harmonia dos outros, durante a existência, e merece libertação pacífica. Sinto-me, pois, no dever de garanti-lo para que se desembarace dos últimos resíduos que ainda o inclinam à matéria densa.

Outros amigos e afeiçoados do médium chegaram ao ambiente doméstico, interessados em ajudá-lo e, como a noite ia muito alta, despedi-me dos companheiros, pondo-me de regresso ao acolhedor asilo de Fabiano.

No outro dia, ao me avistar, disse-me o Assistente Jerônimo, após a saudação inicial:

– Espero, André, que o velório lhe tenha trazido úteis e instrutivos ensinamentos.

Sim, o estimado Assistente falava com muita propriedade e razão. Eu aprendera muito, durante a noite. Aprendera que as câmaras mortuárias não devem ser pontos de referência à vida social, mas recintos consagrados à oração e ao silêncio.

15

APRENDENDO SEMPRE

Duas horas antes de organizar-se o cortejo fúnebre, estávamos a postos.

A residência de Dimas enchia-se de pessoas gradas, além de apreciável assembléia de entidades espirituais.

Jerônimo, resoluto, penetrou a casa, seguido de nós outros. Encaminhou-se para o recanto onde o recém-desencarnado permanecia abatido e sonolento, sob a carícia materna. Reparei que o médium liberto tinha agora o corpo perispiritual mais aperfeiçoado, mais concreto. Tive a nítida impressão de que através do cordão fluídico, de cérebro morto a cérebro vivo, o desencarnado absorvia os princípios vitais restantes do campo fisiológico. Nosso dirigente contemplou-o, enternecido, e pediu informes à genitora, que os forneceu, satisfeita:

– Graças a Jesus, melhorou sensivelmente. É visível o resultado de nossa influência restauradora e creio que bastará o desligamento do último laço para que retome a consciência de si mesmo.

Jerônimo examinou-o e auscultou-o, como clínico experimentado. Em seguida, cortou o liame final, verificando-se que Dimas, desencarnado, fazia agora o esforço do convalescente ao despertar, estremunhado, findo longo sono.

Somente então notei que, se o organismo perispirítico recebia as últimas forças do corpo inanimado, este, por sua vez, absorvia também algo de energia do outro, que o mantinha sem notáveis alterações. O apêndice prateado era verdadeira artéria fluídica, sustentando o fluxo e o refluxo dos princípios vitais em readaptação. Retirada a derradeira via de intercâmbio, o cadáver mostrou sinais, quase de imediato, de avançada decomposição.

A análise do cadáver de Dimas causava tristeza.

Inumeráveis germens microscópicos entravam, como exércitos vorazes, em combate aberto, libertando gases ocultos que revelavam o apodrecimento dos tecidos e líquidos em geral. Os traços fisionômicos do defunto achavam-se alterados, degenerando-se também a estrutura dos membros. Os órgãos autônomos, por seu turno, perdiam a feição característica, já tumefactos e imóveis.

Em compensação, Dimas-livre, Dimas-espírito, despertava. Amparado pela genitora, abriu os olhos, fixou-os em derredor, num impulso de criança alarmada e chamou a esposa, aflitivamente. Dormira em excesso, mas alcançara sensível melhora. Sentia a casa cheia de gente e desejava saber alguma coisa a respeito. A mãezinha, porém, afagando-o brandamente, acalmou-o, esclarecendo:

– Ouça, Dimas: A porta pela qual você se comunicava com o plano carnal, somático, cerrou-se com seus olhos físicos. Tenha serenidade, confiança, porque a existência, no corpo físico, terminou.

O desencarnado não dissimulou a penosa impressão de angústia e fitou-a com amargurado espanto, identificando-a pela voz, um tanto vagamente.

– Não me reconhece, filho?

Bastou a pergunta carinhosa, pronunciada com especial inflexão de meiguice, para que o desencarnado se abraçasse à velhinha, gritando, num misto de júbilo e sofrimento:

– Mãe! minha mãe!... será possível?

A anciã deteve-o ternamente nos braços e falou:

– Escute! Refreie a emoção, que lhe será extremamente prejudicial. Sustente o equilíbrio, diante do fato consumado. Estamos, agora, juntos, numa vida mais feliz. Não tenha preocupações acerca dos que ficaram. Tudo será remediado, como convém, no momento oportuno. Acima de qualquer pensamento que o incline à prisão no círculo que acabou de deixar, faça valer a confiança sincera e firme em nosso Pai Celestial.

– Ó minha mãe! e a esposa, os filhos?...

A sábia benfeitora, todavia, cortou-lhe as palavras, consolando-o:

– Os laços terrenos, entre você e eles, foram interrompidos. Restitua-os a Deus, certo de que o Eterno Senhor da Vida, a quem de fato pertencemos, permitirá sempre que nos amemos uns aos outros.

Contemplou-a Dimas, através de espesso véu de pranto, e, antes que ele enunciasse novas interrogações, falou a genitora carinhosa, apresentando-lhe Jerônimo, que acompanhava a cena, comovido:

– Eis aqui o amigo que o desligou das cadeias transitórias. Em breve, partirá você, em companhia dele, buscando o socorro eficiente de que necessita.

Embora atordoado, o filho esboçou silencioso gesto de contrariedade, ante a perspectiva de nova separação do convívio materno, mas a velhinha interveio, acrescentando:

– Vim até aqui porque você me chamou, recorrendo à Mãe divina; contudo, não estou habilitada a lhe proporcionar ingresso em meus trabalhos, por enquanto. O Irmão Jerônimo, todavia, é o orientador dedicado que conduzirá o serviço de sua restauração. Tenha confiança.

Irei vê-lo quantas vezes for possível, até que nos possamos reunir noutro lar venturoso, sem as lágrimas da separação e sem as sombras da morte.

Em seguida, sussurrou algumas palavras que somente Dimas pôde escutar e, sob funda emoção, vi-o desvencilhar-se dos braços maternos e avançar, cambaleante, para Jerônimo, osculando-lhe respeitosamente as mãos. O Assistente agradeceu o carinhoso preito de reconhecimento e amor e, de olhos marejados, explicou:

– Nada efetuamos aqui, senão o dever que nos trouxe. Guarde o seu agradecimento para Jesus, o nosso Benfeitor Divino.

O trabalhador recém-liberto trazia o olhar nevoado de pranto, entre a alegria e a dor, a saudade e a esperança.

A devotada mãe amparou-o, mais uma vez, animando-o:

– Dimas, congregam-se, aqui, diversos amigos seus, em manifestação inicial de regozijo pela sua vinda. Entretanto, a sua posição é a do convalescente, cheio de cicatrizes a exigirem cuidado. Fale pouco e ore muito. Não se aflija, nem se lastime. Por hoje, não pergunte mais nada, meu filho. Seja dócil, sobretudo, para que nosso auxílio não seja mal interpretado pela visão deficiente que você traz da esfera obscura. Acompanharemos seus despojos até à última morada, a fim de que você faça exercício preliminar para a grande viagem que levará a efeito, dentro de breves minutos, sustentado pelos nossos amigos, a caminho do restabelecimento. Não tema, pois já se preparou para receber-nos a cooperação, semeando o bem, em longos anos de atividades espiritistas. Não dê guarida ao medo, que sempre estabelece perigosas vibrações de queda em transições como a em que você se encontra.

Em seguida, conduzindo-o à câmara mortuária, onde o corpo jazia imóvel, prestes a partir, acrescentou a anciã, sob o olhar de aprovação que Jerônimo lhe dirigia:

– Venha ver o aparelho que o serviu fielmente durante tantos anos. Contemple-o com gratidão e respeito. Foi seu melhor amigo, companheiro de longa batalha redentora.

E como a viúva e os filhos chorassem lamentosamente, advertiu:

– Deploro os sentimentos negativos a que se recolhem os seus entes amados, despercebidos das realidades do Espírito. Não se detenha, Dimas, nas lágrimas que derramam, absorvidos em devastadora incompreensão. Este pranto e estas exclamações angustiosas não traduzem a verdade dos fatos. Você sabe agora, mais que nunca, que a imortalidade é sublime. Nunca houve adeus para sempre, na sinfonia imorredoura da vida. Abstenha-se, pois, de responder, por enquanto, às argüições que sua mulher e seus filhos dirigem ao cadáver. Quando você estiver refeito, voltará a auxiliá-los, consagrando-lhes, ainda e sempre, inestimável amor.

Dimas procurou conter-se, ante a perturbação geral do ambiente doméstico, e, vacilante, debruçou-se sobre o ataúde, vertendo grossas lágrimas. Via-se-lhe o inaudito esforço para manter serenidade naquela hora. Rente a ele, a esposa proferia frases de intensa amargura. Todavia, em obediência às recomendações maternas, ele guardava discreta atitude de tristeza e enternecimento.

Notei que Dimas sentia dificuldade para concatenar raciocínios, porque tentou em vão articular uma prece, em voz alta. Percebendo-lhe o intenso desejo, aproximou-se Jerônimo de sensível irmão encarnado, então presente, tocou-lhe a fronte com a destra luminosa e o companheiro, declarando sentir-se inspirado, levantou-se e pediu permissão para pronunciar breve súplica, no que foi atendido e acompanhado por todos.

Sob a influência do orientador espiritual, o companheiro orou sentidamente. Verifiquei que Dimas experimentava imensa consolação, graças ao gesto amigo de Jerônimo.

Logo após, ante as exclamações dolorosas dos familiares, o ataúde foi cerrado e iniciou-se o préstito silencioso.

Seguíamos, ao fim do cortejo, em número superior a vinte entidades desencarnadas, inclusive o irmão recém-liberto.

Abraçado à genitora, Dimas, em passos incertos e vagarosos, ouvia-lhe discretas exortações e sábios conselhos.

Entre os muitos afeiçoados do círculo carnal, reinava profundo constrangimento, mas, entre nós, imperava tranqüilidade efetiva e espontânea.

Prosseguíamos com as melhores notas de calma, quando nos acercamos do campo-santo.

Estranha surpresa empolgou-me de súbito. Nenhum dos meus companheiros, exceção de Dimas, que fazia visível esforço para sossegar a si mesmo, exteriorizou qualquer emoção, diante do quadro que víamos. Mas não pude sofrear o espanto que me tomou o coração. As grades da necrópole estavam cheias de gente da esfera invisível, em gritaria ensurdecedora. Verdadeira concentração de vagabundos sem corpo físico apinhava-se à porta. Endereçavam ditérios e piadas à longa fila de amigos do morto. No entanto, ao perceberem a nossa presença, mostraram carantonhas de enfado, e um deles, mais decidido, depois de fitar-nos com desapontamento, bradou aos demais:

– Não adianta! É protegido...

Voltei-me, preocupado, e indaguei do padre Hipólito que significava tudo aquilo.

O ex-sacerdote não se fez de rogado.

– Nossa função, acompanhando os despojos – esclareceu ele, afavelmente –, não se verifica apenas no sentido de exercitar o desencarnado para os movimentos iniciais da libertação. Destina-se também à sua defesa. Nos cemitérios costuma congregar-se compacta fileira de malfeitores, atacando vísceras cadavéricas, para subtrair-lhes resíduos vitais.

Ante a minha estranheza, Hipólito considerou:

– Não é para admirar. O Evangelho, descrevendo o encontro de Jesus com endemoninhados, refere-se a Espíritos perturbados que habitam entre os sepulcros.

Reconhecendo-me a inexperiência no trato com a matéria religiosa, Hipólito continuou:

– Como você não ignora, as igrejas dogmáticas da Crosta Terrena possuem erradas noções acerca do diabo, mas, inegavelmente, os diabos existem. Somos nós mesmos, quando, desviados dos divinos desígnios, pervertemos o coração e a inteligência, na satisfação de criminosos caprichos...

– Oh! mas que paisagem repugnante! – exclamei, surpreendido, interrompendo a instrutiva explanação.

– É verdade – concordou o interlocutor –, é quadro deveras ascoroso; todavia, é reflexo do mundo, onde, também nós, nem sempre fomos leais filhos de Deus.

A observação me satisfez integralmente.

Entramos.

Logo após, ante meus olhos atônitos, Jerônimo inclinou-se piedosamente sobre o cadáver, no ataúde momentaneamente aberto antes da inumação, e, através de passes magnéticos longitudinais, extraiu todos os resíduos de vitalidade, dispersando-os, em seguida, na atmosfera comum, através de processo indescritível na linguagem humana por inexistência de comparação analógica, para que inescrupulosas entidades inferiores não se apropriassem deles.

Completada a curiosa operação, tive minha atenção voltada para gemidos lancinantes, emitidos de zonas diversas daquela moradia respeitável, agora semelhante a vasto necrotério de almas.

Jerônimo entrara em conversação com vários colegas, enquanto a maioria dos companheiros encarnados, em obediência à tradição, atiravam a clássica pazinha de cal ou poeira sobre o envoltório entregue à profunda cova.

Impressionado com os soluços que ouvia em sepulcro próximo, fui irresistivelmente levado a fazer uma observação direta.

Sentada sobre a terra fofa, infeliz mulher desencarnada, aparentando trinta e seis anos, aproximadamente, mergulhava a cabeça nas mãos, lastimando-se em tom comovedor.

Compadecido, toquei-lhe a espádua e interroguei:

– Que sente, minha irmã?

– Que sinto? – gritou ela, fixando em mim grandes olhos de louca – não sabe? Oh! o senhor chama-me irmã... quem sabe me auxiliará para que minha consciência torne a si mesma? Se é possível, ajude-me, por piedade! Não sei diferençar o real do ilusório... Conduziram-me à casa de saúde e entrei neste pesadelo que o senhor está vendo.

Tentava erguer-se, debalde, e implorava, estendendo-me as mãos:

– Cavalheiro, preciso regressar! conduza-me, por favor, à minha residência! Preciso retornar ao meu esposo e ao meu filhinho!... Se este pesadelo se prolongar, sou capaz de morrer!... Acorde-me, acorde-me!...

– Pobre criatura! – exclamei, distraído de toda a curiosidade, em face da compaixão que o triste quadro provocava – ignora que seu corpo voltou ao leito de cinzas! não poderá ser útil ao esposo e ao filhinho, em semelhantes condições de desespero.

Olhou-me, angustiada, como a desfazer-se em ataque de revolta inútil. Mas, antes que explodisse em rugidos de dor, acrescentei:

– Já orou, minha amiga? já se lembrou da Providência Divina?

– Quero um médico, depressa! só ouço padres! – bradou irritadiça – não posso morrer... despertem-me! despertem-me!...

– Jesus é nosso Médico Infalível – tornei – e indico-lhe a oração como remédio providencial para que Ele a assista e cure.

A infeliz, entretanto, parecia distanciada de qualquer noção de espiritualidade. Tentando agarrar-me com as mãos cheias de manchas estranhas, embora não me alcançasse, gritou estentoricamente:

– Chamem meu marido! não suporto mais! estou apodrecendo!... oh! quem me despertará?!

Da fúria aflita, passou ao choro humilde, ferindo-me a sensibilidade. Compreendi, então, que a desventurada sentia todos os fenômenos da decomposição cadavérica e, examinando-a detidamente, reparei que o fio singular, sem a luz prateada que o caracterizava em Dimas, pendia-lhe da cabeça, penetrando chão adentro.

Ia exortá-la, de novo, recordando-lhe os recursos sublimes da prece, quando de mim se aproximou simpática figura de trabalhador, informando-me, com espontânea bondade:

– Meu amigo, não se aflija.

A advertência não me soou bem aos ouvidos. Como não preocupar-me, diante de infortunada mulher que se declarava esposa e mãe? como não tentar arrancá-la à perigosa ilusão? Não seria justo consolá-la, esclarecê-la? Não contive a série de interrogações que me afloraram do raciocínio à boca.

Longe de o interpelado perturbar-se, respondeu-me tranqüilamente:

– Compreendo-lhe a estranheza. Deve ser a primeira vez que freqüenta um cemitério como este. Falta-lhe experiência. Quanto a mim, sou do posto de assistência espiritual à necrópole.

Desarmado pela serenidade do interlocutor, renovei a primeira atitude. Reconheci que o local, não obstante repleto de entidades vagabundas, não estava desprovido de servidores do bem.

– Somos quatro companheiros, apenas – prosseguiu o informante –, e, em verdade, não podemos atender a todas as necessidades aparentes do serviço. Creia, porém, que zelamos pela solução de todos os problemas fundamentais. Apesar de nosso cuidado, não podemos, todavia, esquecer o imperativo de sofrimento benéfico para todos aqueles que vêm dar até aqui, após deliberado desprezo pelos sublimes patrimônios da vida humana.

Atingi o sentido oculto das explicações. O cooperador queria dizer, naturalmente, que a presença, ali, de malfeitores e ociosos desencarnados se justificava em face do grande número de ociosos e malfeitores que se afastam diariamente da Crosta da Terra. Era o *similia similibus* em ação, cumprindo-se os ditames da lei do progresso. Castigando-se e flagelando-se, mutuamente, alcançariam os desviados a noção do verdadeiro caminho salvador.

Fitei a infeliz e expus meu propósito de auxiliá-la.

– É inútil – esclareceu o prestimoso guarda, equilibrado nos conhecimentos de justiça e seguro na prática, pelo convívio diário com a dor –, nossa desventurada irmã permanece sob alta desordem emocional. Completamente louca. Viveu trinta e poucos anos na carne, absolutamente distraída dos problemas espirituais que nos dizem respeito. Gozou, à saciedade, na taça da vida física. Após feliz casamento, realizado sem qualquer preparo de ordem moral, contraiu gravidez, situação esta que lhe mereceu menosprezo integral. Comparava o fenômeno orgânico em que se encontrava a ocorrências comuns, e, acentuando extravagâncias, por demonstrar falsa superioridade, precipitou-se em condições fatais. Chamada ao testemunho edificante da abelha operosa, na colmeia do lar, preferiu a posição da borboleta volúvel, sequiosa de novidades efêmeras. O resultado foi funesto. Findo o parto difícil, sobrevieram infecções e febre maligna, aniquilando-lhe o organismo. Soubemos que, nos últimos instantes, os vagidos do filhinho tenro despertaram-lhe os instintos de mãe e a infortunada combateu ferozmente com a morte, mas foi tarde. Jungida aos despojos por conveniência dela própria, tem primado aqui pela inconformação. Vários amigos visitadores, em custosa tarefa de benefício aos recém-desencarnados, têm vindo à necrópole, tentando libertá-la. A pobrezinha, porém, após atravessar existências de sólido materialismo, não sabe assumir a menor atitude favorável ao estado receptivo do auxílio superior. Exige que o cadáver se reavive e supõe-se em atroz pesadelo, quando nada mais faz senão agravar a desesperação. Os benfeitores, desse modo, inclinam-se à espera da manifestação de melhoras íntimas, porque seria perigoso forçar a libertação, pela probabilidade de entregar-se a infeliz aos malfeitores desencarnados.

Indiquei, porém, o laço fluídico que a ligava ao envoltório sepulto e observei:

– Vê-se, entretanto, que a mísera experimenta a desintegração do corpo grosseiro em terríveis tormentos, conservando a impressão de ligamento com a matéria putrefata. Não teremos recursos para aliviá-la?

Tomei atitude espontânea de quem desejava tentar a medida libertadora e perguntei:

– Quem sabe chegou o momento? não será razoável cortar o grilhão?

– Que diz? – objetou, surpreso, o interlocutor – não, não pode ser! Temos ordens.

– Por que tamanha exigência? – insisti.

– Se desatássemos a algema benéfica, ela regressaria, intempestiva, à residência abandonada, como possessa de revolta, a destruir o que encontrasse. Não tem direito, como mãe infiel ao dever, de flagelar com a sua paixão desvairada o corpinho tenro do filho pequenino e, como esposa desatenta às obrigações, não pode perturbar o serviço de recomposição psíquica do companheiro honesto que lhe ofereceu no mundo o que possuía de melhor. É da lei natural que o lavrador colha de conformidade com a semeadura. Quando acalmar as paixões vulcânicas que lhe consomem a alma, quando humilhar o coração voluntarioso, de modo a respeitar a paz dos entes amados que deixou no mundo, então será libertada e dormirá sono reparador, em estância de paz que nunca falta ao necessitado reconhecido às bênçãos de Deus.

A lição era dura, mas lógica.

A infortunada criatura, alheia a nossa conversação, prosseguia gritando, qual demente hospitalizada em prisão dolorosa.

Tentei ampliar as minhas observações, mas o servidor chamou-me a outras zonas, de onde partiam gemidos estridentes.

– São vários infelizes, na vigília da loucura – disse calmo.

E designando um velhote desencarnado, de cócoras sobre a própria campa, acrescentou:

– Venha e escute-o.

Acompanhando meu novo amigo, reparei que o sofredor mantinha-se igualmente em ligação com o mundo.

– Ai, meu Deus! – dizia – quem me guardará o dinheiro? Quem me guardará o dinheiro?

Observando-nos a aproximação, rogava, súplice:

– Quem são? querem roubar-me! socorram-me, socorram-me!...

Debalde endereceí-lhe palavras de encorajamento e consolação.

– Não ouve – informou o sentinela, obsequioso –, a mente dele está cheia das imagens de moedas, letras, cédulas e cifrões. Vai demorar-se bastante na presente situação e, como vê, não podemos em sã consciência facilitar-lhe a retirada, porque iria castigar os herdeiros e zurzi-los diariamente.

Porque não pudesse dissimular o espanto que me tomara o coração, o servidor otimista acentuou:

– Não há motivo para tamanho assombro. Estamos diante de infelizes, aos quais não falecem proteção e esperança, porquanto outros existem tão acentuadamente furiosos e perversos que, do fundo escuro do sepulcro, se precipitam nos tenebrosos despenhadeiros das esferas subcrostais, tal o estado deplorável de suas consciências, atraídas para as trevas pesadas.

Sem fugir ao padrão de tranqüilidade do colaborador cônscio do serviço a realizar, acrescentou:

– Segundo concluímos, se há alegria para todos os gostos, há também sofrimento para todas as necessidades.

Nesse instante, Jerônimo chamou-me a postos.

Agradeci ao amável informante, profundamente emocionado pelo que vira, e despedi-me incontinenti. Esvaziara-se de companheiros encarnados a necrópole e o próprio coveiro dirigia-se à saída.

Foi comovente o adeus entre Dimas e a genitora, que prometeu visitá-lo, sempre que possível.

Após agradecimentos mútuos e recíprocos votos de paz, sentimo-nos, enfim, em condições de partir por nossa vez.

Antes, porém, minha curiosidade inquiridora desejava entrar em ação. Como se sentiria Dimas, agora? não seria interessante consultar-lhe as opiniões e os informes? Testemunho valioso poderia fornecer-me para qualquer eventualidade futura de esclarecer a outrem.

Em minha esfera pessoal de observação, não pudera colher pormenores, uma vez que a morte me surpreendera em absoluto alheamento das teses de vida eterna e, no derradeiro transe carnal, minha inconsciência fora completa.

Nosso dirigente percebeu-me o propósito e falou, bem-humorado:

– Pode perguntar a Dimas o que você deseja saber.

Manifestei-lhe reconhecimento, enquanto o recém-liberto aquiescia, bondoso, aos meus desejos.

– Sente, ainda, os fenômenos da dor física? – comecei.

– Guardo integral impressão do corpo que acabei de deixar – respondeu ele, delicadamente. – Noto, porém, que, ao desejar permanecer ao lado dos meus, e continuar onde sempre estive durante muitos anos, volto a experimentar os padecimentos que sofri; entretanto, ao conformar-me com os superiores desígnios, sinto-me logo mais leve e reconfortado. Apesar da reduzida fração de tempo em que me vejo desperto, já pude fazer semelhante observação.

– E os cinco sentidos?

– Tenho-os em função perfeita.

– Sente fome?

– Chego a notar o estômago vazio e ficaria satisfeito se recebesse algo de comer, mas esse desejo não é incômodo ou torturante.

– E sede?

– Sim, embora não sofra por isso.

Ia continuar o curioso inquérito, mas Jerônimo, sorridente, desarmou-me a pesquisa, asseverando:

– Você pode intensificar o relatório das impressões, quanto deseje, interessado em colaborar na criação da técnica descritiva da morte, certo, porém, de que não se verificam duas desencarnações rigorosamente iguais. O plano impressivo depende da posição espiritual de cada um.

Sorrimos todos, ante meus impulsos juvenis de saber, e, amparando Dimas, carinhosamente, efetuamos, satisfeitos, a viagem de volta.

16

Exemplo cristão

De conformidade com o roteiro de serviço traçado pelo Assistente, Hipólito e Luciana ficariam na Casa Transitória, atendendo as necessidades prementes de Dimas recém-liberto, enquanto nós ambos acompanharíamos Fábio, em processo desencarnacionista.

– Fábio permanece em excelente forma – esclareceu-nos o orientador – e não exigirá cooperação complexa. Preparou, com relação ao acontecimento, não somente a si mesmo, senão também os parentes, que, ao invés de nos preocuparem, como acontece comumente, serão úteis colaboradores de nossa tarefa.

Falava Jerônimo com sólida razão porque, em verdade, mostrava-se Dimas em lastimável abatimento. Apesar da fé que lhe aquecia o espírito, as saudades do lar infundiam-lhe inexprimível angústia. Às vezes, finda a conversação serena em que se revelava calmo e seguro nas palavras, punha-se a gemer doridamente, chamando a esposa e os filhos, inquieto. Em tais momentos, tornava aos sintomas da moléstia que lhe vitimara o corpo denso e, com dificuldade, conseguíamos subtraí-lo à estranha psicose, fazendo-o regressar à posição normal. Tentava desvencilhar-se de nossa influência amiga, como se houvera enlouquecido repentinamente, no propósito de fugir sem rumo certo. Gritava, gesticulava, afligia-se, como sonâmbulo inconsciente.

Não pude dissimular a surpresa que me assaltou diante da ocorrência. Se estivéssemos tratando com criatura alheia aos serviços da espiritualidade superior, compreensível seria o quadro que se desenrolava aos nossos olhos; mas Dimas fora instrumento dedicado do Espiritismo evangélico, consagrara a existência às benditas realizações da consoladora doutrina do túmulo vazio pela vida eterna. De antemão, sabia na esfera carnal que seria submetido às lições da morte e que não lhe faltariam ricas possibilidades de continuar junto da parentela, já dele separada, aparentemente, segundo o simples ponto de vista material. Por que semelhantes distúrbios? Não merecera ele excepcional atenção de nossos superiores hierárquicos?

Vali-me de momento adequado e expus ao nosso dirigente as indagações que me absorviam o raciocínio. Sem qualquer nota admirativa, Jerônimo respondeu-me, bem-humorado:

– Você deve saber, André, que cada qual de nós é, por si mesmo, todo um mundo. Esclarecimentos e consolações são dádivas de Deus, Nosso Pai, mas convicções e realizações constituem obra nossa. Cada servidor tem a escala própria de edificações, na tábua de valores imortais. A assembléia de aprendizes receberá a mesma bagagem de ensinamentos, de modo geral, organizada para todos os indivíduos que a integram. Diferenciam-se, porém, os alunos, na série do aproveitamento particular. O mérito não é patrimônio comum, embora seja a glória do cume, a desafiar todos os caminheiros da vida para a suprema elevação. Dimas foi destacado discípulo do Evangelho, principalmente no setor de assistência e difusão, mas, quanto a si mesmo, não fez aproveitamento integral das lições recebidas. Espalhou as sementes da luz e da verdade, dedicou-se largamente à causa do bem, merecendo, por isso mesmo, socorro especialíssimo. Contudo, no campo particular, não se preparou suficientemente. Qual ocorre à maioria dos homens, prendeu-se demasiadamente às teias domésticas, sem maior entendimento. Conferiu excessivo carinho à roda familiar, sem noção de eqüidade, no caminho terrestre. Certamente, sob o ponto de vista humano, consagrou-se o necessário à companheira e aos rebentos do lar; mas, se lhes prodigalizou muita ternura, não lhes proporcionou todo o esclarecimento de que dispunha, libertando-os da esfera pesada de incompreensão. E agora, muito naturalmente, sofre-lhes o assédio. A inquietude dos parentes atinge-o, através dos fios invisíveis da sintonia magnética.

Sorriu, benévolo e continuou:

– Nosso irmão, inegavelmente, fez por merecer o auxílio de nosso plano, pois conseguiu enfileirar amigos prestigiosos que lhe dedicam valiosos serviços intercessórios, mas não se preparou, interiormente, considerando-se as necessidades do desapego construtivo. Gastará, desse modo, alguns dias para edificar a resistência.

O ensinamento significava muito para mim, que via tão dedicado servidor, cercado da mais honrosa consideração, por parte das autoridades de nosso plano, em porfiada luta consigo mesmo para restaurar seu próprio equilíbrio. E concluí, mais uma vez, que o amor pode improvisar infinitos recursos de assistência e carinho, acordando faculdades superiores do Espírito, mas que a lei divina é sempre a mesma para todos. O obséquio é ofício sublime, no culto ativo da cooperação fraterna; todavia, cada homem, por si, elevar-se-á ao céu ou descerá aos infernos transitórios, em obediência às disposições mentais em que se prende.

Atravessado curto período de proveitosas observações e marcada a libertação do novo amigo, Jerônimo e eu tornamos à Crosta, de modo a desobrigar-nos da incumbência.

Acercamo-nos do bairro pobre em que Fábio situara o ninho doméstico. A casinha singela encantava. Rodeada de folhagens e flores, via-se que todo o espaço merecera a ternura dos moradores.

De longe, chegava o barulho da enorme cidade. Espíritos vadios passavam de largo, em lamentável promiscuidade. Nas adjacências erguiam-se alguns bangalôs novos, que lhes ofereciam livre acesso, fazendo-nos adivinhar a triste influenciação de que eram objeto. Naquela residência pequena e humilde, havia, no entanto, paz e silêncio, harmonia e bem-estar. À nossa apreciação, parecia delicioso oásis em meio de vasto deserto.

Entramos.

Três amigos espirituais receberam-nos. Um deles, Aristeu Fraga, conhecido pessoal de Jerônimo, abraçou-nos, festivo, e anunciou que faziam visita ao enfermo, então nas últimas horas do corpo material. Agradeceu-nos o interesse pelo desencarnante e apresentou-nos o Irmão Silveira, genitor de Fábio na Terra, que desejava colaborar conosco, em favor do filho querido. Estava satisfeito, informou. O filho arregimentara todas as medidas relacionadas com a próxima libertação, submetendo-se, dócil, aos desígnios superiores. Tivera existência modesta; limitara o vôo das ambições mais nobres, no culto da espiritualidade redentora; esforçara-se suficientemente pela tranqüilidade familiar; fora acicatado por dificuldades sem conta, no transcurso da experiência que terminava; deixava a esposa e dois filhinhos amparados na fé viva, e, embora não lhes legasse facilidades econômicas, afastava-se do corpo físico, jubiloso e confortado, com a glória de haver aproveitado todos os recursos que a esfera superior lhe havia concedido. Além de haver-se afeiçoado profundamente ao Evangelho do Cristo, vivendo-lhe os princípios renovadores, com todas as possibilidades ao seu alcance, Fábio conseguira iluminar a mente da companheira e construir bases sólidas no espírito dos filhinhos, orientando-os para o futuro.

Elogiava-se de tal forma o companheiro, que, admitido à palestra, arrisquei uma pergunta:

– Fábio desencarnará na ocasião prevista?

– Sim – elucidou Jerônimo, com gentileza –, estamos de posse das instruções. Nosso amigo desencarnará no tempo devido.

– É verdade – confirmou o pai emocionado –, ele aproveitou todos os recursos que se lhe conferiram, malgrado o corpo franzino e doente, desde a infância.

Traindo a condição de médico sempre interessado em estudar, considerei:

– É lamentável tenha renascido em semelhante organismo quem sabe servir com tanto valor à causa do bem...

O genitor sentiu-se na necessidade de esclarecer o assunto, porque prosseguiu, calmo:

– Este é, de fato, argumento humano dos mais ponderáveis. Quando na carne, freqüentes vezes surpreendi-me com a saúde frágil de Fábio, em criança. Desde cedo, notei-lhe a virtude inata, o pendor para a retidão e para a justiça, as disposições congênitas para os trabalhos da fé viva. Passei longas noites na justa preocupação de pai, em vista do porvir incerto. Como poderia nascer alma tão sensível e formosa, como a dele, em vaso tão imperfeito? Aos doze anos, foi atacado de pneumonia dupla, que quase o arrebatou de nosso convívio. Clínico amigo chamou-me a atenção para a debilidade do rapazinho. Éramos, no entanto, demasiadamente pobres para tentar tratamentos caros em estâncias de repouso.

Antes dos catorze anos, terminado o curso das letras primárias, conduzi-o ao serviço pela exigência imperiosa do ganha-pão. Sabia, como pai, que Fábio desejava continuar estudando, para o aprimoramento das faculdades intelectuais, em face dos seus pendores para o desenho e para a literatura, porque, não poucas vezes, surpreendi-o namorando o educandário vizinho de nossa casa, ralado de inveja ao reparar os colegiais em bandos festivos. As nossas condições de vida, no entanto, nos reclamavam esforço ingente; e meu filho, atirado à luta, desde muito cedo, não encontrou ensejo para as construções artísticas que idealizava. Segregando-se na oficina de mecânica, em ambiente pesado demais para a sua constituição física, ele não o tolerou por muito tempo, contraindo com facilidade a tuberculose pulmonar.

– Mas chegou a saber a causa determinante da posição física de Fábio, ao regressar ao plano espiritual? – indaguei.

– Isso representou um dos primeiros problemas que procurei elucidar. Passado algum tempo, fui devidamente esclarecido. Meu filho e eu fomos destacados fazendeiros na antiga nobreza rural fluminense. Nessa época, não muito recuada, Fábio, noutro nome e noutra forma, era igualmente meu filho. Eduquei-o com desvelado carinho e, por mais de uma vez, enviei-o à Europa, ansioso por elevar-lhe o padrão intelectual e cioso de nossa superioridade financeira. Ambos, porém, cometemos graves erros, mormente no trato direto com os descendentes de africanos escravos. Meu filho era sensível e generoso, mas excessivamente austero para com os servidores das tarefas mais duras. Congregava-os na senzala, com severidade rigorosa, e perdemos grande número de cooperadores em virtude do ar viciado pela construção deficiente que Fábio conservou inalterável, simplesmente para manter ponto de vista pessoal.

Os olhos do narrador brilharam mais intensamente. Pareceu menos bem, ao contacto das recordações, e acentuou com melancolia:

– O romance é longo e peço-lhes permissão para interrompê-lo.

Senti remorsos por haver provocado a dificuldade, mas Jerônimo interveio em meu socorro.

– Não pensemos mais nisso – exclamou o Assistente, bem-humorado –, nunca me conformo com a exumação de cadáveres...

E enquanto a alegria tornava ao ambiente, meu orientador acrescentou:

– Prestemos ao enfermo a assistência possível. Nesta noite, afastá-lo-emos definitivamente do corpo carnal.

Levantamo-nos e penetramos o quarto.

Fábio, fundamente abatido, respirava a custo, acusando indefinível mal-estar. Junto dele, a esposa velava, atenta.

Através da janela aberta, o doente reparou que a cidade acendia as luzes. Ergueu os tristes olhos para a companheira e observou:

– Interessante verificar como a aflição se agrava à noite...

– É fenômeno passageiro, Fábio – afirmou a esposa, tentando sorrir.

Entre nós, todavia, iniciaram-se providências para socorro imediato. O pai do enfermo dirigiu-se a Jerônimo:

– Sei que a libertação de Fábio exige grande esforço. Entretanto, desejava auxiliá-lo no derradeiro culto doméstico em que tomará parte fisicamente ao lado da família. Regra geral, as últimas conversações dos moribundos são gravadas com mais carinho pela memória dos que ficam. Em razão disso, ser-me-ia sumamente agradável ajudá-lo a endereçar algumas palavras de aviso e estimulo à companheira.

– Com muita satisfação – aquiesceu o Assistente – colaboraremos também na execução desse propósito. É mais conveniente que a família esteja a sós.

– Bem lembrado! – disse o genitor, agradecido.

Reparei que Jerônimo e Aristeu passaram a aplicar passes longitudinais no enfermo, observando que deixavam as substâncias nocivas à flor da epiderme, abstendo-se de maior esforço para alijá-las de vez. Finda a operação, indaguei dos motivos que os levavam a semelhante medida.

– Está muito enfraquecido, agonizando quase – informou o meu dirigente – e fazemos o possível por beneficiá-lo, sem lhe aumentar o cansaço. As substâncias retidas nas paredes da pele serão absorvidas pela água magnetizada do banho, a ser usado em breves minutos.

Efetivamente, atendendo à influenciação dos amigos espirituais, que lhe davam intuições indiretamente, Fábio dirigiu-se à esposa, expressando o desejo de leve banho morno, no que foi atendido em reduzidos instantes.

Jerônimo e Aristeu ministraram à água pura certos agentes de absorção e ampararam a dedicada senhora, que, por sua vez, auxiliou o marido a banhar-se, como se estivesse satisfazendo o desejo de uma criança.

Notei, admirado, que a operação se fizera acompanhar de salutaríssimos efeitos, surpreendendo-me, mais uma vez, ante a capacidade absorvente da água comum. A matéria fluídica prejudicial fora integralmente retirada das glândulas sudoríparas.

Terminado o banho, o enfermo voltou ao leito, em pijama, de fisionomia confortada e espírito bem-disposto.

Algumas fricções de álcool, levadas a efeito, completaram-lhe a melhora fictícia.

O relógio marcava alguns minutos além das dezenove horas.

Silveira, que se havia ausentado, voltou depressa, falando particularmente a Jerônimo, a quem informou:

– Tudo pronto. Conseguiremos a reunião exclusiva da família.

O Assistente mostrou satisfação e salientou a necessidade de acelerar o ritmo do trabalho. O bondoso pai desencarnado movimentou-se. A tecla mais sensível à nossa atuação foi quando Fábio se dirigiu à esposa, ponderando:

– Creio não devermos adiar o serviço da prece. Sinto-me inexplicavelmente melhor e desejaria aproveitar a pausa do repouso.

Dona Mercedes, a abnegada senhora, trouxe ambas as crianças, que se sentaram na posição respeitosa de ouvintes. E enquanto a esposa se acomodava ao lado dos pequenos, o enfermo, auxiliado pelo pai, abriu o Novo Testamento, na primeira epístola de Paulo de Tarso aos Coríntios e leu o versículo quarenta e quatro do capítulo quinze:

– "Semeia-se corpo animal, ressuscitará corpo espiritual. Há corpo animal, e há corpo espiritual."

Fez-se curto silêncio, que o doente interrompeu, iniciando a prece, comovido:

– Rogo a Deus, nosso Eterno Pai, me inspire na noite de hoje, para conversarmos intimamente e espero que a Divina Providência, por intermédio de seus abençoados mensageiros, me ajude a enunciar o que desejo, com a facilidade necessária. Enquanto possuímos plena saúde física, enquanto os dias e as noites correm serenos, supomos que o corpo seja propriedade nossa. Acreditamos que tudo gira na órbita de nossos impulsos, mas... ao chegar a enfermidade, verificamos que a saúde é tesouro que Deus nos empresta, confiante.

Sorriu, calmo e conformado. Até ali, via-se bem que era Fábio o expositor exclusivo das palavras. Expressava-se em voz correntia, mas sem calor entusiástico, dada a sua situação de extrema fraqueza.

Findo intervalo mais longo, o genitor descansou a destra em sua fronte, mantendo-se na atitude de quem ora com profunda devoção. Reparei, surpreso, que luminosa corrente se estabelecera no organismo débil, desde a massa encefálica até o coração, inflamando as células nervosas, então semelhando a minúsculos pontos de luz condensada e radiante. Os olhos de Fábio, pouco a pouco, adquiriram mais brilho e a sua voz fez-se ouvir, de novo, com diferente inflexão. Dirigindo à esposa e aos filhinhos o olhar terno, agora otimista e percuciente, passou a dizer, inspirado:

– Estou satisfeito pela oportunidade de trocarmos idéias a sós, dentro da fé que nos identifica. É significativa a ausência dos velhos amigos que nos acompanham as orações familiares, desde muitos anos. Não é sem razão. Precisamos comentar nossas necessidades, cheios de bom ânimo, dentro da noção da próxima despedida. A palavra do apóstolo dos gentios é simbólica na situação presente. Assim como há corpos animais, há também corpos espirituais. E não ignoramos que meu corpo animal, em breve tempo, será restituído à terra acolhedora, mãe comum das formas perecíveis, em que nos movimentamos na face do mundo. Algo me diz ao coração que esta será talvez a última noite em que me reunirei com vocês, neste corpo... Nos momentos em que o sono me abençoa, sinto-me nas vésperas da grande liberdade... Vejo que amigos iluminados me preparam o coração e estou certo de que partirei na primeira oportunidade. Acredito que todas as providências já foram levadas a efeito, em benefício de nossa tranqüilidade, nestes minutos de separação. Em verdade, não lhes deixo dinheiro, mas conforta-me a certeza de que construímos o lar espiritual de nossa união sublime, ponto indelével de referência à felicidade imorredoura...

Fitou particularmente a esposa, tomado de maior emoção, e prosseguiu:

– Você, Mercedes, não tema os obstáculos da sombra. O trabalho digno ser-nos-á fonte bendita de realização. Creia que a saudade edificante estará sempre em meu espírito, seja onde for, saudade de sua convivência, de sua afetuosa dedicação. Isto, porém, não constituirá algema pesada, porque nós dois aprendemos na escola da simplicidade e do equilíbrio que o amor legítimo e purificado não prescinde da compreensão santificante. Decerto, necessitarei de muita paz, a fim de readaptar-me à vida diferente e, por isso, pretendo deixá-los com tranqüilidade suficiente para que todos nos ajustemos aos desígnios de Deus. Conheço-lhe a nobreza heróica de mulher afeiçoada ao trabalho, desde muito cedo, e entendo a pureza de seus ideais de esposa e mãe. Entretanto, Mercedes, releve-me a franqueza neste instante expressivo da experiência atual: sei que minha ausência se fará seguir de problemas talvez angustiosos para o seu espírito sensível. A solidão torna-se aflitiva, para a mulher jovem, sem a vizinhança dos carinhosos laços de pais e irmãos consangüíneos, que já não possuímos neste mundo, quando não é possível conservar a mesma vibração de fé, através das diversas circunstâncias do caminho... Não posso exigir de você fidelidade absoluta aos elos materiais que nos unem, porque seria exercer cruel opressão a pretexto de amor. Além disso, nada quebrará nossa aliança espiritual, definitiva e eterna.

Observei que Fábio arquejava, fortemente emocionado.

Transcorridos alguns segundos de breve pausa, continuou, irradiando seus olhos verdadeira afeição e sinceridade fiel:

– Por isso, Mercedes, embora tenhamos providenciado sua posição futura no trabalho honesto, quero dizer a você que ficarei muito satisfeito se Jesus enviar-lhe um companheiro digno e leal irmão. Se isso acontecer, querida, não recuse. Felizmente, para nós, cultivamos a ligação imperecível da alma, sem que o monstro do ciúme desvairado nos guarde o castelo afetivo... Não sabemos quantos anos lhe restam de peregrinação por este mundo. É provável que a Vontade Divina prolongue por mais tempo a sua permanência na Terra, e, se me for possível, cooperarei para que não fique sozinha. Nossos filhos, ainda frágeis, necessitam de amparo amigo na orientação da vida prática...

Dona Mercedes, enxugando os olhos lacrimosos, esboçou gesto de quem ia protestar, todavia, adiantou-se-lhe o doente, acrescentando:

– Já sei o que dirá. Nunca duvidei de sua virtude incorruptível, de seu desvelado amor. Nem estou a desinteressar-me da abnegada companheira de luta que o Senhor me confiou. Reconheça, porém, que temos vivido em profunda comunhão espiritual e devemos encarar, com sinceridade e lógica, minha partida próxima. Se você conseguir triunfar de todas as necessidades da vida humana, mantendo-se a cavaleiro das exigências naturais da existência terrestre, certamente Jesus compensará seu esforço com a láurea dos bem-aventurados. Todavia, não procure escalar o cume glorioso da plena vitória espiritual num só vôo. Nossos corações, Mercedes, são como as aves: alguns já conquistaram a prodigiosa força da águia; outros, contudo, guardam, ainda, a fragilidade do beija-flor. Sofreria, de fato, por minha vez, se a visse afrontando a montanha redentora, com falsa energia. Não tenha medo. Criaturas perversas não amedrontam almas prudentes. Concedeu-nos o Senhor bastante luz espiritual para discernir. Você jamais poderá ser vítima de exploradores inconscientes, porque o Evangelho de Jesus está colocado diante de seus olhos para iluminar o caminho escolhido. Portanto, a observação e o juízo, o exercício espiritual e a inspiração de ordem superior, permanecerão a serviço de suas decisões sentimentais. E creia que farei tudo, em espírito, por auxiliá-la nesse sentido.

Sorriu, com esforço, enquanto a esposa chorava, discreta. Após longo interregno, frisou:

– Se eu puder, trarei estrelas do firmamento para enfeite de suas esperanças. Você estará sempre mais viva em meu coração; amarei também a todos aqueles que forem assinalados por sua estima enobrecedora.

Em seguida, após fitar demoradamente os filhinhos, aduziu:

– A palavra apostólica no Evangelho conforta-nos e esclarece-nos, como se faz indispensável. Em breve tempo, reunir-me-ei aos nossos na Vida Maior. Perderei meu corpo animal, mas conquistarei a ressurreição no corpo espiritual, a fim de esperá-los, alegremente.

Verificava-se que o enfermo despendera muito esforço. Fatigara-se.

O genitor retirou a destra da fronte de Fábio, desaparecendo a corrente fluídico-luminosa que o ajudara a pronunciar aquela impressionante alocução de amor acrisolado.

Demonstrando sublime serenidade nos olhos brilhantes, recostou-se nos volumosos travesseiros, algo abatido.

Dona Mercedes compôs a fisionomia, afastando os vestígios das lágrimas, e falou para o filhinho mais velho:

– Você, Carlindo, fará a prece final.

Fábio mostrou satisfação no semblante, enquanto o rapazinho se erguia, obediente à recomendação ouvida. Com naturalidade, recitou curta oração que aprendera dos lábios maternos:

– Poderoso Pai dos Céus, abençoa-nos, concedendo-nos a força precisa para a execução de tua lei, trazida ao mundo com o Evangelho de Nosso Senhor Jesus-Cristo. Faze-nos melhores no dia de hoje para que possamos encontrar-te amanhã. Se permites, ó meu Deus! nós te pedimos a saúde do papai, de acordo com a tua soberana vontade. Assim seja!...

Terminada a rogativa e quando os pequenos beijavam sua mamãe, antes do sono tranqüilo, o enfermo pediu à esposa, com humildade:

– Mercedes, se você concorda, sentir-me-ia feliz por beijar, hoje, os meninos...

A senhora aquiesceu, comovida.

– Traga-me um lenço novo – solicitou o esposo, enternecido.

A dona da casa, em poucos instantes, apresentava-lhe alvo fragmento de linho. Emocionado, vi que o pai cristão aplicou o nevado pano à cabeleira das crianças e beijou o linho, ao invés de oscular-lhes os cabelos. Contudo, havia tanta alma, tanto fervor afetivo naquele gesto, que reparei o jato de luz que lhe saía da boca, atingindo a mente dos pequeninos. O beijo saturava-se de magnetismo santificante. Jerônimo, comovido de maneira especial, dirigiu-se a mim, em voz sussurrante:

– Outros verão micróbios; nós vemos amor...

Logo após, a pequena família recolheu-se. O enfermo sentia-se singularmente melhorado, bem-disposto.

Em nosso grupo havia geral contentamento.

As crianças dormiram sem demora e foram, por Aristeu, conduzidas, fora do corpo físico, a uma paisagem de alegria, de modo a se entreterem, descuidadas...

A sós com o doente e a esposa, que tentavam conciliar o sono, encetamos o serviço de libertação.

Enquanto Silveira amparava o filho, com inexcedível carinho, Jerônimo aplicou ao enfermo passes anestesiantes. Fábio sentiu-se bafejado por deliciosas sensações de repouso. Em seguida, o Assistente deteve-se em complicada operação magnética sobre os órgãos vitais da respiração e observei a ruptura de importante vaso. O paciente tossiu e, num átimo, o sangue fluiu-lhe à boca aos borbotões.

Dona Mercedes levantou-se, assustada, mas o esposo, falando dificilmente, tranqüilizou-a:

– Pode chamar o médico... entretanto, Mercedes... não se preocupe... é justamente o fim...

Enquanto prosseguia Jerônimo separando o organismo perispiritual do corpo débil, Dona Mercedes pediu o socorro de um vizinho, que saiu, prestativo, em busca do clínico especializado.

O médico não tardou, trazido celeremente por automóvel, mas embalde aplicaram a solução de adrenalina, a sangria no braço, os sinapismos nos pés e as ventosas secas no peito. O sangue, em golfadas rubras, fluía sempre, sempre...

Reparei que Jerônimo repetia o processo de libertação praticado em Dimas, mas com espantosa facilidade. Depois da ação desenvolvida sobre o plexo solar, o coração e o cérebro, desatado o *nó vital*, Fábio fora completamente afastado do corpo físico. Por fim, brilhava o cordão fluídico-prateado, com formosa luz. Amparado pelo genitor, o recém-liberto descansava, sonolento, sem consciência exata da situação.

Supus que o caso de Dimas se repetiria, ali, minudência por minudência; porém, uma hora depois da desencarnação, Jerônimo cortou o apêndice luminoso.

– Está completamente livre – declarou meu orientador, satisfeito.

O pai enternecido depositou sobre a fronte do filho desencarnado, em brando sono, um beijo repassado de amor e entregou-o a Jerônimo, asseverando:

– Não desejo que ele me reconheça de pronto. Não seria aproveitável levá-lo agora a recordações do passado. Encontrá-lo-ei mais tarde, quando tenha de partir da instituição socorrista para as zonas mais altas. Pode conduzi-lo sem perda de tempo. Incumbir-me-ei de velar pelo cadáver, inutilizando os derradeiros resíduos vitais contra o abuso de qualquer entidade inconsciente e perversa.

O Assistente agradeceu, emocionado, e partimos, conduzindo o sagrado depósito que nos fora confiado.

Enquanto prosseguíamos, espaço acima, contemplei, respeitoso, o primeiro anúncio da aurora e, observando Fábio adormecido, tive a impressão de que gloriosos portos do Céu se iluminavam de sol para receber aquele homem, de sublime exemplo cristão, que subia vitorioso, da Terra...

17

Rogativa singular

Enquanto Dimas se restaurava paulatinamente, Fábio cobrava forças de modo notavelmente rápido. Os longos e difíceis exercícios de espiritualidade superior, levados a efeito na Crosta, frutificavam, agora, em bênçãos de serenidade e compreensão. Ambos repousavam na Casa Transitória, amparados pela simpatia geral da instituição que a Irmã Zenóbia dirigia. Ao mesmo tempo, prosseguíamos em constante cuidado, junto aos demais amigos, principalmente ao pé de Cavalcante, cuja situação orgânica piorava sempre, nas vizinhanças do fim.

Dimas, com o exemplo de Fábio, criara novo ânimo. Reagia, com mais calor, perante as exigências da família terrena e consolidava a serenidade própria, com a precisa eficiência. O ex-tuberculoso, iluminado e feliz, notava que outros horizontes se lhe abriam ao espírito sensível e bondoso. Podia levantar-se à vontade, transitar nas diversas secções em que se subdividiam os trabalhos do instituto e dava gosto vê-lo interessado nos estudos referentes aos planos elevados do Universo sem-fim. Experimentava tranqüilidade. Não era um gênio das alturas, não completara suas necessidades de sabedoria e amor; entretanto, era servo distinto, em posição invejável pelos débitos pagos e pela venturosa possibilidade de prosseguir a caminho de altos e gloriosos cumes do conhecimento. A Irmã Zenóbia dava-se ao prazer de ouvi-lo, nos rápidos minutos de lazer, e, freqüentemente, manifestava a Jerônimo suas agradáveis impressões a respeito dele.

Tanta alegria provocou o discípulo fiel, com a disciplina emotiva de que dava testemunho, que o nosso Assistente tomou a iniciativa de trazer-lhe a esposa, em visita ligeira. Lembro-me da comoção de Mercedes ao penetrar o pórtico do instituto, pelo braço amigo de nosso orientador. Estava atônita, deslumbrada, extática. Não possuía consciência perfeita da situação, mas demonstrava sublime agradecimento. Conduzida à câmara em que o companheiro a esperava, ajoelhou-se instintivamente. Sensibilizamo-nos todos, ante o gesto de espontânea humildade.

Fábio, sorridente, disfarçando a forte emoção, dirigiu-lhe a palavra, exclamando:

– Levante-se, Mercedes! comungamos agora na felicidade imortal!

A esposa, porém, inebriada de ventura, fechara-se em compreensível silêncio. O amigo adiantou-se, ergueu-a e abraçou-a com infinito carinho.

– Não se amedronte com a viuvez, minha querida! – continuou – estaremos sempre juntos. Lembra-se de nosso entendimento derradeiro?

Mercedes entreabriu os lábios e fez sinal afirmativo.

– Dê-me notícias dos filhinhos! – pediu o consorte desencarnado, a sorrir – nada disse ainda... Por quê? Fale, Mercedes, fale! Mostre-me sua alegria vitoriosa!

A esposa fixou nele, com mais atenção, os olhos meigos e brilhantes e disse, chorando de júbilo:

– Fábio, estou agradecendo a Jesus a graça que me concede... como sou feliz, tornando a vê-lo!...

Lágrimas copiosas corriam-lhe das faces.

Em seguida, após curto intervalo, informou:

– Nossos pequenos vão bem. Lembramo-nos de você, incessantemente... Todas as noites, reunimo-nos em oração, implorando a Deus, nosso Pai, conceda a você alegria e paz na vida diferente que foi chamado a experimentar.

Outra pausa em que a nobre senhora tentou conter o pranto.

– Quero avisá-lo – prosseguiu – de que já estou trabalhando. O senhor Frederico, nosso velho amigo, deu-me serviço. Carlindo vela pelo irmão, enquanto me ausento, e creio que nada nos falta em sentido material. Temos apenas...

E a esposa dedicada interrompeu-se nas expressivas reticências, receosa talvez de ofendê-lo.

– Continue! – falou o companheiro sensibilizado.

– Não se zangará – disse Mercedes, reanimando-se – se eu reclamar contra as saudades imensas? Em nossas refeições e preces, há um lugar vazio, que é o seu. Creia, porém, que faço o possível por não feri-lo. Coloquei mentalmente a presença de Jesus, o nosso Mestre invisível, onde você sempre esteve. Desse modo, sua ausência em casa está cheia da confiança fervorosa nesse Amigo Certo que você me ensinou a encontrar...

Reparei que o esposo, não obstante a elevação que o caracterizava, desenvolveu visível esforço para não chorar. Fazendo-se otimista, observou:

– Não apague a luz da esperança. Não me zango em sabê-los saudosos, pois também eu sinto falta de sua presença, de sua ternura, da carícia de nossos filhos, mas ficaria contrariado se soubesse que a tristeza absorveu nosso ninho alegre. Tenha coragem e não desfaleça. Logo que for possível, retomarei meu lugar, em espírito. Estarei com você no ganha-pão, assisti-la-ei nos exercícios da prece e respirarei a atmosfera de seu carinho. Para isso, por enquanto, preciso escorar-me em sua fortaleza de ânimo e não dispenso o seu amoroso auxílio. Sinto-me cercado de bons amigos que não nos esquecem e, quem sabe, estaremos, lado a lado, de novo, em porvir não remoto? Avisaram-me de que a Divina Bondade me concedeu ingresso em colônia de trabalho santificador, a fim de prosseguir em meus serviços de elevação. Poderei talvez tecer diferente e mais belo ninho para aguardá-la. Ouço dizer, Mercedes, que o Sol é muito mais lindo nessa paisagem de encantadora luz e que, à noite, as árvores floridas assemelham-se a formosos lampadários, porque as flores maravilhosas retêm o luar divino...

Nesse instante, determinada interrogação irrompeu-me o raciocínio. Se Fábio havia feito tantos amigos em nosso núcleo de serviço, desde outro tempo, a ponto de merecer-lhes especial consideração, como se mostrava adventício, a respeito do noticiário de nossa esfera? Sintetizando compridas indagações em pequenina pergunta ao Assistente Jerônimo, respondeu-me o orientador em duas sentenças curtas:

– A morte não faz milagres. Retomar a lembrança é também serviço gradual, como qualquer outro que envolva atividades divinas da Natureza.

Calei-me, atento.

Fitando a visitante, enternecido, o marido recém-liberto considerava:

– Acredita que não vale a pena sofrer, de algum modo, para conseguir tão sagrado patrimônio? Nossos filhos crescerão depressa, as lutas serão breves, as situações carnais transitórias. Não desanime, portanto. A Providência jamais se empobrece e nos enriquecerá de bênçãos.

Mostrou a esposa formosa expressão de conforto no semblante feliz e, mobilizando as mais íntimas energias da alma humilde, manteve-se, por alguns instantes, de mãos-postas, como a agradecer a Deus o imenso júbilo daquela hora.

Jerônimo fez significativo sinal, avisando em silêncio que findara o tempo da visita.

A Irmã Zenóbia, que acompanhou a cena, comovida, junto de nós, tomou de uma flor semelhante a uma grande camélia dourada e deu-a a Fábio, para que presenteasse a companheira.

Mercedes recebeu a dádiva, conchegando-a ao coração.

Nosso dirigente aproximou-se de mim e notificou-me:

– André, acompanhe-nos à Crosta. Nossa amiga perdeu grande porção de forças com a emoção e ser-nos-á útil sua cooperação na volta.

Despediu-se a viúva e, em breve, era por nós reconduzida ao lar. E, ainda agora, ao relatar a experiência, recordo-me da estranha sensação de felicidade que Mercedes sentiu, ao despertar no leito com a perfeita impressão de guardar a delicada flor entre os dedos.

Tudo, pois, corria bem no círculo dos trabalhos que nos foram cometidos, quando nosso mentor foi chamado por autoridade superior de nossa colônia. Esperei impaciente o regresso dele, porque Jerônimo, em obediência às determinações recebidas, deveria partir, imediatamente, para entendimento inadiável.

Recomendou-nos aguardá-lo, em serviço na Casa Transitória, acentuando que seria breve.

De fato, não se demorou mais de um dia. E, ao regressar, cientificou-nos da novidade. A Irmã Albina fora autorizada a permanecer na Crosta Planetária por mais tempo, razão por que a desencarnação fora adiada *sine die*. Certa rogativa influíra decisivamente no assunto.

Entrara em jogo imperiosa exigência que nossa colônia examinara com a devida consideração. Em vista disso, renovara-se o programa da missão que trazíamos. Ao invés de auxílio para a liberação, a velha educadora receberia forças para se demorar na Crosta. Devíamos procurar-lhe a residência, sem perda de oportunidade, propiciando-lhe ao organismo os possíveis recursos magnéticos ao nosso alcance.

Quis perguntar alguma coisa, inteirar-me das particularidades. Todavia, Jerônimo costumava dizer com proveito tudo o que necessitávamos saber, e não me cabia constrangê-lo a qualquer informação antecipada. Por que se modificara decisão de tamanho relevo? quem possuía, afinal, tanto poder na oração, para ter influência nas diretivas de nossa colônia espiritual? seria justo o adiamento? por que motivo determinada súplica impunha a renovação do roteiro a seguir?

O Assistente percebeu as indagações que se me entrechocavam no cérebro e adiantou:

– Não se torture, André. Saberá tudo no momento oportuno.

E, traçando sintética programação de serviço, acrescentou:

– Vamo-nos, Hipólito e Luciana velarão pelos convalescentes.

Em caminho, porém, não resisti. Pedi permissão para ouvi-lo, de maneira sumária, quanto à nova deliberação, e Jerônimo aquiesceu, esclarecendo:

– A medida não deve provocar admiração. Ninguém, senão Deus, detém poderes absolutos. Todos nós, no desenvolvimento das tarefas conferidas às nossas responsabilidades, experimentaremos limitações nos atributos ou no acréscimo de deveres, segundo os desígnios superiores. O futuro pode ser calculado em linhas gerais, mas não podemos prejulgar quanto ao setor da interferência divina. O Pai efetua a organização universal com independência ilimitada no campo da Sabedoria Infalível. Nós cooperamos com relativa liberdade na obra do mundo, sujeitos a necessária e esclarecedora interdependência, em virtude da imperfeição da nossa individualidade. Deus sabe, enquanto nós nem sequer imaginamos saber.

E, com expressivo gesto de bom humor, prosseguiu:

– Não existe, portanto, novidade propriamente dita. Aliás, é justo considerar que a desencarnação de Albina não é suscetível de ser adiada por muito tempo. O organismo que a serve está gasto e a nova resolução destina-se apenas a remediar difícil situação, de modo a trazer benefícios para muita gente. A prece, em qualquer ocasião, melhora, corrige, eleva e santifica. Mas somente quando estabelece modificação de roteiro, igual à de hoje, é que paira, acima das circunstâncias comuns, o interesse coletivo. Ainda assim, a medida prevalecerá por reduzido tempo, isto é, apenas enquanto perdurar a causa que a motiva.

Recordei uma experiência anterior[1], em que observara certo irmão recebendo alguns dias de acréscimo à existência no corpo, para poder solucionar problemas particulares, e compreendi a alteração havida. De qualquer modo, porém, minha surpresa não era desarrazoada, porque constituíamos comissão de trabalho definido, com atividades traçadas por superiores hierárquicos. No caso a que me reportava, vira amigos de nossa esfera intercedendo junto de outros amigos, em benefício de terceiro. Todavia, na questão em exame, tratava-se de pedido da Crosta, atuando diretamente em nosso núcleo distante.

[1]Vide cap. 7 de *Missionários da Luz (Nota do Autor espiritual.)*

Conservando, pois, minha curiosidade insatisfeita, acompanhei o Assistente até ao apartamento confortável em que residia a interessada.

Os prognósticos acerca do estado físico da enferma eram desanimadores. Seu espírito, no entanto, mantinha-se calmo e confiante, a despeito da profunda perturbação orgânica.

Não só o coração e as artérias apresentavam sintomas graves: também o fígado, os rins, o aparelho gastrintestinal. A dispnéia castigava-a, intensamente.

Chegáramos no instante em que gracioso grupo de jovens, catorze ao todo, fazia em derredor da enferma o culto doméstico do Evangelho. Enquanto oravam, antes dos comentários construtivos, de alma voltada para a sublime fonte da fé viva, atiramo-nos ao trabalho, seguidos, de perto, por outros amigos de nosso plano, ligados à missão da nobre educadora.

O ambiente equilibrado pela prece e pelos pensamentos de elevação moral contribuíam eficazmente na execução de nossos propósitos.

A zona perigosa do corpo abatido era justamente a que situava o aneurisma, provável portador da libertação. O tumor provocara a degenerescência do músculo cardíaco e ameaçava ruptura imediata. Jerônimo, entretanto, revelou-se, mais uma vez, o médico experimentado e competente de nosso plano de ação. Começou aplicando passes de restauração ao sistema de condução do estímulo, demorando-se, atencioso, sobre os nervos do tônus. Em seguida, forneceu certa quantidade de forças ao pericárdio, bem como às estrias tendinosas, assegurando a resistência do órgão. Logo após, meu orientador magnetizou, longamente, a zona em que se localizava o tumor bastante desenvolvido, isolando certos complexos celulares, e esclareceu:

– Poderemos confiar em grande melhora, que persistirá por alguns meses.

Com efeito, finda a complexa operação magnética, observei que o coração doente funcionava com diferente equilíbrio. As válvulas cardíacas passaram a denotar regularidade. Cessou a aflição, o que foi atribuído, e de fato, com razões ponderosas, ao efeito da prece.

Albina sentiu-se reconfortada, mais calma. Fitou, comovida, as discípulas que se achavam presentes em afetuosa homenagem a ela, e considerou, satisfeita:

– Como me sinto melhor! Motivos fortes possuía o apóstolo Tiago, recomendando a prece aos enfermos!

As alunas e as filhas riram-se de contentamento e ergueram, em seguida, formosa oração gratulatória, emocionando-nos o coração.

Contrariando a expectativa geral, a enferma aceitou o oferecimento de um caldo confortante.

Em face da alegria que a todos empolgava, perguntei de súbito ao Assistente:

– Teria sido a súplica das discípulas o móvel da alteração? quem sabe? talvez lhes fizesse falta a venerável professora...

– Não, não é bem isto – elucidou o mentor –, a intercessão das meninas trouxe-lhe a cota natural de benefícios comuns; no entanto, acresce notar que Albina já cumpriu tarefa junto delas. Deu-lhes o que pôde, devotou-se quanto devia. Em virtude da abnegação da enferma, as aprendizes trazem o cérebro cheio de boas sementes... Compete agora às interessadas organizar condições favoráveis ao desenvolvimento intensivo dos tesouros espirituais de que são portadoras.

Curioso, arrisquei:

– Estaríamos, porventura, ante o resultado de requisição sentimental das filhas?

Jerônimo fitou ambas as senhoras que assistiam a doente com desvelada ternura, abanou a cabeça com gesto negativo e retrucou:

– Também não. Não se trata de resposta a semelhante rogativa. No desempenho dos sagrados deveres de mãe, Albina fez tudo pelo bem-estar das filhas. Desvelou-se, quanto lhe era possível. Por elas perdeu compridas noites de vigília e encheu laboriosos dias de preocupação absorvente e redentora. Educou-as carinhosamente, encaminhou-as na estrada da santificação e, sobretudo, ao prepará-las para a vida, entregou-as ao Pai Eterno, sem egoísmo destruidor. O trabalho materno foi completamente satisfeito. Doravante, cumpre às filhas seguir-lhe o exemplo, imitando-lhe a conduta cristã. Os bons pensamentos do Loide e Eunice envolvem-na toda em repousante atmosfera de amor. Entretanto, não seriam os rogos filiais, em circunstâncias como esta, que modificariam o roteiro das autoridades superiores no cumprimento das leis divinas. As súplicas de ambas partem de esferas de serviço perfeitamente atendidas pela missionária em processo de liberação e de modo algum as filhas poderiam retê-la.

Nesse instante, sentindo-se a enferma confortada pela inopinada melhora, dirigiu-se à filha mais velha, indagando:

– Loide, acredita você na possibilidade de trazerem o Joãozinho até aqui?

À interrogação enternecida, seguiu-se plena aprovação da filha e o telefone tilintou chamando alguém.

Ao passo que a senhora se entendia com o esposo, a distância, meu orientador anunciou, bem-humorado:

– Em breves momentos, receberá você a chave do problema.

Continuamos socorrendo a organização fisiológica da enferma, observando a alegria sincera das discípulas, que se retiravam, contentes. Mãe e filhas voltaram a permanecer a sós conosco, junto de outros amigos espirituais que se dedicavam, no compartimento, à tarefa de auxílio, inclusive a simpática irmã que nos acolhera na visita inicial, falando-nos, aliás, da probabilidade de prorrogação.

Processavam-se com extremado carinho os serviços de assistência, quando cavalheiro bem-posto deu entrada, conduzindo um menino miúdo, de oito anos presumíveis.

Varando a porta do quarto, o pequeno mostrou-se cônscio do lugar em que se achava, cumprimentou as senhoras, respeitoso, e voltou-se, de olhos ansiosos, para a enferma, beijando-lhe a destra com indescritível ternura.

Albina rogou a Deus o abençoasse e o menino perguntou:

– Vovó, como vai?

Designando-o, o Assistente esclareceu:

– A súplica dessa criança alcançou-nos a colônia espiritual e modificou-nos o roteiro.

– Quê?... – interroguei, sumamente surpreendido.

Jerônimo, todavia, continuou:

– Não é neto consangüíneo da doente, embora se considere tal. É órfão que lhe abandonaram à porta, após o nascimento, e que Loide mantém no lar, desde que nossa irmã se recolheu à cama. Não obstante a prova, Joãozinho é grande e abnegado servo de Jesus, reencarnado em missão do Evangelho. Tem largos créditos na retaguarda. Ligado à família de Albina, há alguns séculos, torna ao seio de criaturas muito amadas, a caminho do serviço apostólico do porvir.

Ia formular perguntas novas, mas meu orientador, indicando a enferma que se abraçara à criança, aconselhou-me, solícito:

– Observe por si mesmo...

O diálogo entre ela e o pequenino adquirira encantadora suavidade.

– Tenho passado mal, meu filho – exclamava a respeitável senhora em desabafo.

– Oh! vovó! – tornou o rapazinho, olhos radiantes de fé – tenho rezado sempre para que a senhora fique boa, depressa.

– Tem fé?

– Confio em Jesus. Na última vez em que estive na igreja, pedi a todos me ajudarem a rogar ao Céu pela sua saúde.

– E se Deus me chamar?

Os olhos se lhe umedeceram, mas acentuou em voz firme:

– Precisamos da senhora neste mundo.

Albina abraçou-o e beijou-o com meiguice maternal e prosseguiu:

– João, tenho sentido muita saudade de seus hinos na escola. Tem louvado o Senhor, pontualmente?

– Tenho.

– Cante para mim, meu filho.

O pequeno sorriu, jubiloso, por haver encontrado motivo de alegrar a doente querida e indagou, com naturalidade:

– Qual?

A enferma pensou, pensou, e disse:

– "Jesus, sendo meu".

O menino modificou a expressão fisionômica, entristeceu-se instantaneamente, mas, colocando-se junto ao leito, e, na postura do crente submisso, ergueu os olhos ao alto e começou a cantar antigo e delicado hino das igrejas evangélicas:

"Jesus, sendo meu,
Sou muito feliz,
Eu vou para o Céu,
Meu lindo país..."

Expressava-se em voz tão dorida que o hino parecia amarguroso lamento. Finda a primeira quadra, esforçou-se para continuar, mas não conseguiu. Profunda emoção sufocou-lhe a garganta, as lágrimas saltaram-lhe, espontâneas; tentou debalde fixar Loide para ganhar coragem e, reparando que sua comoção contagiara a família, precipitou-se nos braços da doente e gritou, com força:

– Não, vovó, não! a senhora não pode ir agora para o Céu! não pode! Deus não deixará!...

Albina recolheu-o, carinhosa, feliz.

– Que é isto, João? – perguntou, buscando sorrir.

Observei a mim mesmo e só então reconheci que eu também chorava...

Jerônimo, porém, mantinha-se firme e, rindo-se, bondoso, reafirmou:

– O menino tem razão. Albina não irá mesmo desta vez...

Atendendo-me à curiosidade, entrou em explicações finais, advertindo:

– Que nota você de particular em Loide?

Recorrendo a observações que já levara a efeito, respondi sem hesitar:

– Reparo que aguarda alguém; uma filhinha que já entrevimos... Desde o primeiro encontro, verifiquei que está em período ativo de maternidade, em vésperas da delivrança.

– Isto mesmo – confirmou o mentor amigo –, a prece de João é importante porque se reveste de profunda significação para o futuro. A menina, em processo reencarnacionista, é-lhe abençoada companheira de muitos séculos. Ambos possuem admirável passado de serviço à Crosta Planetária e escolheram nova tarefa com plena consciência do dever a cumprir. Foram associados de Albina em várias missões e, muito cedo, ser-lhe-ão continuadores na obra de educação evangélica. Não são Espíritos purificados, redimidos, mas trabalhadores valiosos, com suficiente crédito moral para a obtenção de oportunidades mais altas. Apesar da condição infantil, o servo reencarnado, pelas ricas percepções que o caracterizam fora da esfera física, recebeu conhecimento da morte próxima de nossa venerável irmã. Compreendeu, de antemão, que o fato repercutiria angustiosamente no organismo de Loide, compelindo-a talvez a claudicar no trabalho gestatório, em andamento. A carga de dor moral conduzi-la-ia efetivamente ao aborto, imprimindo profundas transformações no rumo do serviço de que João é feliz portador. Socorreu-se, então, de todos os valores intercessórios, nos instantes em que sua alma lúcida pode operar na ausência da instrumentalidade grosseira que triunfou com as súplicas insistentes, obtendo reduzida dilatação de prazo para a desencarnação de Albina.

Sempre comedido nas informações, Jerônimo calou-se, preparando a retirada.

A singular ocorrência enchia-me de encantamento e surpresa. E contemplando, sob forte enlevo, a pequena família em santificado júbilo doméstico, eu chegava à conclusão de que, ainda ali, numa câmara de moléstia grave, a oração, filha do trabalho com amor, vencia o vigoroso poder da morte.

18

Desprendimento difícil

Agora, tínhamos sob os olhos o caso Cavalcante em processo final.

O pobre amigo permanecia agarrado ao corpo pela vigorosa vontade de prosseguir jungido à carne. A intervenção no apêndice inflamado, ao mesmo tempo que se buscava remediar a situação do duodeno, fizera-se tardia. Estendera-se a supuração ao peritônio e debalde se combatia a rápida e espantosa infecção.

O enfermo perdia forças, e porque não conseguia alimentar-se, como devia, não encontrava recursos para compensar as perdas vultosas.

O intestino inspirava repugnância e compaixão. Qual estranho vaso destinado à fermentação, continha o ceco trilhões de bacilos de variadas espécies. Profundo desequilíbrio afetava as funções dos vasos sanguíneos e linfáticos no intestino delgado. O cólon transverso e o descendente semelhavam-se a pequenos túneis, repletos das mais diversas coletividades microbianas. As vilosidades permaneciam cheias de sangue purulento, e, de quando em quando, abriam-se veias mais frágeis, provocando abundante hemorragia. Em todo o aparelho intestinal, verificava-se o gradual desaparecimento do tônus das fibras. O pâncreas não mais tolerava qualquer trabalho, na desintegração dos alimentos, e o estômago deixava perceber avançada incapacidade. As glândulas gástricas jaziam quase inertes. Distúrbios destrutivos campeavam no fígado, onde animálculos vorazes se valiam da progressiva ausência de controle psíquico, manifestando-se ao léu, como microscópicos salteadores em sanha festiva.

O doente, por fim, já não suportava nenhuma alimentação. O estômago expulsava até a própria água simples, deixando-o exausto, em vista do tremendo esforço despendido nos reiterados acessos de vômito.

O sistema nervoso central e o abdominal, bem como os sistemas autônomos, acusavam desarmonia crescente.

Reconhecia, entretanto, ali, naquele agonizante que teimava em viver de qualquer modo no corpo físico, o gigantesco poder da mente, que, em admirável decreto da vontade, estabelecia todo o domínio possível nos órgãos e centros vitais em decadência franca.

Decorridos mais de quatro dias, em que atentávamos para o moribundo, cuidadosamente, Jerônimo deliberou fossem desatados os laços que o retinham à esfera grosseira.

Bonifácio, prestimoso e gentil, coadjuvava-nos o trabalho.

Informando-se de nossa resolução, de modo vago, através dos canais intuitivos, o doente, pela manhãzinha, chamou o capelão, a fim de ouvi-lo, e, após breve confissão, que o sacerdote reduziu ao mínimo de tempo, em virtude das emanações desagradáveis que se desprendiam da organização fisiológica em declínio, o pobre Cavalcante, mal suspeitando a paz que o aguardaria na morte, procurou reter o eclesiástico, em contristadora conversação:

– Padre – dizia ele, em voz súplice –, sei que morro, sei que estou no fim...

– Entregue-se a Deus, meu amigo. Só Ele pode saber em definitivo o que surgirá. Quem sabe se ainda tem longos anos à sua frente? tudo pode acontecer...

O capelão falava apressado, abreviando a palestra e tentando dissimular suas penosas impressões olfativas, mas o moribundo continuou, ingênuo:

– Tenho medo, muito medo de morrer...

– Bem – obtemperou o religioso, não ocultando um gesto de enfado que passou despercebido aos olhos do crente –, precisamos preparar o espírito para o que der e vier.

– Ouça, padre!... acredita que me salvarei?

– Sem dúvida. Você foi sempre bom católico...

– Mas... escute! – e a voz do enfermo fez-se triste, mais chorosa e sufocada – eu desejaria morrer noutras condições. Segundo lhe confessei, fui abandonado pela mulher, há muitos anos... Sabe que ela me trocou por outro homem e fugiu para nunca mais... Sempre admiti que experimentei semelhante prova por incapacidade de compreensão da parte dela, mas, agora, padre... encarando a morte, frente a frente, reflito melhor... Quem sabe se não fui o culpado direto? Talvez tivesse levado longe demais meu propósito de viver para a religião, faltando-lhe com a assistência necessária... Lembro-me de que, às vezes, chamava-me "padre sem batina". Possivelmente minha atitude impensada teria dado origem ao desvio da minha companheira...

Após fitar o clérigo demoradamente, implorou:

– Poderá sua caridade continuar indagando por mim? Necessito vê-la, a fim de apaziguar a consciência... Há onze anos, perdi-a de vista...

O sacerdote, no entanto, não parecia intimamente interessado em satisfazê-lo e repetia com impaciência:

– Descanse, descanse... Prosseguirei nas diligências. Tenha coragem, Cavalcante! é provável que tudo venha ao encontro de nossos desejos.

O moribundo, voz entrecortada pelo cansaço, murmurou:

– Obrigado, padre, obrigado!...

O religioso intentou sair, mas Cavalcante, amedrontado, perguntou, ainda:

– Acha que me demorarei muito tempo no purgatório?

– Que idéia! – resmungou o interlocutor, entediado – falta-lhe suficiente confiança no poder de Deus?

Enunciou as últimas palavras com tamanha irritação que o enfermo lhe percebeu o descontentamento, sorriu humilde e calou-se.

O sacerdote, ao se afastar, aliviado, encontrou certo médico e indagou:

– Afinal, que acontece ao Cavalcante? morre ou não morre? Estou cansado de tantos casos compridos.

– Tem sido gigante na reação – informou o clínico, bem-humorado. – Considerando-lhe, porém, os males sem cura, venho examinando a possibilidade da eutanásia.

– Parece-me caridade – redargüiu o religioso –, porque o infeliz apodrece em vida...

O esculápio abafou o riso franco e despediram-se.

A cena chocava-me pelo desrespeito. Ambos os profissionais, o da Religião e o da Ciência, notavam situações meramente superficiais, incapazes de penetração nos sagrados mistérios da alma. Entretanto, para compensar tão descaridosa incompreensão, Cavalcante era objeto de nosso melhor carinho. Por mim, não saberia ministrar-lhe benefícios, dada a insipiência de minha singela colaboração, mas Jerônimo e Bonifácio cercavam-no de singular cuidado, amparando-o como se fora bem-amada criança.

Quando o eclesiástico pisava mais longe, o meu Assistente considerou:

– O pobre sacerdote ainda não possui "olhos de ver". Cavalcante foi, antes de tudo, perseverante trabalhador do bem.

Enquanto isso, o enfermo buscava enxugar as lágrimas copiosas. A atitude do capelão advertira-o do deplorável estado de seu corpo físico. Passou a sentir o cheiro desagradável das próprias vísceras, agravando-se-lhe o mal-estar. Sob incoercível angústia, pediu o comparecimento de determinada religiosa, dentre as diversas que atendiam a casa. Experimentava funda sede de consolo, necessitava coragem que lhe viesse do exterior. Provavelmente encontraria no coração feminino o reconforto que o confessor não lhe soubera prodigalizar. Porém, a "irmã de caridade" não trazia consigo melhor humor. Fez questão de escutá-lo, alçando desinfetante enérgico ao nariz, a infundir-lhe surpresa ainda mais dolorosa. Cavalcante chorou, queixou-se. Precisava viver mais alguns dias, declarou, humilhado. Não desejava partir sem a reconciliação conjugal. Rogava providências médicas mais eficientes e prometia pagar todas as despesas, logo pudesse tornar ao serviço comum. Pretendia recorrer a parentes endinheirados que residiam a distância. Resgataria o débito até o derradeiro centavo.

A "irmã de caridade", depois de ouvi-lo, com impassível frieza, foi mais sucinta:

– Meu amigo – disse, áspera –, tenha fé. A casa está repleta de enfermos, alguns em piores condições.

Como o doente insistisse nas solicitações, concluiu ríspida e secamente:

– Não tenho tempo.

O agonizante deu curso ao pranto silencioso. Recordou, de alma oprimida por angustiosa saudade, a infância e a juventude. Percorrera as estradas terrenas, de coração aberto à prática do bem. Não compreendia Jesus encerrado nos templos de pedra, a distância dos famintos e sofredores que choravam por fora. A doutrina que abraçara não lhe oferecia ensejo de mais vasta aplicação ao exemplo evangélico. Era compelido a satisfazer obrigações convencionais e a perder grande tempo através de manifestações do culto externo; entretanto, valera-se de toda oportunidade para testemunhar entendimento cristão. Porque amara o exercício do bem, constante e fiel, era aborrecido aos sacerdotes e familiares em geral. A parentela, inclusive a esposa, considerava-o fanático, desequilibrado, imprestável. Perseverava mesmo assim. Embora as condições elevadas em que desenvolvera a fé, ignorava as lições do Além-Túmulo e receava a morte. Estimaria obter a certeza do destino a seguir. A visão mental do inferno, segundo as concepções católicas, punha-lhe arrepios no espírito exausto. A probabilidade dos sofrimentos purgatoriais enchia-o de temor. Desejava algo de melhor, de mais belo que o velho mundo em que vivera até então... Suspirava por ingressar em coletividade diferente, em que pudesse encontrar corações a pulsarem sintonizados com o dele; sentia fome e sede de compreensão, de profunda compreensão, mas, prejudicado pelos princípios dogmáticos da escola religiosa a que se filiara, repelia-nos a ação.

O Assistente, pondo em prática recursos magnéticos, tentou propiciar-lhe sono brando, de maneira a subtrair-lhe os temores em socorro direto, fora do corpo físico. Contudo, o moribundo lutou por manter-se vigilante. Temia dormir e não despertar, pensava, ansioso. Queria ver a esposa, antes do fim, dizia de si para consigo. Não era, efetivamente, provável? não seria justo morrer tranqüilo? Oh! se ela surgisse! – acariciava a possibilidade – penitenciar-se-ia dos erros passados, pedir-lhe-ia perdão. Tamanha humildade assomava-lhe ao ser, naquela hora de grande abatimento, que não se magoaria em receber-lhe a visita junto do "outro". Por que odiar? Porventura, não lhe ensinava a lição de Jesus que a fraternidade constitui sempre a bênção do Altíssimo? Quem seria mais culpado? ele, que mantinha dobrada indiferença para com as exigências afetivas da companheira, pelo arraigado devotamento à fé, ou aquele homem, despreocupado de qualquer responsabilidade, que a recolhera, talvez em desesperação? Se pugnara sempre pela prática da caridade, por que motivo ele, Cavalcante, faltara com a necessária demonstração, portas adentro do próprio lar? Em verdade, as sugestões sublimes da fé religiosa inflamaram-lhe o espírito de amor universal. Não tolerava a sufocação do idealismo ardente. Ninguém poderia reprová-lo. Mas, se era esse o caminho escolhido, que razões o levaram a desposar pobre criatura, incapaz de apreender-lhe a fome de luz? por que fizera firmes promessas a um coração feminino, ciente de que ele não poderia atendê-las? A dor desenha a tela da lógica no fundo da consciência, com muito mais nitidez que todos os compêndios do mundo. A morte próxima enchia aquela alma formosa de sublimes reflexões. Entretanto, o medo alojara-se dentro dela como sicário invisível.

Cavalcante, que via tão bem na paisagem dos sentimentos humanos, permanecia cego para o "outro lado da vida", de onde tentávamos auxiliá-lo, em vão.

Jerônimo poderia aplicar-lhe recursos extremos, mas absteve-se. Inquirido por mim acerca de seus infindos cuidados, explicou, muito calmo:

– Ninguém corte, onde possa desatar...

A resposta calou-me fundo.

Debalde, porém, procurou-se prodigalizar ao doente a trégua do sono preparatório e reconfortador. Cavalcante reagia, insistente. Sentindo-nos a aproximação e interferência, de leve, fazia apressados movimentos labiais, recitando orações em que implorava a graça de ver a companheira, antes de morrer.

– Desventurado irmão! – comentou Bonifácio, comovido – não sabe que a consorte desencarnou há mais de ano, num catre, vítima de uma infecção luética.

Jerônimo não se moveu, mas lutei contra mim para não disparar interrogações, a torto e a direito, em busca de pormenores. Coibi-me, felizmente. A hora não comportava perguntas inúteis. Meu Assistente, como se houvera recebido a mais natural das informações, dirigiu a palavra ao companheiro, recomendando:

– Bonifácio, nosso amigo não pode suportar por mais tempo a existência do corpo carnal. A máquina rendeu-se. Dentro de algumas horas, a necrose ganhará terreno e precisamos libertá-lo. Teima em agarrar-se à carne apodrecida e pede, comovedoramente, a presença da esposa. Já tentamos auxiliá-lo a desprender-se, afrouxando os laços da encarnação no plexo solar, mas ele reage com espantoso poder. Resolvi, em vista disso, abrir pequenos vasos do intestino para que a hemorragia se faça ininterrupta, até à noite, quando efetuaremos a liberação. Peço a você trazer-lhe a companheira desencarnada, por instante, até aqui. O enfraquecimento físico acentuar-se-á vertiginosamente, de ora em diante, e, com espaço de algumas horas, as percepções espirituais de Cavalcante se farão sentir. Verá, desse modo, a esposa, antes do decesso que se aproxima e dormirá menos inquieto.

Bonifácio pôs-se pronto para cumprir a ordem e assegurou integral cooperação.

Logo após, o Assistente operou, cauteloso, sobre a região intestinal, rompendo certas veias de menor importância, atenuando-lhe a capacidade de resistência.

Ausentar-nos-íamos, por breves horas, considerando que o relógio assinalava poucos minutos além do meio-dia. Antes, porém, de nos afastarmos, observando o quadro emocionante da enfermaria gratuita, a que o moribundo se recolhera, perguntei a Jerônimo, admirado:

– Já que o nosso tutelado se enfraquecerá, a ponto de fazer observações no plano invisível aos olhos mortais, chegará a ver também as paisagens de vampirismo que me impressionam no recinto?

– Sim – informou o orientador com espontaneidade.

– Oh! mas terá energia suficiente para tudo ver sem perturbar-se?

– Não posso garantir – respondeu, sorrindo. – Naturalmente, qualquer Espírito encarnado, diante de um quadro desses, poderia ser vítima da loucura e, possivelmente, atravessaria algumas poucas horas em franco desequilíbrio, dada a novidade do espetáculo. Quando a luz aparece, em determinado plano, onde a criatura esteja "apta para ver", tanto se enxerga o pântano como o céu. Questão de claridade e sintonia, simplesmente.

A notícia pôs-me frêmitos de piedade.

A enfermaria estava repleta de cenas deploráveis. Entidades inferiores, retidas pelos próprios enfermos, em grande viciação da mente, postavam-se em leitos diversos, inflingindo-lhes padecimentos atrozes, sugando-lhes vampirescamente preciosas forças, bem como atormentando-os e perseguindo-os.

Desde o serviço inicial do tratamento de Cavalcante, desagradaram-me tais demonstrações naquele departamento de assistência caridosa e cheguei mesmo a consultar o Assistente quanto à possibilidade de melhorar a situação, mas Jerônimo informou, sem estranheza, que era inútil qualquer esforço extraordinário, pois os próprios enfermos, em face da ausência de educação mental, se incumbiriam de chamar novamente os verdugos, atraindo-os para as suas mazelas orgânicas, só nos competindo irradiar boa vontade e praticar o bem, tanto quanto fosse possível, sem, contudo, violar as posições de cada um.

Confesso que experimentava enorme dificuldade para desempenhar os deveres que ali me retinham, porquanto as interpelações de infelizes desencarnados atingiam-me insistentemente. Pediam toda a sorte de benefícios, reclamavam melhoras, explodiam em lamúrias sem-fim. Sereno e forte, o meu orientador conseguia trabalhar de mente centralizada na tarefa, inacessível às perturbações exteriores. Quanto a mim, entretanto, não alcançara ainda semelhante poder. Os pedidos, os lamentos, os impropérios, feriam-me a observação, impedindo-me de conservar a paz íntima.

Por isso mesmo, ao me retirar, pensei na surpresa amargurosa do moribundo, ao se lhe abrir a cortina que lhe velava a visão espiritual.

Aguardei, curioso, o cair da noite, quando, em companhia do orientador, atravessei, de volta, o pórtico do hospital.

Cavalcante avizinhava-se do coma. O sangue alagava lençóis, que eram substituídos repetidamente. O enfraquecimento geral progredia, rápido.

O agonizante inspirava dó. Abriram-se-lhe certos centros psíquicos, no avançado abatimento do corpo, e o infeliz passou a enxergar os desencarnados que ali se encontravam, não longe dele, na mesma esfera evolutiva. Não nos identificava, ainda, a presença, como seria de desejar, mas observava, estarrecido, a paisagem interior. Outros enfermos encaravam-no, agora, amedrontados. Para todos eles, o colega de sofrimento delirava, inconsciente.

– Estarei no inferno ou vivemos em casa de loucos? – bradava sob horrível tormento moral – oh! os demônios! os demônios!... Vejam o "espírito mau" roendo chagas!...

E, de *facies* contraída, apontava mísero ancião de pernas varicosas.

– Oh! que diz ele? – prosseguia, com visível espanto – diz que não é o diabo, afirma que o doente lhe deve...

Ouvidos à escuta, silenciava, ansioso por registrar as palavras impensadas e criminosas do algoz desencarnado, mas, não conseguindo, desabafava-se em gritos lamentosos, infundindo compaixão. Não fora a fraqueza invencível, ter-se-ia levantado com impulsos de louco. Doentes e enfermeiros, alarmados, optavam pela remoção do moribundo. Tinham medo. Cavalcante desvairava. Consolavam-se, todavia, na expectativa de que a hemorragia abundante prenunciasse termo próximo.

Jerônimo ministrou-lhe, então, piedosamente, recursos de reconforto, e o agonizante aquietou-se, devagarinho...

Não se passou muito tempo e Bonifácio entrou conduzindo verdadeiro fantasma. A ex-consorte, convocada à cena, semelhava-se, em tudo, a sombra espectral. Não via o nosso cooperador, mas obedecia-lhe à ordem. Penetrou o recinto, arrastando-se, quase. Satisfazendo o guia, automaticamente, veio ter ao leito de Cavalcante, fitou-o com intraduzível impressão de horror e gritou, longamente, perturbando-lhe a hora de alívio.

O moribundo voltou-se e viu-a. Alegre sorriso estampou-se-lhe no escaveirado rosto.

– Pois és tu, Bela? Graças a Deus, não morrerei sem pedir-te desculpas!...

A ternura com que se dirigia a tão miserável figura causava compaixão.

A esposa abeirou-se do leito, tentando ajoelhar-se. Ouvindo-o, assombrada, retrucou, aflita:

– Joaquim, perdoa-me, perdoa-me!...

– Perdoar-te de quê? – replicou ele, buscando inutilmente afagá-la. Eu, sim, fui injusto contigo, abandonando-te ao léu da sorte... Por favor, não me queiras mal. Não te pude compreender noutro tempo e facilitei-te o passo em falso, colaborando, impensadamente, para que te precipitasses em escuro despenhadeiro. Não entendi o problema doméstico tanto quanto devia... Hoje, porém, que a morte me busca, desejo a paz da consciência. Confesso minha culpa e rogo-te perdão... Desculpa-me...

Falava vencendo enormes obstáculos. No entanto, notava-se que aquele entendimento lhe fazia imenso bem. A mente apaziguara-se-lhe. Contemplava a esposa, reconhecido, quase feliz.

– Ó Joaquim! – suplicou a mísera – perdoa-me! Nada tenho contra ti. O tempo ensinou-me a verdade. Sempre foste meu leal amigo e dedicado marido!

O moribundo escutou-a, esboçando expressão fisionômica de intensa alegria. Fitou-a, em êxtase, totalmente modificado e murmurou:

– Agora, estou satisfeito, graças a Deus!...

Nesse instante, o mesmo médico que víramos, pela manhã, avizinhou-se do leito para a inspeção noturna, acompanhado de diligente enfermeira.

Chamado por ele, voltou-se Cavalcante e, pondo na boca todas as forças que lhe restavam, notificou, feliz:

– Veja, doutor, minha esposa chegou, enfim!

E, interessado em conquistar a atenção do interlocutor, prosseguia:

– Estou contente, conformado... Mas minha pobre Bela parece enferma, abatida... Ajude-a por amor de Deus!

Relanceando, em seguida, o olhar pela extensa enfermaria e fixando os quadros tristes, entre encarnados e desencarnados, inquiriu:

– Por que motivo tantos loucos foram internados aqui? Olhem, olhem aquele! Parece sufocar o infeliz...

Indicava particularidade dolorosa, em que certa entidade assediava pobre doente atacado de asma cardíaca.

O médico, no entanto, contemplou-o, compadecido, e disse à servente:

– É o delírio, precedendo o fim.

Entrementes, Jerônimo recomendou a Bonifácio retirasse a sombria figura da ex-consorte de Cavalcante, acentuando:

– Não nos convém doravante a permanência de semelhante criatura. Já cumpriu as obrigações que a trouxeram aqui e ainda possui numerosos credores à espera.

A desventurada reagiu, procurando ficar, mas Bonifácio empregou força magnética mais ativa para alcançar o objetivo necessário.

Reparando, porém, que a ex-companheira se afastava aos gritos, o agonizante pôs-se a bradar, alucinado:

– Volta, Bela! Volta!

Esforçou-se o clínico por trazê-lo à esfera de observações que lhe era própria, mas debalde. Cavalcante continuava invocando a presença da esposa, em voz rouquenha, opressa, sumida.

O médico abanou a cabeça e exclamou quase num sussurro:

– É impossível continuar assim. Será aliviado.

Jerônimo penetrou-lhe o íntimo, porque passou a mostrar extrema preocupação, comunicando-me, gravemente:

– Beneficiemos o moribundo, por nossa vez, empregando medidas drásticas. O doutor pretende impor-lhe fatal anestésico.

Atendendo-lhe a ordem, segurei a fronte do agonizante, ao passo que ele lhe aplicava passes longitudinais, preparando o desenlace. Mas o teimoso amigo continuava reagindo.

– Não – exclamava, mentalmente –, não posso morrer! tenho medo! tenho medo!

O clínico, todavia, não se demorou muito, e como o enfermo lutava, desesperado, em oposição ao nosso auxílio, não nos foi possível aplicar-lhe golpe extremo. Sem qualquer conhecimento das dificuldades espirituais, o médico ministrou a chamada "injeção compassiva", ante o gesto de profunda desaprovação do meu orientador.

Em poucos instantes, o moribundo calou-se. Inteiriçaram-se-lhe os membros, vagarosamente. Imobilizou-se a máscara facial. Fizeram-se vítreos os olhos móveis.

Cavalcante, para o espectador comum, estava morto. Não para nós, entretanto. A personalidade desencarnante estava presa ao corpo inerte, em plena inconsciência e incapaz de qualquer reação.

Sem perder a serenidade otimista, o orientador explicou-me:

– A carga fulminante da medicação de descanso, por atuar diretamente em todo o sistema nervoso, interessa os centros do organismo perispiritual. Cavalcante permanece, agora, colado a trilhões de células neutralizadas, dormentes, invadido, ele mesmo, de estranho torpor que o impossibilita de dar qualquer resposta ao nosso esforço. Provavelmente, só poderemos libertá-lo depois de decorridas mais de doze horas.

Regressando Bonifácio, o meu dirigente prestou-lhe informações exatas e confiou-lhe o pobre amigo, que foi imediatamente transportado ao necrotério.

E, conforme a primeira suposição de Jerônimo, somente nos foi possível a libertação do recém-desencarnado quando já haviam transcorrido vinte horas, após serviço muito laborioso para nós. Ainda assim, Cavalcante não se retirou em condições favoráveis e animadoras. Apático, sonolento, desmemoriado, foi por nós conduzido ao asilo de Fabiano, demonstrando necessitar maiores cuidados.

19

A SERVA FIEL

Liberto, Cavalcante oferecia-me amplo ensejo a infatigáveis pesquisas. A injeção sedativa, veiculando anestésicos em dose alta, afetara-lhe o corpo perispirítico, como se fora choque elétrico. Devido a isso, ele permanecia quase inerte, ignorando-se a si mesmo. Inquirido por mim, vezes diversas, não sabia concatenar raciocínios para responder às questões mais rudimentares, alusivas à própria identidade pessoal.

Notando o meu interesse a respeito do assunto, Jerônimo, após ministrar-lhe os primeiros socorros magnéticos, na Casa Transitória, prestou-me os seguintes esclarecimentos:

– Qualquer droga, no campo infinitesimal dos núcleos celulares, se faz sentir pelas propriedades elétricas específicas. Combinar aplicações químicas com as verdadeiras necessidades fisiológicas, constituirá, efetivamente, o escopo da Medicina no porvir. O médico do futuro aprenderá que todo remédio está saturado de energias eletromagnéticas em seu raio de ação. É por isso que o veneno destrói as vísceras e o entorpecente modifica a natureza das células em si, impondo-lhes incapacidade temporária. A gota medicamentosa tem princípios elétricos, como também acontece às associações atômicas que vão recebê-la. Segundo sabemos, em plano algum a Natureza age aos saltos. O perispírito, formado à base de matéria rarefeita, mobiliza igualmente trilhões de unidades unicelulares da nossa esfera de ação, que abandonam o campo físico saturadas da vitalidade que lhe é peculiar. Daí os sofrimentos e angústias de determinadas criaturas, além do decesso. Os suicidas costumam sentir, durante longo tempo, a aflição das células violentamente aniquiladas, enquanto os viciados experimentam tremenda inquietação pelo desejo insatisfeito.

A elucidação era lógica e humana. Fui compreendendo, por minha vez, pouco a pouco, a importância do desapego às emoções inferiores para os homens e mulheres encarnados na Crosta. Matéria e espírito, vaso e conteúdo, forma e essência, confundiam-se aos meus olhos como a chama da vela e o material incandescente. Integrados um no outro, produziam a luz necessária aos objetivos da vida.

O exame dos casos de morte trouxera-me singular enriquecimento no setor da ciência mental. O Espírito, eterno nos fundamentos, vale-se da matéria, transitória nas associações, como material didático, sempre mais elevado, no curso incessante da experiência para a integração com a Divindade Suprema. Prejudicando a matéria, complicaremos o quadro de serviços que nos é indispensável e estacionaremos, em qualquer situação, a fim de restaurar o patrimônio sublime posto à nossa disposição pela Bondade Imperecível. Tanto seremos compelidos ao trabalho regenerador, na encarnação, quanto na desencarnação, na existência da carne quanto na morte do corpo, tanto no presente quanto no futuro. Ninguém se colocará vitorioso no cume da vida eterna, sem aprender o equilíbrio com que deve elevar-se. Daí as atividades complexas do caminho evolutivo, as diferenciações inumeráveis, a multiplicidade das posições, as escalas da possibilidade e os graus da inteligência, nos variados planos da vida.

Para solucionar instantes problemas de Cavalcante, o nosso dirigente designou o padre Hipólito para segui-lo de mais perto, orientando-o quanto à renovação. O "convalescente" fixava-nos, receoso, crendo-se vítima de pesadelo, em hospital diferente. Declarava-se interessado em continuar no corpo terrestre, chamava a esposa insistentemente, repetia descrições do passado com admirável expressão emotiva. Por mais de uma vez, repeliu Jerônimo, com severa argumentação. Ao lado de Hipólito, porém, aquietava-se, humilde. Influíam nele o respeito e a confiança que se habituara a consagrar aos sacerdotes. Nosso companheiro possuía sobre o recém--liberto importante ascendente espiritual. Poderia beneficiá-lo com mais facilidade e em menos tempo. Apesar disso, contudo, nosso Assistente ministrava-lhe com regularidade recursos magnéticos, erguendo-lhe o padrão de saúde espiritual.

O desencarnado ia despertando com extremo vagar, demorando-se longo tempo a reapossar-se de si. Eram, todavia, impressionantes seus colóquios com o Irmão Hipólito, nos quais crivava o ex-sacerdote de intempestivas interrogações. À medida que as suas condições mentais melhoravam, apertava o cerco. Queria saber onde se localizavam o céu e o inferno; pedia notícias dos santos, pretendendo visitar aqueles a quem consagrava mais entranhada devoção; rogava explicações referentes ao limbo; reclamava o encontro com parentes que o haviam precedido no túmulo; solicitava elucidações sobre o valor dos sacramentos da Igreja Católica; comentava a natureza dos diversos dogmas, até que, certo dia, chegou ao despautério de perguntar se não lhe seria possível obter uma audiência com Deus, na Corte Celeste. Hipólito precisava mobilizar infinita boa vontade para tratar com respeito e proveito tamanha boa-fé.

A Irmã Zenóbia vinha freqüentemente assistir ao curso dos surpreendentes diálogos e, de uma feita, quando nos achávamos juntos, a pequena distância do enfermo, comentou, risonha:

– Nossa antiga Igreja Romana, tão venerável pelas tradições de cultura e serviço ao progresso humano, é, de fato, na atualidade, grande especialista em "crianças espirituais"...

Examinando as dificuldades naturais do serviço de esclarecimento, Jerônimo recomendou a Hipólito e a Luciana dispensarem ao recém-liberto os recursos possíveis, em virtude da escassez de tempo.

Vinte e cinco dias já haviam transcorrido sobre o início da tarefa.

– Precisamos regressar – informou o Assistente –, precisamos regressar logo se verifique a vinda de Adelaide, que não se demorará nesta fundação mais de um dia. Cumpre-nos, pois, acelerar a preparação de Cavalcante, com todas as possibilidades ao nosso alcance.

E os companheiros desvelavam-se, carinhosos. No fundo, todos sentíamos saudades do lar distante, que nos congregava em bênçãos de paz e luz. O próprio Fábio, equilibrado e bem-disposto, colaborava para a solução do assunto, suspirando pela penetração nos santuários de Mais Alto.

Atendendo à divisão dos serviços, Jerônimo e eu continuamos em ação no instituto evangélico, onde a serva leal de Jesus receberia a carta liberatória. Adelaide, porém, parecia não depender de algemas físicas. Não consegui, por minha vez, auscultar-lhe o espesso organismo, porque a nobre missionária, em virtude do avançado enfraquecimento do corpo, abandonava-o ao primeiro sinal de nossa presença, colocando-se, junto de nós, em sadia palestra.

Geralmente, companheiros distintos de nosso plano participavam-nos dos ágapes fraternos.

Na antevéspera do desenlace, tive ocasião de observar a extrema simplicidade do abnegado Bezerra de Menezes, que se encontrava em visita de reconforto junto à servidora fiel.

– Não desejo dificultar o serviço de meus benfeitores – dizia ela, algo triste –, e, por isso, estimaria conservar boa forma espiritual no supremo instante do corpo.

– Ora, Adelaide – considerou o apóstolo da caridade –, morrer é muito mais fácil que nascer. Para organizar, na maioria das circunstâncias, são precisos, geralmente, infinitos cuidados; para desorganizar, contudo, basta por vezes leve empurrão. Em ocasiões como esta, a resolução é quase tudo. Ajude a você mesma, libertando a mente dos elos que a imantam a pessoas, acontecimentos, coisas e situações da vida terrena. Não se detenha. Quando for chamada, não olhe para trás.

E sorrindo:

– Lembre-se de que a mulher de Lot, convertida em estátua de sal, não é símbolo inexpressivo. Há criaturas que, no instante justo de abandonarem a carne, às vezes doente e imprestável, voltam o pensamento para o caminho palmilhado, revivendo recordações menos construtivas... Tropeçam nas próprias apreensões, como se estas fossem pedras soltas ao léu, na senda percorrida, e ficam longos dias fisgadas no anzol do incoerente e insatisfeito desejo, sem suficiente energia para uma renúncia nobilitante.

– Espero – asseverou a interlocutora, em tom grave – que os amigos me auxiliem. Sinto-me socorrida, amparada, mas... tenho medo de mim mesma.

– Preocupada assim, minha amiga? – tornou o antigo médico, satisfeito. Não vale a pena. Compreendo-lhe, todavia, a ansiedade. Também passei por aí. Creia, entretanto, que a lembrança de Jesus, ao pé de Lázaro, foi ajuda certa ao meu coração, em transe igual. Busquei insular-me, cerrar ouvidos aos chamamentos do sangue, fechar os olhos à visão dos interesses terrenos, e a libertação, afinal, deu-se em poucos segundos. Pensei nos ensinamentos do Mestre, ao chamar Lázaro, de novo, à existência, e recordei-lhe as palavras: – "Lázaro, sai para fora!" Centralizando a atenção na passagem evangélica, afastei-me do corpo grosseiro sem obstáculo algum.

A simplicidade do narrador encantava.

Adelaide sorriu, sem no entanto disfarçar a preocupação íntima.

Valendo-se da pausa, Jerônimo aduziu:

– Aliás, cumpre-nos destacar as condições excepcionais em que partirá nossa amiga. Em tais circunstâncias, apenas lastimo aqueles que se agarram em demasia aos caprichos carnais. Para esses, sim, a situação não é agradável, porquanto o semeador de espinhos não pode aguardar colheita de flores. Os que se consagram à preparação do futuro com a vida eterna, através de manifestações de espiritualidade superior, instintivamente aprendem todos os dias a morrer para a existência inferior.

Reparei que a abnegada irmã se mostrava mais calma e confortada, a essa altura.

Interrompeu-se a conversação, porque Adelaide foi obrigada a reanimar repentinamente o corpo, a fim de receber a última dose de medicação noturna. Ao regressar ao nosso plano, Jerônimo ofereceu-lhe o braço amigo para rápida excursão ao estabelecimento de Fabiano.

A Irmã Zenóbia desejava vê-la, antes do desenlace. A grande orientadora do asilo errático admirava-lhe os serviços terrestres e, por mais de uma vez, valeu-se de seu fraternal concurso em atividades de regeneração e esclarecimento.

Adelaide acompanhou-nos, contente.

Em breves minutos, recebidos pela administradora, como que se repetia a mesma palestra de minutos antes, apenas com a diferença de que Zenóbia tomara a posição reanimadora do devotado Bezerra.

A bondosa discípula de Jesus, em vias de retirar-se da Crosta, era alvo do carinho geral.

Depois de considerações convincentes por parte de Zenóbia, que se esmerava em ministrar-lhe bom ânimo, Adelaide, humilde, expôs-lhe as derradeiras dificuldades.

Ligara-se, fortemente, à obra iniciada nos círculos carnais e sentia-se estreitamente ligada, não somente à obra, mas também aos amigos e auxiliares. Por força de circunstâncias imperiosas, acumulava funções diversas no quadro geral dos serviços. Possuía toda uma equipe de irmãs dedicadíssimas, que colaboravam com sincero desprendimento e alto valor moral, no amparo à infância desvalida. Se estimava profundamente as cooperadoras, era, igualmente, muito querida de todas elas. Como se haveria ante as dificuldades que se agravavam? No íntimo, estava preparada; no entanto, reconhecia a extensão e a complexidade dos óbices mentais. Seu quarto de dormir, na casa terrena, semelhava a redoma de pensamentos retentivos a interceptarem-lhe a saída. Quanto menos se via presa ao corpo, mais se ampliava a exigência dos parentes, dos amigos... Como portar-se ante essa situação? como fazer-lhes sentir a realidade? Enlaçara-se em vastos compromissos, tornara-se, involuntariamente, a escora espiritual de muitos. Entretanto, ela mesma reconhecia a imprestabilidade do aparelho físico. A máquina fisiológica atingira o fim. Não conseguiria manter-se, ainda mesmo que os valores intercessórios lhe conseguissem prorrogação de tempo.

A orientadora escutou-a, atenta, qual médico experimentado em face de doente aflito, e observou, por fim:

– Reconheço os obstáculos, mas não se amofine. A morte é o melhor antídoto da idolatria. Com a sua vinda operar-se-á a necessária descentralização do trabalho, porque se dará a imposição natural de novo esforço a cada um. Alegre-se, minha amiga, pela transformação que ocorrerá dentro em pouco. Reanime-se, sobretudo, para que a sua situação se reajuste naturalmente sem qualquer ponto de interrogação ao término da experiência atual.

Silenciou durante alguns momentos e notificou, em seguida:

– Temos ainda a noite de amanhã. Aproveitá-la-ei para dirigir-me aos seus colaboradores, em apelo à compreensão geral. Amigos nossos contribuirão para que se reúnam em assembléia, como se faz indispensável.

A visitante agradeceu, penhorada.

Prosseguimos na mesma vibração de cordialidade, mas Zenóbia modificou o rumo da palestra.

Abandonando os assuntos de morte e sofrimento, comentou os serviços edificantes que levava a efeito, junto de certa expedição socorrista, cujos membros realizavam admiráveis experiências no instituto, nos dias em que se desobrigavam dos trabalhos imediatos na Crosta. E discorreu tão brilhantemente sobre a tarefa, que Adelaide olvidou, por minutos, a situação que lhe era peculiar, interessando-se vivamente pelos lances descritivos. A providência coroava-se de animadores resultados, porque a conversação diferente fizera-lhe enorme bem, propiciando-lhe provisório apaziguamento mental.

A desencarnante tornou ao corpo, bem-disposta, reanimada.

No decurso do dia, Jerônimo e a diretora da Casa Transitória combinaram medidas relativas à reunião da noite. O Assistente empregaria todo o esforço para que a organização fisiológica da enferma estivesse nas melhores condições, enquanto dois ativos auxiliares de Zenóbia se incumbiriam de cooperar para a condução do pessoal de Adelaide à assembléia.

O dia, desse modo, esteve cheio de tarefas referentes à articulação prevista.

Através de reiterados passes magnéticos sobre os órgãos da circulação – nos quais o meu concurso foi dispensado por desnecessário, em vista da extrema passividade da enferma –, Adelaide entrou em fase de inesperada calma, tranqüilizando o campo das afeições terrenas.

Renovaram-se, de súbito, as esperanças. A reação orgânica surgira, dentro de novo impulso, melhorando o quadro dos prognósticos em geral. Multiplicaram-se as vibrações de paz e as preces de reconhecimento.

Em vista disso, iniciou-se, com grande facilidade, após a meia-noite, o trabalho preparatório da grande reunião.

Auxiliadores de nosso plano trouxeram companheiros da instituição, localizados em regiões diversas, provisoriamente desenfaixados do corpo físico pela atuação do sono.

Integrando a turma de trabalhadores que organizavam o ambiente, reparei, curioso, que a maior percentagem de recém-chegados se constituía de mulheres e cumpre-nos anotar que dava satisfação observar-lhes a reverência e o carinho. Todos traziam a mente polarizada na prece, em favor da benfeitora doente, para elas objeto de admiração e ternura. Fitavam-nos, respeitosas e tímidas, endereçando-nos pensamentos de súplica, sem lembranças inúteis ou nocivas. Os poucos homens que compareceram estavam contagiados pela veneração coletiva e mantinham-se na mesma posição sentimental.

A elevação ambiente espalhava fluidos harmoniosos, possibilitando agradáveis sensações de confiança e tranqüilidade.

Por sugestão de Jerônimo, a reunião seria realizada no extenso salão de estudos e preces públicas, devidamente preparado. Para esse fim, não poupáramos esforço. Acionando peças de eficaz cooperação, submetemos a enorme dependência a rigoroso serviço de limpeza. Os componentes da assembléia podiam descansar tranqüilos, sem o assédio de correntes mentais inferiores. Luzes e flores de nossa esfera espargiam notas de singular encantamento. Por isso mesmo, era belo apreciar o contínuo ingresso das senhoras que, em oração, a distância do organismo grosseiro, irradiavam de si próprias admiráveis expressões de luz nitidamente diferençadas entre si.

Conservávamo-nos junto de todos, em atitude vigilante, para manter o imprescindível padrão vibratório, quando, em seguida à primeira hora, a Irmã Zenóbia, acompanhada de beneméritos amigos da Casa, deu entrada no recinto, conduzindo Adelaide, extremamente abatida.

A diretora da organização transitória de Fabiano tomou o lugar de orientação e, antes de interferir no assunto principal que a trazia até ali, ergueu a destra, rogando a bênção divina para a comunidade que se reunia, atenciosa e reverente.

Tive, então, oportunidade de verificar, mais uma vez, o prodigioso poder daquela mulher santificada. Sua mão despedia raios de claridade safirina, com tanta prodigalidade, que nos proporcionava a idéia de estar em comunicação com extenso e oculto reservatório de luz.

Finda a saudação, pronunciada com formosa inflexão de ternura, mudou o tom de voz e dirigiu-se aos ouvintes, com visível energia:

– Minhas irmãs, meus amigos, serei breve. Venho até aqui somente fazer-vos pequeno apelo. Não ignorais que nossa Adelaide necessita passagem livre a caminho da espiritualidade superior. Enferma desde muito, cooperou conosco, anos consecutivos, dando-nos o melhor de suas forças. Dócil às influências do bem, foi valioso instrumento na organização desta Casa de amor evangélico. Administrou a obra com cuidado e, muita vez, em nosso instituto de socorro, fora dos círculos carnais, recebemos preciosa colaboração de seu esforço, de sua boa vontade.

Endereçou o olhar firme à assistência e obtemperou:

– Por que a detendes? Há dias, o quarto de repouso físico da doente que nos é tão amada permanece enlaçado com pensamentos angustiosos. São forças que partem de vós, sem dúvida, companheiros ciosos do trabalho em ação, mas esquecidos do "faça-se a vossa vontade" que devemos dirigir ao Supremo Senhor, em todos os dias da vida. Lastimo as circunstâncias que me compelem a falar-vos com tamanha franqueza. Entretanto, não nos resta alternativa diferente. Acreditais na vitória da morte, em oposição à gloriosa eternidade da vida? Adelaide apenas restituirá maquinaria gasta ao laboratório da Natureza. Continuará, porem, contribuindo nos serviços da verdade e do amor, com ânimo inextinguível. Quanto a vós, não olvideis a necessidade de ação individual, no campo do bem. Que dizer do viticultor que estima o valor da vinha somente através dos serviços de alheias mãos? Como apreciar o amante das flores que nunca desceu a cultivar o próprio jardim? Não façais a consagração da ociosidade, mantendo-vos a distância do desenvolvimento de vossas possibilidades infinitas. Indubitavelmente, cooperação e carinho são estimulantes sublimes na execução do bem, mas, há que evitar a intromissão do fantasma do egoismo a expressar-se em tirania sentimental. Não podemos asseverar que impedis propositadamente a liberação da companheira de cárcere. A existência carnal constitui aprendizado demasiadamente sublime para que possamos reduzi-la à classe de mera enxovia comum. Não, meus amigos, não nos abalançaríamos a semelhante declaração. Referimo-nos tão-só ao violento impulso de idolatria a que vos entregais impensadamente, pelos desvarios da ternura mal compreendida. A aflição com que intentais reter a missionária do bem, é filha do egoísmo e do medo. Alegais, em favor do vosso indesejável estado dalma, a confiança de que Adelaide se tornou depositária fiel, como se não devêsseis desenvolver as faculdades espirituais que vos são próprias, criando a confiança positiva em Deus e em vós mesmos, no trabalho improrrogável de auto-realização, e pretextais orfandade espiritual simplesmente pelo receio de enfrentar, por vós mesmos, as dores e os riscos, as adversidades e os testemunhos inerentes à iluminação do caminho para a vida eterna. Valei-vos da bendita oportunidade para repetir velha experiência de incompreensível idolatria. Converteis companheiros de boa vontade, mas tão necessitados de renovação e luz quanto vós mesmos, em oráculos erguidos em pedestais de barro frágil. Criais semideuses e gastais o incenso de infindáveis referências pessoais, estabelecendo problemas complexos que lhes reduzem a capacidade de serviço, olvidando as sementes divinas de que sois portadores. Corporificais o ídolo no altar da mente, infundindo-lhe vida fugaz e, indiferentes à gloriosa destinação que o Universo vos assinala, estimais o menor esforço que vos encarcera em automatismos e recapitulações. Se o ídolo não vos corresponde à expectativa, alimentais a discórdia, a irritação, a exigência; se falha, após o início da excursão para o conhecimento superior, senti-vos desarvorados; se rola do pedestal de cera, experimentais o frio pavor do desconhecido pelo auto-relaxamento na renovação própria. Por que erigir semelhantes estátuas para a contemplação, se as quebrareis, inelutavelmente, na jornada de ascensão? Não vos fartastes, ainda, das peregrinações sobre relíquias estraçalhadas? Compreendendo-nos as deficiências mentais na conquista da vida eterna, a vontade do Supremo Senhor colocou nos pórticos da legislação antiga o "não terás outros deuses diante de mim". O Pai conhece-nos a viciação milenária em matéria de inclinações afetivas e prevenia-nos o espírito contra as falsas divindades. Recorremos a semelhantes figuras, na reduzida esfera de nossas cogitações do momento, com o propósito de levar a vossa compreensão a círculos mais altos, para assim vos desprenderdes da irmã devotada e digna servidora, que vos precederá na grande jornada liberativa.

A palavra de Zenóbia causava extraordinária impressão nos ouvintes. As muitas senhoras e os poucos cavalheiros presentes, tocados pela intensa luz da orientação e desarmados pela sua palavra sábia e sublime, revelavam indisfarçável emoção no aspecto fisionômico. A oradora fez delicado gesto de benevolência e prosseguiu:

– Não somos infensos às manifestações de carinho. A saudade e o reconhecimento caminham juntos. Todavia, no âmbito das relações amistosas, toda imprudência resulta em desastre. Que seria de nós, se Jesus permanecesse em continuado convívio com as nossas organizações e necessidades? Não passaríamos, talvez, de maravilhosas flores de estufa, sem vida essencial. Por excesso de consulta e abuso de confiança, não desenvolveríamos a capacidade de administrar ou de obedecer. Baldos de valor próprio, erraríamos de região em região, em compactos rebanhos de incapazes, à procura do Oráculo Divino. Talvez, em vista disso, o Mestre Sábio tenha limitado ao mínimo de tempo o apostolado pessoal e direto, traçando-nos serviços dignificantes para muitos séculos, em poucos dias. Deu-nos a entender, desse modo, que o homem é coluna sagrada do Reino de Deus, que o coração de cada criatura deve iluminar-se, como Santuário da Divindade, para refletir-lhe a grandeza augusta e compassiva. Não vos esqueçais, meus amigos, de que todos nós, individualmente considerados, somos herdeiros ditosos da sabedoria e da luz.

Zenóbia interrompeu-se e, nesse instante, como se lhe atendessem, de muito alto, os apelos silenciosos, começaram a cair sobre nós raios de luz balsamizante, acentuando-nos a sensação de felicidade e contentamento.

Decorrido longo silêncio, durante o qual a diretora do instituto de Fabiano pareceu consultar as disposições mais íntimas da assembléia, voltou a dizer, em tom significativo:

– Afirmais mentalmente que Adelaide é a viga mestra deste pouso de amor, que surgirão dificuldades talvez invencíveis para que seja substituída no leme da orientação geral; entretanto, sabeis que vossa irmã, não obstante os valores incontestáveis que lhe exornam a personalidade, foi apenas instrumento digno e fiel desta criação de benemerência, sem ter sido, porém, sua fundadora. Afeiçoou-se ao espírito cristão, ao qual nos adaptaremos por nossa vez, e foi utilizada pelo Doador das Bênçãos nos trabalhos de extensão do Evangelho Purificador. Não lhe deponhais na fronte amiga a coroa da responsabilidade total, cujo "peso de glórias" deve repartir-se com todos os servos sinceros das boas obras, como se dividem, inevitavelmente, os valores da cooperação. Adelaide conhece a sua condição de colaboradora leal e não deseja lauréis que de modo algum lhe pertencem.

Aguarda, apenas, que os companheiros de luta transfiram ao Cristo o patrimônio do reconhecimento, rogando simplesmente as afeições, a simpatia e a compreensão para as suas necessidades na vida nova. Libertemo-la, pois, oferecendo-lhe pensamentos de paz e júbilo, partilhando-lhe a esperança na esfera mais elevada.

Logo após, a orientadora terminou, orando sentidamente e suplicando para todos nós a bênção divina do Pai Poderoso e Bom.

Diversos ouvintes não se demoraram no recinto, regressando ao ambiente comum sob a custódia de amigos vigilantes. Algumas senhoras, contudo, aproximaram-se da oradora, endereçando-lhe palavras de alegria e gratidão.

Mais alguns minutos e a assembléia dispersava-se, tranqüila. Por fim, despediram-se igualmente a Irmã Zenóbia e os outros companheiros.

Adelaide, ao retornar à matéria, respira, radiante. Entretanto, pelo soberano júbilo daquela hora, ganhou tamanha energia no corpo perispiritual que o regresso às células de carne foi complicado e doloroso. Súbito mal-estar invadiu-a, ao entrar em contacto com os depauperados centros físicos.

Tomava-os e abandonava-os, sucessivamente, como pássaro a sentir a exiguidade do ninho.

Indagando de Jerônimo quanto à surpresa, dele recebeu a explicação necessária.

– Depois da palavra esclarecida de Zenóbia – disse afavelmente o mentor –, extinguiram-se as correntes mentais de retenção que se mantinham pelo entendimento fraterno da comunidade reconhecida. Privou-se o corpo carnal do permanente socorro magnético, ao qual o afluxo dessas correntes alimentava, atenuando-lhe a resistência e precipitando a queda do tono vital. Além disso, o contentamento desta hora robusteceu-lhe, sobremaneira, os centros perispirituais. Impossível, dessa forma, evitar a sensação angustiosa no contacto com os órgãos doentios.

E, com benévola expressão, afagou carinhosamente a enferma, falando-lhe, em seguida a breve intervalo:

– Não se incomode, minha amiga! O casulo reduziu-se, mas suas asas cresceram... Pense, agora, no vôo que virá.

Adelaide esforçou-se para mostrar satisfação no semblante novamente abatido e rogou, tímida, lhe fosse concedido o obséquio de tentar, ela própria, a sós, a desencarnação dos laços mais fortes, em esforço pessoal, espontâneo.

Jerônimo aquiesceu, satisfeito.

E, mantendo-nos de vigilância em câmara próxima, deixamo-la entregue a si mesma, durante as longas horas que consumiu no trabalho complexo e persistente.

Não sabia que alguém pudesse efetuar semelhante tarefa, sem concurso alheio, mas o orientador veio em socorro de minha perplexidade, esclarecendo:

– A cooperação de nosso plano é indispensável no ato conclusivo da liberação; todavia, o serviço preliminar do desenlace, no plexo solar e mesmo no coração, pode, em vários casos, ser levado a efeito pelo próprio interessado, quando este haja adquirido, durante a experiência terrestre, o preciso treinamento com a vida espiritual mais elevada. Não há, portanto, motivo para surpresa. Tudo depende de preparo adequado no campo da realização.

Meu dirigente explicara-se com muita razão. Efetivamente, só no derradeiro minuto interveio Jerônimo para desatar o apêndice prateado.

A agonizante estava livre, enfim!...

Abriu-se a casa à visitação geral.

Evangelizados pelo verbo construtivo de Zenóbia, os cooperadores encarnados, embora não guardassem minudentes recordações, sustentaram discreta atitude de respeito, serenidade e conformação.

A denodada batalhadora, agora liberta, esquivou-se gentilmente ao convite para a partida imediata. Esperou a inumação dos despojos, consolando amigos e recebendo consolações.

Depois de orar, fervorosamente, no último pouso das células exaustas, agradecendo-lhes o precioso concurso nos abençoados anos de permanência na Crosta, Adelaide, serena e confiante, cercada de numerosos Amigos, partiu, em nossa companhia, a caminho da Casa Transitória, ponto de referência sentimental da grande caravana afetiva...

20

AÇÃO DE GRAÇAS

Congregados, agora, no instituto socorrista de Fabiano, preparamo-nos para a ditosa viagem de regresso.

Efetivamente, as saudades de nossa vida harmoniosa e bela, nos planos mais altos, dominavam-nos os corações. O serviço nas regiões inferiores proporcionava-nos, é bem verdade, experiência e sabedoria, acentuava-nos o equilíbrio, enriquecia-nos o quadro de aquisições eternas; entretanto, o reconhecimento de semelhantes valores não impedia a sede daquela paz que nos aguardava, a distância, no lar tépido e suave das afinidades mais puras.

Em todos nós preponderava o júbilo decorrente da tarefa exemplarmente realizada, mas o próprio Jerônimo não disfarçava o contentamento de regressar, na impressão de calma e bom ânimo que lhe fulgurava o semblante feliz.

Ao esforço sincero, seguia-se a tranqüilidade do dever cumprido.

Marcada a reunião derradeira na Casa Transitória, rodeavam-se os recém-libertos de vários amigos que lhes traziam alegres notícias e boas-vindas confortadoras. Dimas e Cavalcante, renovados em espírito, ignoravam como exprimir o reconhecimento que lhes vibrava nalma, enquanto Adelaide e Fábio, mais evolvidos na senda de luz divina, comentavam problemas transcendentes do destino e do ser, através de observações formosas e surpreendentes, recolhidas na vasta esfera de experiências individuais. Notas de alegria e otimismo transpareciam de todas as palestras, projetos e recordações.

A Irmã Zenóbia solicitou que a esperássemos na câmara consagrada à prece, onde nos abraçaria, dando-nos as despedidas.

Reunidos em alegria franca, aguardávamos a diretora nas melhores expansões de entendimento fraternal.

Zenóbia, poucos momentos depois, dava entrada no salão, seguida de grande número de auxiliares, e, como sempre, veio até nós, bondosa e acolhedora. Estimava, sobremaneira, a expedição e devotara-se carinhosamente aos recém-libertos. Em vista disso, cercava-nos de atenção pessoal e direta, naquele momento de maravilhoso adeus.

Assumindo a posição de orientadora dos trabalhos, exortou-nos, de modo comovente, à fiel execução da Vontade Divina, comentando a beleza das obrigações de fraternidade que se entrelaçam, no Universo, fortalecendo a grandeza da vida. Por fim, saudando individualmente os recém-desencarnados, recomendou a Adelaide pronunciasse, ali, a oração de graças, que faria acompanhar do hino de reconhecimento que ela, Zenóbia, nos ofereceria, em sinal de afetuoso apreço.

Adelaide levantou-se, em meio de profundo silêncio, e orou, fervorosa, comovida:

– A ti, Senhor, nossos agradecimentos por esta hora de paz intraduzível e de infinita luz. Agora, que cessou a nossa oportunidade de trabalho nos círculos da carne, nós te agradecemos os benefícios recolhidos, as aquisições realizadas, os serviços levados a efeito... Mais que nunca, reconhecemos hoje a tua magnanimidade indefinível que nos utilizou o deficiente instrumento na concretização de sublimes desígnios! Vacilantes e frágeis, como as aves que mal ensaiam o primeiro vôo longe do ninho, encontramo-nos aqui, venturosos e confiantes, ao pé de teus desvelados emissários que nos ampararam até ao fim!... Como agradecer-te o tesouro inapreciável de bênçãos celestes? Teu carinho santificante seguiu-nos, passo a passo, em todos os minutos de permanência no vale das sombras e, não satisfeito, teu inesgotável amor acompanha-nos, ainda, nesta retirada da velha Babilônia de nossas paixões amargurosas e milenárias.

Quase sufocada de emoção, a missionária fez reduzido silêncio para conter as lágrimas, e continuou:

– Nada fizemos por merecer-te a assistência bendita. Nenhum mérito possuímos, além de boa vontade construtiva. Claudicamos, vezes sem-número, dando pasto aos caprichos envenenados que nos obscureciam a consciência; falimos freqüentemente, cedendo a sugestões menos dignas. Entretanto, Jesus Amado, converteste-nos o trabalho humilde em manancial de ventura que nos alimenta o coração, soerguido para as esferas mais altas. Desculpa-nos, Mestre, a imperfeição de aprendizes, traço predominante de nossa personalidade libertada. Não possuímos nada de belo para oferecer-te, ó Benfeitor Divino! senão o coração sincero e humilde, vazio agora das abençoadas preocupações que o nutriam na Crosta da Terra... Recebe-o, Mestre, como demonstração da confiança de teus discípulos pequeninos, e enche-o, de novo, com as tuas sacrossantas determinações! Reconhecidos à tua inesgotável misericórdia, agradecemos a ternura de tuas bênçãos, mas, se nos deste proteção e consolo não nos retires o trabalho e o ensejo de servir. Conduze-nos aos teus "outros apriscos" e renova-nos, por compaixão, a bênção de sermos úteis em tua causa. Cheios de alegria, abençoamos o valioso suor que nos proporcionaste na esfera da carne purificadora, onde, ao influxo de tua benignidade, retificamos velhos erros do coração... Bendizemos o caminho áspero que nos ensinou a descobrir tuas dádivas ocultas, beijamos a cruz do sofrimento, do testemunho e da morte, de cujos braços nos foi possível contemplar a grandeza e a extensão de tuas bênçãos eternas!...

Adelaide fez nova pausa, enxugando o pranto de emoção, enquanto a seguíamos sensibilizados, e prosseguiu:

– Agora, Senhor, assinalando nossos agradecimentos aos teus emissários que nos estenderam mãos amigas, nas últimas dificuldades da moléstia depuradora, deixa que te roguemos amoroso auxílio para todos aqueles, menos felizes que nós, que ainda gemem e padecem nas sendas estreitas da incompreensão. Inspira os teus discípulos iluminados para que te representem o espírito sublime, ao lado dos ignorantes, dos criminosos, dos desviados, dos perversos. Toca o sentimento de caridade fraternal dos teus continuadores fiéis para que continuem revelando o benefício e a luz de tua lei. E, ao encerrar este ato de sincera gratidão, enviamos nosso pensamento de alegria e louvor a todos os companheiros de luta, nos mais diversos departamentos da vida planetária, convidando-os, em espírito, a glorificarem teu nome, teus desígnios e tuas obras, para sempre. Assim seja!

Finda a prece comovedora, a Irmã Zenóbia veio abraçar Adelaide, extremamente sensibilizada, e, logo após, reassumindo o lugar, recomendou aos auxiliares ajudassem-na no formoso cântico de agradecimento ao círculo terreno que os irmãos libertos acabavam de deixar. Imergindo-nos num dilúvio de vibrações cariciosas que nos arrancavam lágrimas de suave emoção, iniciou, ela própria, o hino de indefinível beleza:

Ó Terra – mãe devotada,
A ti, nosso eterno preito
De gratidão, de respeito
Na vida espiritual!
Que o Pai de Graça Infinita
Te santifique a grandeza
E abençoe a natureza
Do teu seio maternal!

Quando errávamos aflitos,
No abismo de sombra densa,
Reformaste-nos a crença
No dia renovador.
Envolveste-nos, bondosa,
Nos teus fluidos de agasalho,
Reservaste-nos trabalho
Na divina lei do amor.

Suportaste-nos sem queixa
O menosprezo impensado,
No sublime apostolado
De terno e infinito bem.
Em resposta aos nossos crimes,
Abriste nosso futuro,
Desde as trevas do chão duro
Aos templos de luz do Além.

Em teus campos de trabalho,
No transcurso de mil vidas,
Saramos negras feridas,
Tivemos lições de escol.
Nas tuas correntes santas
De amor e renascimento,
Nosso escuro pensamento
Vestiu-se de claro sol.

Agradecemos-te a bênção
Da vida que nos emprestas;
Teus rios, tuas florestas,
Teus horizontes de anil,
Tuas árvores augustas,
Tuas cidades frementes,
Tuas flores inocentes
Do campo primaveril!...

Agradecemos-te as dores
Que, generosa, nos deste,
Para a jornada celeste
Na montanha de ascensão.
Pelas lágrimas pungentes,
Pelos pungentes espinhos,
Pelas pedras dos caminhos:
Nosso amor e gratidão!

Em troca dos sofrimentos,
Das ânsias, dos pesadelos,
Recebemos-te os desvelos
De mãe de crentes e incréus.
Sê bendita para sempre
Com tuas chagas e cruzes!
As aflições que produzes!
São alegrias nos céus.

Ó Terra – mãe devotada,
A ti, nosso eterno preito
De gratidão, de respeito,
Na vida espiritual!
Que o Pai de Graça Infinita
Te santifique a grandeza
E abençoe a natureza
Do teu seio maternal!

Quando soou a derradeira nota do hino repassado de misterioso encanto, olhos nevoados de lágrimas, trocamos com Zenóbia carinhoso abraço de adeus.

Nós outros, os da expedição socorrista, tomávamos os recém-libertos pelas mãos, imprimindo-lhes energia para a subida prodigiosa, cercados de amigos que nos seguiam, alegres e venturosos, a caminho das zonas mais elevadas.

Estranho e indefinível júbilo nos vibrava no peito, empolgado de vigorosa esperança, e, depois de atravessar os circulos de baixo padrão vibratório, em que se localizava o instituto de Fabiano, ganhamos região brilhante e formosa, coberta pelo céu faiscante de estrelas!... Saudando-nos de muito longe, o astro da noite apareceu em maravilhoso plenilúnio, emitindo raios de doce e evanescente claridade que, depois de nos iluminar o caminho numa pulcritude de sonho, desciam, céleres, para a Crosta da Terra, espalhando entre os homens o convite silencioso à meditação na gloriosa obra de Deus.

•

Este livro foi impresso
no Departamento Gráfico da
FEDERAÇÃO ESPÍRITA BRASILEIRA
na cidade do Rio de Janeiro
em outubro de 2010.

www.febnet.org.br